W0069661

Kurt Ziesel

Die Meinungsmacher

Kurt ZIESEL

DIE

MEINUNGS

MACHER

SPIEGEL ZEIT stern & Co.

UNIVERSITAS

Bildnachweis: Deutschland-Magazin, Prien/Chiemsee

© 1988 by Universitas Verlag München
F. A. Herbig Verlagsbuchhandlung GmbH, München
Alle Rechte vorbehalten
Schutzumschlag: Gabriele Feigl, München
Satz: Fotosatz Völkl, Germering
Druck: Jos. C. Huber KG, Dießen
Binden: Thomas Buchbinderei, Augsburg
Printed in Germany
ISBN: 3-8004-1153-9

O Freiheit süß der Presse
Nun sind wir endlich froh;
Sie pocht von Messe zu Messe
In dulci jubilo.
Kommt laßt uns alles drucken
Und walten für und für,
Nur sollte keiner mucken,
Der nicht so denkt wie wir.

Goethe in »Zahme Xenien« 1822

Inhalt

Vorwort

Im Grundgesetz der Bundesrepublik Deutschland ist in Artikel 5 die Meinungsfreiheit als eines der wesentlichen Grundrechte in ihrer Bedeutung, aber auch in ihren Grenzen beschrieben. Man muß sich den Wortlaut ins Gedächtnis rufen. Dort heißt es in Absatz 1: *»Jeder hat das Recht, seine Meinung in Wort, Schrift und Bild frei zu äußern und zu verbreiten und sich aus allgemein zugänglichen Quellen ungehindert zu unterrichten. Die Pressefreiheit und die Freiheit der Berichterstattung durch Rundfunk und Film werden gewährleistet. Eine Zensur findet nicht statt.«*

So weit, so gut. Aber in Absatz 2 wird diese großzügig gewährte Freiheit, wie ich meine mit Recht, eingeschränkt: *»Diese Rechte finden ihre Schranken in den Vorschriften der allgemeinen Gesetze, den gesetzlichen Bestimmungen zum Schutze der Jugend und in dem Recht der persönlichen Ehre.«*

Hier steckt der Pferdefuß. Der Widerspruch zur Praxis ist offensichtlich. Aber auch die Beziehung zu den anderen Grundrechten unserer Verfassung schränkt die Pressefreiheit ein. Es sind vor allem die dem Artikel 5 vorangestellten vier Artikel, die in ihrem Gewicht zweifellos Priorität besitzen.

Ich bin ein engagierter Verfechter der Pressefreiheit, die ich über Jahrzehnte hinweg mit Leidenschaft und demokratischem Engagement genützt habe. Dabei bin ich immer wieder als Verfasser politischer Bücher, zahlreicher Artikel und auch als Herausgeber der Zeitschrift DEUTSCHLAND-MAGAZIN, für die ich nun schon eine 20jährige Erfahrung in der konkreten Ausübung der Presse- und Meinungsfreiheit besitze, auf eine seltsame Erscheinung gestoßen: Ausgerechnet jene Publizisten und Presseorgane, aber auch Rundfunk- und Fernsehsender und besonders sozialdemokratische und sich liberal nennende Politiker, Professoren und Funktionäre, die sich ständig bei ihren Freiheitsexzessen gegen Andersdenkende auf den Artikel 5 berufen und dessen gesetzte Grenzen durch »allgemeine Gesetze« und vor allem durch das »Recht auf persönliche Ehre« mißachten, versuchen die Meinungs- und Pressefreiheit, ihrer politischen Gegner, mit dem Verlangen nach Zensur, nach Verboten, nach Entzug von Informationen und mit wahren Haßgesängen zu beseitigen. Beispiele dafür findet der Leser hinreichend in diesem Buch.

Doch, wie schon gesagt: Es gibt noch übergeordnete Grundrechte. Artikel 1 des Grundgesetzes besagt:

»Die Würde des Menschen ist unantastbar. Sie zu achten und zu schützen, ist Verpflichtung aller staatlichen Gewalt.«

Wer sich heute Rundfunksendungen anhört, das Fernsehen betrachtet oder die zum Teil widerwärtigen und jeder Menschenwürde hohnsprechenden Produkte unseres Medienmarktes anschaut, erhält manchmal den Eindruck, daß die Macher unserer Medienproduktion von diesem wichtigsten Grundrecht noch nie etwas gehört haben.

Besonders aber der Artikel 2 des Grundgesetzes, der heute von allen Emanzipations- und Selbstverwirklichungs-Propheten und selbst von jenen Demonstrations-Fanatikern, die das zu »friedlichen Versammlungen« gewährte Grundrecht zu kriminellen Gewalttaten, Landfriedensbruch und übelstem Terror mißbrauchen, als Rechtfertigung für ihr Treiben in Anspruch genommen wird, setzt in Wirklichkeit ganz andere Maßstäbe, auch für die Medien. Dort heißt es nämlich:

»Jeder hat das Recht auf die freie Entfaltung seiner Persönlichkeit, soweit er nicht die Rechte anderer verletzt und nicht gegen die verfassungsmäßige Ordnung oder das Sittengesetz verstößt.«

Nun, in der Praxis – und das gilt nicht nur für die Medien, sondern für alle Bereiche, in denen politisierende und polemisierende Professoren, Pfarrer, Lehrer, Schriftsteller, Künstler usw. gegen unseren freiheitlichen Rechtsstaat zu Felde ziehen – trägt man nur den ersten Halbsatz des Artikel 2 wie eine Fahne ungeschmälerten Anspruchs vor sich her, zu tun, was einem beliebt, ohne an den einschränkenden, zur Verantwortung verpflichtenden zweiten Halbsatz zu denken, der die Rücksicht auf die Rechte anderer Menschen, auf die verfassungsmäßige Ordnung und das Sittengesetz fordert. Wer sich gegen die schrankenlose und rücksichtslose »freie Entfaltung« zur Wehr setzt, ob im politischen oder publizistischen Bereich oder gar in dem der Künste – oder was sich als solche ausgibt –, der wird sofort der Zensurabsichten verdächtigt. Wird aber die Würde anderer Menschen mit Füßen getreten, werden also die Rechte anderer verletzt, sei es durch Ehrabschneidung oder Rufmord in den Medien, sei es bei Demonstrationen, bei denen man Leib und Leben von Polizisten, das Eigentum von anderen verletzt, wird das augenzwinkernd als Kavaliersdelikt hingenommen. Auch die Propaganda für die Ermordung von Millionen ungeborener Kinder nach dem zynisch-barbarischen Motto »Mein Bauch gehört mir« oder für die Verbreitung von übelster Pornographie und von Sexualexzessen in den Medien, in Büchern, auf den Bühnen und in Filmen ist eine grobe Mißachtung des Sittengesetzes, von dem unsere falschen Freiheitsapostel nichts wissen wollen. Hier hat nur noch »die freie Entfaltung« auch der verkommensten »Persönlichkeit« totale Dominanz. Das ungeborene Kind hat offenbar kein Recht auf Leben. Der noch von sittlichen Vorstellungen geprägte Bürger ist ein altmodischer Reaktionär, der ebenfalls keinerlei Recht auf das grundgesetzlich geschützte Sittengesetz hat.

Und dann steht noch im Artikel 3 des Grundgesetzes, der die Gleichheit aller vor dem Gesetz garantiert, auch die Feststellung:

»Niemand darf wegen seines Geschlechts, seiner Abstammung, seiner Rasse, seiner Sprache, seiner Heimat und Herkunft, seines Glaubens, seiner religiösen oder politischen Anschauungen benachteiligt oder bevorzugt werden.«

Gilt diese Garantie nicht auch für jene religiösen und politischen Anschauungen von Menschen, die sich nicht dem linken Zeitgeist der Zersetzung und Anarchie unterwerfen, die sich noch zu konservativen und unverrückbaren Wertvorstellungen des Sittengesetzes und zu den Zehn Geboten bekennen? Werden sie nicht ständig benachteiligt, als Reaktionäre und Faschisten diffamiert? Werden die Vertriebenen, die an ihrer geraubten ostdeutschen Heimat hängen, nicht ständig wegen ihrer Herkunft und Heimat, auf die sie stolz sind, als Chauvinisten und Unbelehrbare von jenem politisch-publizistischen Kartell beschimpft, das für die kommunistischen Landräuber mehr Sympathie empfindet als für deren Opfer, die doch ihre eigenen Landsleute sind? Und werden ihre publizistischen Vertreter und Anhänger nicht sogar mit unausgesprochenen Berufsverboten in den Medien und in der Politik verfolgt?

Wer von diesen Freiheits-Herostraten achtet noch die Meinung anderer? Versuchen sie nicht, jede andere Meinung moralisch niederzuknüppeln, ja möchten sie dieselbe nicht am liebsten verbieten, und zwar unter Mißachtung auch des Artikel 4 des Grundgesetzes, der jedermann garantiert:

»Die Freiheit des Glaubens, des Gewissens und die Freiheit des religiösen und weltanschaulichen Bekenntnisses sind unverletzlich.«

Müssen wir es nicht alle Tage erleben, wie in den Medien die Freiheit des Gewissens, die religiöse und weltanschauliche Haltung jener, die noch von christlichen Wertvorstellungen bestimmt sind, verhöhnt, in die Nähe des Faschismus gerückt werden, und wie man dieses Treiben als Recht der Meinungs- und Pressefreiheit versteht?

Bei diesem ständigen Mißbrauch der Freiheit spielen, soweit es die Wirkung auf die große Masse betrifft, die Diktatur der Meinungsmacher, ein entscheidender Teil der Presse, aber auch Fernsehen und Rundfunk, Literatur und Kunst eine wahrhaft klägliche Rolle. Ich habe seit drei Jahrzehnten versucht, in zahlreichen Büchern, Vorträgen und Artikeln dieses immer weiter wuchernde Krebsgeschwür anzuprangern, leider nur mit wechselndem Erfolg. Über die Jahrzehnte seit dem Kriegsende hinweg, gestützt auf eine makabre Verteilung von Lizenzen für große Presseorgane durch die Besatzungsmächte, hat das Medien-Kartell, teils einem pseudo-revolutionären Zeitgeist folgend, teils ihn prägend, alles getan, um in der Rolle von Pharisäern, selbsternannten Sittenrichtern, unbefugten Anklägern und mit einem geradezu rufmörderischen Killer-Instinkt die Grundfesten unseres Staates, seiner Verfassung, seiner rechtsstaatlichen Ordnung, seiner Kultur und Wissenschaft und seiner sittlichen Ordnung zu erschüttern, ja vielfach schon zu zerstören. Das beginnt mit einer völligen Einseitigkeit der Meinungsmacher, mit Heuchelei, penetrant selektiver Moral, mit der Verbreitung von Halbwahrheiten, Lügen, Manipulationen. Hinzu kommt eine mit historischen Verfälschungen betriebene Vergangenheitsbewältigung, über die wir die Gegenwart und die Zukunft zu verspielen beginnen, und es endet in jener kulturrevolutionären, anarchistischen und sexuellen »Freiheit«, mit der demokratiefeindliche Kräfte auf dem Marsch durch alle Institutionen an den Wurzeln unseres Rechtsstaates sägen. Davon sind die Medien schon fast total, andere Bereiche, wie Schulen, Universitäten, Justiz, Verwaltung und die Stätten unserer Kultur – Theater, Verlage, Film, bildende Kunst –, in einer Weise unterwandert, daß von wirklicher Freiheit für alle schon lange keine Rede mehr sein kann. In diesem einseitigen, haßerfüllten Klima muß ein Staat allmählich zugrunde gehen und zur Beute von Extremisten im Inneren und in der Folge auch von außen werden. Selbst der unter pazifistischer Tarnung betriebene Feldzug gegen unsere Sicherheit und Verteidigungsbereitschaft gehört zu dieser Entwicklung. Die maßgebenden Kräfte in unseren Medien wirken dabei als geistige Einpeitscher, Schreibtischtäter und Aktivisten.

Die Bewältigung einer fünf Jahrzehnte zurückliegenden dunklen Vergangenheit wird mit der Eintönigkeit tibetanischer Gebetsmühlen unentwegt weiter betrieben, bar jeder Differenzierung und in postkatastrophaler Vergewaltigung einstiger Realitäten, und das geschieht ganz offensichtlich, um die wirklichen Gefahren einer neuen, diesmal wohl unwiderruflichen Diktatur zu vernebeln, wobei man damit eigene personale braune Sünden auf Kosten aller Deutschen zu bewältigen versucht. Während man den einstigen Widerstand gegen das NS-Regime mit moralisch hochtrabenden Phrasen feiert, ist der heute gebotene Widerstand gegen östliche Diktaturen eine Anmaßung von »kalten Kriegern«.

Was aber steht hinter diesem Treiben? Wo sitzen die neuen Schreibtischtäter, deren Väter und Vorbilder schon in der Weimarer Republik Mitschuld an ihrem Untergang trugen? Wie haben sie in ihren Bereichen die eigene Vergangenheit bewältigt? Doch diese ist tabu. Und wie praktizieren sie das hohe Gut der Pressefreiheit, das sie als ihr Monopol betrachten? Ein wenig versucht dieses Buch, den Vorhang über einer Bühne zu heben, auf der Schauspieler agieren, die gewiß Profis sind. Aber wie steht es mit ihrer Moral, die sie dauernd im Munde führen? Was geschieht hinter den Kulissen? Nun, lesen Sie selbst.

Herbst 1987   Kurt Ziesel

Die mißbrauchte Freiheit

Die Freiheit besteht darin,
daß man alles das tun kann,
was einem anderen nicht schadet.
MATTHIAS CLAUDIUS

Wer die Pressefreiheit nicht als isoliertes Sonderrecht einer funktionierenden Demokratie betrachtet, sondern als Teil einer freiheitlichen Ordnung, die allen Staatsbürgern garantiert ist, wird, angesichts der Realität unserer medialen Praxis, unweigerlich die Frage stellen müssen, wie weit sie eingebunden ist in die Gesamtinteressen einer staatlichen Gemeinschaft oder ob sie schrankenlos ist.

Wer die Freiheit lediglich als Ausübung von Rechten begreift, denen keine Pflichten zugeordnet sind, verkennt ihren hohen moralischen Wert, mißbraucht sie zu nacktem Egoismus oder erniedrigt sie zur Anarchie.

In unserer demokratischen Ordnung, wie das Grundgesetz sie uns setzt, gibt es für alle Gewählten die Kontrolle, die Wahl und die Sicherung demokratischer Ordnung mit jederzeit möglichen Korrekturen. Ob Legislative, Exekutive oder Justiz als die drei klassischen Gewalten der Demokratie, sie alle drei ruhen auf der Einsetzung durch demokratische Wahlen oder durch Organisation ihrer personellen und administrativen Formen durch gewählte Repräsentanten des Volkes. Die beiden ersten Gewalten werden kontrolliert durch die dritte Gewalt, die Justiz. Nirgends im Grundgesetz oder sonstwo ist die Errichtung einer vierten Gewalt vorgesehen. Daß sie heute praktisch besteht, von niemandem gewählt, von niemandem kontrolliert, hat in der Praxis zu einer Diktatur von Meinungsmachern geführt und zu dem, was alle Diktaturen auszeichnet: Mißbrauch der Freiheit durch einzelne zum Schaden aller, Rechtlosigkeit ihrer Opfer und Desinformation in fast allen Bereichen.

Wer Ausmaß, aber auch Grenzen der Pressefreiheit definieren will, muß sich grundsätzlich die Frage stellen: Was ist Freiheit eigentlich? Es ist eine uralte Frage der Menschheit, Ausdruck von nie ganz gestillter Sehnsucht und von tiefen Zweifeln zugleich, weil die Freiheit den einzelnen auch in die Einsamkeit seiner Verantwortung und seines Gewissens stürzt, und so dem menschlichen Bedürfnis nach Geborgenheit, Gemeinschaft, Heimat, Nestwärme widerspricht. Diese auf den Menschen bezogene Definition hat trotz ihres mehr metaphysischen Hintergrundes doch auch eine grundsätzliche Wirkung auf die Pressefreiheit. Zum Wesensmerkmal der Freiheit gehört die Verantwortung. Daß insoweit die Freiheit in der westlichen Welt, obwohl man sie ständig wie eine Fahne vor sich herträgt, mehr eine scheinheilige Parole als praktische Wirklichkeit ist, insbesondere soweit es die Pressefreiheit betrifft, bestreiten nur jene, die von ihrer Macht leben, statt sich der Wahrheit zu stellen.

Das Erstaunliche ist, daß die selbstverständliche Relativierung des Freiheitsbegriffes, wie sie jede staatliche Ordnung erfordert, im allgemeinen als durchaus notwendig und selbstverständlich empfunden wird. Nur im Bereich der Medien wird dies offensichtlich anders bewertet. Denn kein verantwortungsbewußter Staatsbürger und natürlich auch kein anständiger Journalist wird sich zur Verteidigung einer absoluten Freiheit aufwerfen, die etwa ein Mörder, ein Dieb, ein Sexualverbrecher, ein Terrorist für sich beanspruchen möchte. Selbst, wenn gewisse intellektuell verdorbene Publizisten stets geneigt sind, eine Art von tiefem Seelenschmerz zu artikulieren, wenn es um solche »armen Opfer einer rücksichtslosen Gesellschaft« geht, wie sie das zu sagen pflegen, wobei schließlich immer der Ermordete mehr Schuld hat als der Mörder. Während die einen für alle Zeiten im Grab liegen, strapaziert man das ganze Vokabular scheinheiliger Humanität, wenn solche Verbrecher auch nur allzu lange Zeit hinter Gittern sitzen.

Der legitime Anspruch, »nach seiner Façon selig zu werden«, also in jeder Beziehung zu glauben und zu vertreten, was einem paßt, wird in den Medien vielfach verwechselt mit dem fragwürdigen Recht auf totale Anarchie, auf herostratische Kampfstellung gegen den eigenen Staat, seine Gesellschaftsordnung und Lebensform. Die bestehenden Gesetze werden demnach nur dann akzeptiert und zur Beachtung empfohlen, wenn das der Diktatur der Meinungsmacher nützt. Doch sie werden sofort heftiger Kritik ausgesetzt, wenn deren totale Freiheitsrechte dadurch berührt werden. Wer die Medien kritisiert, hat plötzlich das Recht auf Meinungsfreiheit verspielt. Dann tönt es aus allen Gazetten und allen Sendern von drohender Zensur gegen »kritische« Journalisten. Kritische Bürger darf es offenbar, soweit sie sich gegen gewisse Exzesse der Medien richten, nicht geben. Das weitet sich aus auf den Vorwurf, undemokratisch zu sein, wenn man zum Beispiel fordert, daß man die linksextremen Feinde der Demokratie notfalls unter Einschränkung ihrer Freiheit an ihrem Treiben hindern soll. Im günstigsten Fall wird einem entgegengehalten, man müsse sie geistig überwinden. Nun hat ausgerechnet die Diktatur der Meinungsmacher, die sonst ein geistiges Übersoll in der Kritik und der Aufstellung geistiger Richtlinien leistet, in der Bekämpfung des kommunistischen Totalitarismus auf Kurzarbeit umgesattelt, soweit ihre so schön und pathetisch klingende Forderung nach geistiger Überwindung nicht nur von »Trojanischen Pferden« zur Tarnung benützt wird. Denn jeder vernünftige Mensch weiß natürlich, daß freiheits- und demokratiefeindliche Kräfte außer ihrer Absicht zu politischer und psychologischer Infiltration gar keine geistige Auseinandersetzung wollen, sondern, schlicht gesagt, die politische Macht, wofür sie die von der Demokratie proklamierte und gewährte Freiheit mißbrauchen, um ihr den Garaus zu machen. Mich erinnert das ein wenig an den sicherlich hoffnungslosen Versuch, einen Straßenräuber mit geistigen Argumenten zur Aufgabe seiner verbrecherischen Absicht zu bringen. Das mag zwar in unserer dem Zeitgeist verfallenen Literatur oder in den sogenannten modernen Theaterstücken für gewisse Snobs amüsant sein, in der Praxis der Politik und des täglichen Lebens kommt es jedoch einer Selbstaufgabe gleich. Das vielfache Verlangen in unseren Medien und auch im liberalen und sozialistischen Politikbereich, die Freiheit insoweit zu verabsolutieren, daß man es auch in Kauf nimmt, sie dabei zu verlieren, hat geradezu psychopathische Züge.

Diese Art von intellektueller Unredlichkeit gehört heute zu den erstaunlichen Phänomenen der Publizistik in der westlichen Welt und prägt ihre ideologisch bestimmte Einseitigkeit. Publizistische und politische Herostraten, die unseren Staat ständig als den letzten Dreck hinstellen, Panik, Angst und Pessimismus verbreiten und die Lebenserwartung vor allem der Jugend vergiften, dürfen nach Ansicht vieler Presseorgane, des Rundfunks und des Fernsehens in ihrem Treiben nicht behindert oder gar persönlich zur Rechenschaft gezogen werden, solange sie das nur im Einklang mit der bolschewistischen Weltpropaganda tun. Nur wer von rechts her den Staat kritisiert oder gar für die Demokratie autoritärere Formen fordert, in der sicherlich falschen Ansicht, sie damit vor dem totalitären Angriff des Kommunismus zu schützen, der wird natürlich sofort verdächtigt, ein Reaktionär oder Faschist zu sein und mit Unfreiheit die Existenz der westlichen Welt zu bedrohen. Für ihn gibt es keine Freiheit und kein Pardon. Er wird zum Paria degradiert. Nicht nur in diesem Fall, sondern gewissermaßen als Grundkrankheit unserer Mediendiktatur, unseres von ihr geprägten Zeitgeistes und von vielen ihm opportunistisch angepaßten Politikern ist diese Art von selektiver Moral und einseitiger Meinungsmache eines der Grundübel unserer Zeit.

Was wir heute erleben – im Dunstkreis von medialer Desinformation und Manipulation, im Opportunismus vieler Politiker, in der ideologischen Verbohrtheit vieler Kirchenmänner und Intellektueller oder was sich sonst als elitäre Sittenrichter aufspielt –, signalisiert einen Verfall jeder wirklichen politischen Moral, weil sie selektiv und einseitig ausgeübt und gefordert wird.

Wir erleben das bei EVANGELISCHEN KIRCHENTAGEN. Marxistische Gewaltregime werden verteidigt. Kein Wort gegen den Völkermord in Afghanistan. Keine Klage gegen die kommunistischen Diktaturen – dafür im Mittelpunkt das Apartheid-System Südafrikas. Die Apartheid in Deutschland, die Trennung einer Nation durch Mauer und Stacheldraht, hautnah im Herzen Europas als Barbarei sondergleichen erlebt, wird nicht nur hingenommen, sondern sogar noch verharmlost und verteidigt. Hier müssen Realitäten anerkannt werden. Hier darf es keine Einmischung in Staaten anderer »Gesellschaftsordnung« geben, wie man menschenverachtende Diktaturen verniedlicht. In Südafrika oder Chile ist das ganz anders. Während wir mit roten Diktaturen Kulturabkommen schließen, Zusammenarbeit und friedliche Koexistenz beschwören und engste wirtschaftliche Kooperation und sogar Milliarden-Geschenke machen und Investitionen fördern (wie übrigens auch für die ebenso barbarischen Diktaturen in Schwarzafrika), wird das Gegenteil gegenüber Südafrika und Chile verlangt.

Ich finde jeden Rassismus und jede Diktatur verwerflich. Wenn GORBATSCHOW von Reformen redet, jubelt die freie Welt. Den schon durchgeführten und geplanten Reformen in Südafrika antwortet man mit Wirtschaftskrieg und Sanktionen – und verfälscht noch die wirkliche Lage in diesen Ländern durch eine linksextreme Desinformation. Verleumdungskampagnen also hier – und Pilgerfahrten zu den Gewaltdiktaturen im Osten.

Wie groß war das moralische Geschrei gegen den Schah im Iran. Da wälzten sich – wie heute für GORBATSCHOWS Friedensschalmeien – Demonstrationszüge linksradikaler Demagogen und von ihnen verführter Jugendlicher durch die Straßen der Städte der freien Welt. Jetzt, da eine noch viel barbarischere Schreckensherrschaft den Iran versklavt, wo KHOMEINI bisher 70000 Menschen hinrichten ließ und im Krieg gegen den Irak seit fast einem halben Jahrzehnt mehr als eine Million Menschen opfert, ist von Protesten bei der Friedensbewegung und von Demonstrationen nichts zu hören.

Vier Millionen Flüchtlinge aus Afghanistan, eine Million Tote eines grauenhaften Völkermordes der »friedliebenden« Sowjetunion, dagegen marschiert niemand mit Fanfaren politischer Moral durch unsere Straßen. Oder wer demonstriert noch gegen die Mauer? Wer gegen die Verbrechen der Sandinisten in Nicaragua? Über den Versuch Südafrikas, mit Reformen die ohnedies schon weitgehend abgeschaffte Apartheid friedlich und mit Vernunft abzubauen, zuckt man verächtlich die Achseln. Blut will man offenbar sehen. Und es fließt ja dort reichlich, vor allem von seiten der schwarzen Killer-Terroristen gegen die eigenen schwarzen Brüder. Doch die Anführer dieser Mörder von ANC und SWAPO hofiert man nicht nur im Auswärtigen Amt, sondern auch auf dem Kirchentag als »Freiheitskämpfer«.

Da man nicht mehr gewillt ist, die Massenmorde und Verbrechen von heute, soweit sie von kommunistischen Diktaturen ausgeführt werden, anzuprangern, betreibt man – wiederum selektiv – noch nach einem halben Jahrhundert ebenso scheinheilig wie würdelos Vergangenheitsbewältigung. Es geht diesen Pseudomoralisten gegenüber Südafrika oder Chile gar nicht um Rassismus oder undemokratische Methoden einer Militärdiktatur, sondern darum, ob diese Länder ein Teil des Westens bleiben oder wie Angola, Moçambique, Äthiopien, Vietnam und andere unter die Herrschaft Moskaus fallen.

Als die Amerikaner, ihren Bündnispflichten gehorchend, Südvietnam gegen den Einfall des kommunistischen Nordens zu Hilfe kamen, überschlugen sich die Medien der freien Welt in verlogener

Empörung. Nun haben wir dort in Vietnam und Kambodscha eine Gewaltdiktatur, die mehr als drei Millionen Menschen ermordet hat. Dagegen ist das, was in Chile oder Südafrika geschieht, geradezu harmlos. Nachdem die Medien-Propaganda und die selbstmörderische Politik der freien Welt in Südostasien der Aggression Moskaus zum Siege verholfen haben, lehnt man sich zufrieden zurück und bereitet die weitere Kapitulation vor für eine ähnliche Barbarei in Südafrika und Chile – um sich dann wohl wieder befriedigt zurückzulehnen. Daß dann wieder Schwarze und Weiße die Opfer werden, spielt keine Rolle. Hauptsache, Moskau »befriedet« dann auch diese Länder.

Und was ich für besonders beschämend halte: Auch diesmal spielen die Deutschen – genauer: ihre politischen und intellektuellen Eliten – die Hauptrolle bei diesem selbstmörderischen Treiben, so als hätten wir nicht endlich genug Unfug in unserer Geschichte seit der Anmaßung angerichtet: »Am deutschen Wesen soll die Welt genesen.« Ich fürchte eher, sie wird davon unheilbar krank werden.

Diese selektive oder doppelte Moral gehört heute zum täglichen Brot des Mißvergnügens für die Leser der Presse und für die Fernsehzuschauer. Ob dies geschieht aus Opportunismus, aus Witterung für die wirklichen Machtverhältnisse, die ja vielfach ganz anders gelagert sind, als die jeweilige Regierungsmacht es vermittelt, läßt sich schwer unterscheiden. Die Presse der westlichen Welt huldigt einem geradezu süchtigen Konformismus, der im Grunde genau das Gegenteil wirklicher Pressefreiheit ist. Hinzu kommt, daß Freiheit und Verantwortung nur möglich sind in Verbindung mit Wahrheit. Die Freiheit ist kein Geschenk, sondern eine Aufgabe und Verpflichtung. Sie darf nicht verwechselt werden mit Egoismus. Wer einmal begriffen hat, wie nahe die Freiheit der Liebe ist, der kann auch ermessen, wie wenig sie mit jener totalen Triebenthemmung, fälschlich als Selbstverwirklichung verkauft, zu tun hat, die heute in den Medien proklamiert und propagiert wird. Die sogenannte Kulturrevolution, mit der der Zeitgeist uns über die Medien seit Jahrzehnten überfährt, hat eine der Grundlagen menschlichen Zusammenlebens gerade in Freiheit völlig beiseitegeschoben. Die meisten Publizisten haben offensichtlich vergessen, daß die Freiheit, sich einordnen zu können und dienen zu dürfen, viel größer und des Menschen würdiger ist, als den exaltierten Außenseiter zu spielen, dessen Abkehr von jeder Sittenordnung mehr innere Unfreiheit verrät, als die meisten ahnen. Die heute bei uns üblich gewordene Freiheitspsychose ist ein Stück geistiger Sklaverei, die ihre entsprechenden Folgen hat.

Wenn wir das betrachten, was uns heute die Diktatur der Meinungsmacher an Informationen vermittelt, können wir – mit wenigen Ausnahmen – eine geradezu erschreckende Gleichförmigkeit feststellen, wobei nicht nur in die meisten Informationen bereits manipulierte Meinung einfließt, mit der der Leser, Hörer oder Zuschauer ebenfalls manipuliert wird. Die Herkunft dieser Gleichförmigkeit stammt schon allein von den wenigen großen Nachrichtenagenturen, deren personelle Besetzung dem linken Übergewicht aller Medien gleicht. Da fast alles, was an Nachrichten in Presse, Fernsehen und Rundfunk, ganz abgesehen von einseitigen Kommentaren, von diesen Agenturen kommt, bedeutet das bereits eine vorfabrizierte Auswahl, die zu ständigen Halbwahrheiten führt. Nicht nur das, was die Agenturen verbreiten, ist daher nicht die ganze Wahrheit, sondern sie wird zur Halbwahrheit, ja oft zur Vergewaltigung der Wahrheit durch jene Informationen, die man vorsätzlich unterschlägt. Was man verbreitet, stimmt zwar, wenn auch oft in rein sachlichen Meldungen durch verbale Zusätze abwertender oder lobender Art durch die Meldung dem Leser eine bestimmte Tendenz vorgesetzt wird, die als eine Art von Gehirnwäsche ins Unterbewußtsein eindringt. Aber das Verschwiegene macht das Wahre unwahr. Man tadelt zum Beispiel das eine und spart beim anderen den Tadel aus. An sich mag der Tadel richtig sein, doch er wird falsch und verlogen durch die Einseitigkeit, mit der er ausgeteilt wird. Man spricht von Moral und verurteilt Verbrechen. Damit hat man natürlich recht, aber dadurch, daß man in einem Fall Moral fordert, die man im anderen Fall ausklammert, macht man auch den Appell an Moral fragwürdig und entwertet ihn zur Heuchelei.

Wer das Instrument der Presse dazu benützt, nur bestimmten Interessen in der Politik, aber auch in Kunst, Literatur und Wissenschaft zu dienen, mißbraucht es. Eine wirklich freie Presse in der Demokratie hat immer dem Ganzen zu dienen. Das Aufzwingen einer subjektiven Meinung hat mit wirklicher Pressefreiheit nichts zu tun. Es ist ein reiner Machtanspruch totalitärer Art, der sich von Staatszensur in totalitären Ländern kaum unterscheidet.

Wenn man als obersten Grundsatz einer freien Presse in der Demokratie die Pflicht zur Wahrheit ansieht, kann man angesichts dessen, was uns Tag für Tag in den großen meinungsbildenden Presseorganen, Tageszeitungen und Zeitschriften vorgesetzt wird, die von Millionen Menschen gelesen werden, und noch mehr, was uns Fernsehen und Rundfunk an Indoktrination und Manipulation bieten, nur sein Haupt verhüllen. Die meisten Publizisten, die heute eine ungeheure Macht auf die öffentliche Meinung ausüben, haben eines offenbar völlig verdrängt: Freiheit an sich ist noch gar nichts. Erst durch die Idee und die Sache, der sie dient, erhält sie ihre moralische Position. Und nur als solche kann sie in einer Demokratie als Gegengewicht gegen jede totalitäre Versuchung ihren Auftrag erfüllen.

Es ist geradezu grotesk, mit welcher Wut die Diktatur der Meinungsmacher auf jede Forderung nach einer maßvollen Grenzziehung der Freiheit reagiert, obwohl doch gerade diese Grenzziehung einen unerläßlichen Maßstab für wirkliches Verantwortungsbewußtsein gegenüber dem freiheitlichen Rechtsstaat und vor allem gegenüber den betroffenen Menschen darstellt.

Wenn zum Beispiel evangelische und katholische Zeitschriften-Beobachtungsdienste festgestellt haben, daß von einer insgesamten Druckauflage von 30 Millionen Zeitschriften, Illustrierten und Wochenblättern nur ganze acht Millionen als unbedenklich und tragbar bezeichnet werden können, während man mehr als 20 Millionen als absolut untragbar und negativ beurteilt, dann ist dies ein unglaublicher Skandal. Wenn aber ein führender Politiker dies in drastischer Weise anprangert, rennen die betroffenen Gazetten zum Kadi, wie das dem damaligen Vorsitzenden der FDP, ERICH MENDE, passierte. Die Justiz hat unter Festsetzung astronomischer Streitwerte nichts Besseres zu tun, als solche Kritik durch einstweilige Verfügungen wegen des »schädlichen Eingriffs in einen Gewerbebetrieb« zu verbieten. Der Staat verhindert also durch seine Justiz auch noch jede Kritik an der Zerstörung von Moral und Sitte, so daß solche Gazetten ihr Treiben mit Millionengewinnen ungestört fortsetzen können.

Von jedem Staatsbürger, ob Politiker, Lehrer, Richter oder Arzt, wird verlangt, daß er die Interessen seiner Wähler, seiner Schüler, seiner Mandanten, seiner Patienten vertritt, daß er ihnen nicht schadet. Und dies wird auch in allen Bereichen disziplinarisch oder durch Standesorganisationen überwacht. Nur die Medien können tun, was sie wollen. Ihr Freiheitsraum zu jeder Ehrabschneidung, zu jeder Diffamierung von Personen und Institutionen wird durch die Justiz – nicht zuletzt aus Angst vor Presseangriffen – immer skrupelloser ausgeweitet, so daß die Diktatur der Meinungsmacher überhaupt keine Rücksicht mehr nehmen muß. Welchen Sinn aber sollte eine Freiheit haben, welche die Lebensgrundlagen des Staates zerstört und die moralische Substanz der Menschen vernichtet? Ist die Pressefreiheit wirklich naturnotwendig damit verknüpft, gegen den Staat zu handeln, der sie bewahrt und verwirklicht? In den nachstehenden Kapiteln finden die Leser, an Fakten aufgeschlüsselt, beispielhaft für viele andere, Analysen des Treibens einer Reihe führender Presseorgane, mit welchem Geist – oder besser gesagt Ungeist – die Diktatur der Meinungsmacher dabei ist, die Grundlagen einer freiheitlichen Demokratie und vor allem die Freiheit Andersdenkender zu zerstören. Dieses Treiben erfolgt mit dem verlogenen Anspruch moralisch untadeliger Sittenrichter, während in Wirklichkeit die Herren der öffentlichen Meinung, soweit sie auf Millionen Menschen einwirken, von wirklicher Moral, von wirklichem Anstand und Toleranz keine Ahnung haben. Daß sich ihre eigene moralische Integrität auf einem Tiefstand befindet, macht diesen Anspruch absurd.

Der Spiegel als Giftspritze der Nation

Obwohl das totalitäre Tier, einmal geboren,
Verachtung der Intelligenz zur Schau trägt,
braucht es zu seiner Entstehung ein Klima
intellektueller Anarchie und Zersetzung.

GEORGES BERNANOS

Im Zentrum der Meinungsmache und dank der zeitlichen Gunst seiner Gründung nach 1945 ist der SPIEGEL als vorerst einziges Nachrichtenmagazin zu einem Organ der Meinungsbildung geworden, das eine verheerende Wirkung vor allem auf junge, leicht manipulierbare Leser hat.

Zur Jahreswende 1986/87 konnte der SPIEGEL sein 40jähriges Jubiläum feiern, obwohl zum Jubel wahrlich kein Anlaß bestand. Fernsehen, Rundfunk und Presse nahmen dies in sehr unterschiedlicher Weise zum Anlaß, sein Wirken zu analysieren. Trotz vorsichtiger Kritik blieb es auch bei diesen Rückblicken, von wenigen Ausnahmen abgesehen, bei Halbwahrheiten über die Rolle des SPIEGEL. Eine Ausnahme machte die NEUE ZÜRCHER ZEITUNG, die auf einer Sonderseite mit der Frage nach dem SPIEGEL als deutsches »Zerrbild« durch ihren Bonner Korrespondenten Feststellungen traf, die einer Hinrichtung des publizistischen Kampagnen-Journalismus gleichkamen, den der SPIEGEL groteskerweise als »deutsches Nachrichten-Magazin« verkauft. Das Wort »deutsch« ist, auf den SPIEGEL bezogen, geradezu ein Hohn – antideutsch wäre richtiger. Denn statt Nachrichten bringt er Häme, Gehässigkeit, Meinungsmache, Halbwahrheiten und Erfindungen.

Es ist fast unmöglich, den ständigen Mißbrauch der Pressefreiheit durch den SPIEGEL in einer im Umfang beschränkten Dokumentation sichtbar zu machen. Die Beispiele sind nur die Spitze eines Eisberges.

Im Rahmen der Jubiläumspropaganda für sein Blatt gab AUGSTEIN in einem ZDF-Gespräch mit süffisant-grinsender Selbstgefälligkeit offen zu, ein Zyniker zu sein. Man kann auch sagen, der Pharisäer ist der andere Teil seines Charakters. Das Fazit des nunmehr dem Ruhestand entgegensehenden AUGSTEIN über seine 40jährige Tätigkeit: Er ist gegen alles und für nichts. Was er von anderen fordert, womit er andere denunziert, das mißachtet er selbst in geradezu grotesker und scheinheiliger Weise; was er anderen anlastet, tut er selbst.

Gegründet wurde der SPIEGEL durch Presseoffiziere der englischen Besatzungsmacht in Hannover, die zum Teil Agenten des britischen Geheimdienstes waren. Diese schufen gewissermaßen als Vorläufer die Zeitschrift DIESE WOCHE, die den Deutschen im Sinne der damals in England regierenden LABOUR PARTY vorschreiben sollte, wie sie Demokraten aus marxistischer Sicht werden sollten. Mißliebige Deutsche wurden denunziert und damit abgeschossen. Als dieses dubiose Unternehmen allgemeine Verachtung hervorrief, suchte man drei gefügige Deutsche (es waren der 22jährige RUDOLF AUGSTEIN, eben aus Hitlers Krieg entlassener Artillerie-Leutnant, und zwei erfahrene deutsche Kriegsberichter), denen man die Lizenz für das Blatt verkaufte, für das AUGSTEIN den Titel DER SPIEGEL erfand. Dies war ein treffendes Symbol für das, was daraus wurde: seitenverkehrte Darstellung der Realität, verzerrt wie in einem Gruselkabinett.

Einer der Presseoffiziere schilderte mir die Absicht: Das Blatt sollte – mit gewisser Unabhängigkeit – englische Umerziehungsinteressen fördern. Noch fast zwei Jahrzehnte später haben die englischen Väter des SPIEGEL aus Anlaß der sogenannten SPIEGEL-Affäre ihre Schutzfunktion für ihr Blatt sofort wahrgenommen. Bereits am Tag nach der Durchsuchung des SPIEGEL durch die Bundesanwaltschaft und der Verhaftung von AUGSTEIN und Genossen erschien der einstige Presseoffizier CHALONER in Hamburg, um Maßnahmen für den Bestand jenes Blattes zu ergreifen, das er 1946 als Sprachrohr der Besatzungsmacht installiert hatte.

Sein wahres und einziges Ziel hat RUDOLF AUGSTEIN schon 1951 in zynischer Offenheit seinen Lesern erklärt: Er wolle den Begriff »Giftspritze« für den SPIEGEL abonnieren. Das ist sicher der richtige Titel für ein Blatt, das seine publizistische Verantwortung als zynische Herabsetzung, Verunglimpfung und Zersetzung von allem, was anderen Menschen wertvoll oder heilig ist, versteht und als menschenverachtende Beschimpfung politisch Andersdenkender, die den durchaus wechselnden politischen Zielen AUGSTEINS im Wege stehen. Er verteidigt zum Beispiel den Datenschutz bis zum

Exzeß, besonders wenn er gegenüber Kriminellen, Terroristen, Verfassungsfeinden und Gewalttätern eingeschränkt werden soll oder wird, schert sich aber selbst um keinerlei Datenschutz, keine Geheimakten, die er sich meistens illegal beschafft, wenn es gilt, politisch Andersdenkende zu denunzieren, zu diffamieren und in den Schmutz zu ziehen.

Die sogenannte Vergangenheitsbewältigung gehört zu seiner besonderen Masche, wobei Pharisäertum und doppelte Moral zu seinen Grundsätzen gehören. Er selbst hat zum Beispiel seine ersten publizistischen Lorbeeren in der Zeitschrift DAS REICH des NS-Propagandaministers GOEBBELS verdient. Es war dies das intellektuell verbrämte Kuckucksei nazistischer Propaganda für die sogenannten Eliten jener Zeit. Doch Publizisten, die früher einmal in ähnlicher Weise und im gleichen Alter in NS-Organen publizierten, denunziert er, sofern sie sich seiner politischen Anarchie nicht beugen, als unbelehrbare Nazis.

Auch der SPIEGEL verkündet ja, wie einst DAS REICH, eine Art von elitärem Anspruch. Man kann das auch simpler definieren: Er ist das Gegenstück zur BILD-ZEITUNG für Lieschen Müller; die SPIEGEL-Leser sind dagegen die »Doktor Lieschen Müllers«. Wenn man allerdings die Diktion der Woche für Woche abgedruckten Leserbriefe betrachtet, bietet diese Lesergemeinde das erschreckende Bild einer ordinär bis obszön schimpfenden Kumpanei schlimmster Herkunft. Das sieht zum Beispiel so aus:

SPIEGEL Nr. 35/1962:

Diesseits der Mauer gebietet eine geistig abgewirtschaftete, ethisch und moralisch verkommene apolitisch asoziale Gesellschaft, deren Allüren in den Personalien-Spalten des SPIEGEL beschrieben sind, jenseits dieser Trennwand herrscht die ebenso geartete SED-Staatspartei. Beide tun einander nichts, denn sie leben voneinander.

SPIEGEL Nr. 45/1961:

Die deutsche Demokratie führt sich im rasenden Furioso selbst ad absurdum. Das restliche Rumpfdeutschland mit seinem Trabanten West-Berlin wurde von den Amis mit Milliarden aufgepustet, aufgestachelt, und seine Regierer wurden gefügig gemacht als Speerspitze gen Osten. Das sind sie heute noch.

SPIEGEL 1961:

Das heutige Verkehrschaos bringt es mit sich, daß fast täglich ein 70-

oder 80jähriger Greis von einem Kraftfahrzeug überfahren wird.
Daß jedoch ein 85jähriger Greis ein ganzes Land überfahren kann,
dürfte einmalig in der Weltgeschichte sein.
SPIEGEL Nr. 43/61:

ADENAUER war ein feiler Streber mit undeutscher Seele, der zu
nichts Besserem taugte, als sich in einem Zeitpunkt des tiefsten seeli-
schen wie wirtschaftlichen Niederbruchs des deutschen Volkes an die
Rockschöße seiner westlichen Feinde und Neider zu klammern und
sich an diesen zum Unheil für das deutsche Volk zu staatsmännischer
Scheingröße emporziehen zu lassen.

Ein Rom-höriger Aktienspekulant hat Restdeutschland an Wall-
street verhökert. Ein antideutscher Propagandist wird es wahr-
scheinlich, wenn er die Macht ergreift, an Moskau verschachern.

Damals galten diese Schimpforgien ADENAUER, heute gelten sie
HELMUT KOHL, der in Leserbriefen abwechselnd mit HITLER,
GOEBBELS und GÖRING verglichen wird und den man in der Gos-
sensprache von Ganoven gewissermaßen zu einem Untermenschen
stempelt.

Daß diese Reaktionen seiner Leser von AUGSTEIN selbst hervorge-
rufen, ja noch weit überboten werden, soll hier nur in einigen wenigen Zitaten dokumentiert werden, die alle von AUGSTEIN selbst
stammen. Dabei ist diese auf unterstem Niveau angesiedelte Sprache verbunden mit dem Eindruck – was wohl eine Art von heimli-
chem Alibi sein soll –, sein jüdisch klingender Name berechtige ihn
besonders zu solchen antideutschen und antidemokratischen Haßgesängen. Da dies jedoch offenbar noch nicht genügt, benutzt er für
seine eigenen Beiträge noch andere Namen mit jüdischem Anklang,
wie JENS DANIEL oder MORITZ PFEIL.

Dabei verkündet AUGSTEIN mit einer geradezu schizophrenen Moral wiederholt Grundsätze politischen und publizistischen Wirkens, die angesichts seines Treibens wie Hohn wirken. So schreibt
er zum Beispiel im SPIEGEL Nr. 15/61 in dem berüchtigten Beitrag
»Der Endkampf« mit den übelsten Beschimpfungen gegen FRANZ
JOSEF STRAUSS, sozusagen einem Vorläufer jenes Artikels, der
schließlich zur »SPIEGEL-Affäre« führte:

Demokratie, das bedeutet: die Meinung des politischen Gegners
achten. Wer eine andere Meinung hat, ist deswegen nicht dumm,
verbrecherisch, närrisch. Er ist kein Irrer, kein Wahnsinniger und

28

kein Selbstmörder, auch kein potentieller Kriegsverbrecher und darf auch nicht aufgefordert werden, den Staub des Vaterlandes von seinen Stiefeln zu schütteln.

Derselbe AUGSTEIN jedoch beschimpft in Nr. 13/62 FRANZ JOSEF STRAUSS, den Publizisten WILLIAM SCHLAMM und mich, wir drei hätten »Verfolgungswahn«, der sich dadurch *»potenziert, daß er bei anderen Wahngeschädigten Unterschlupf sucht ... dessen psychopathische Wahnvorstellungen darin gipfeln ...«*

Und er fordert seine Rufmord-Opfer auf, ins Ausland abzuwandern. Bei SCHLAMM verzichtet er auf die Forderung nach Ausweisung, weil er immerhin Jude ist. In dem bereits erwähnten Endkampf-Artikel schreibt AUGSTEIN scheinheilig und heuchlerisch:

Demokratie bedeutet Achtung vor der Mehrheitsentscheidung und vor den Gerichten als der einzigen von der Mehrheit unabhängigen Gewalt im Staat.

Er wirft ADENAUER vor, daß diese selbstverständlichen Merkmale demokratischer Länder unter seiner Herrschaft verkümmert seien:

»Die Achtung vor der Opposition, vor dem Bundestag, vor den Ministern, vor dem Bundesverfassungsgericht, vor den ordentlichen Gerichten, vor dem Staatsbürger und vor dem Menschen überhaupt ist vom Bundeskanzler all die Jahre kleingeschrieben worden.

Wie befolgt AUGSTEIN selbst diese Grundsätze? Ich beschränke mich nur auf einige Zitate – sie könnten ein ganzes Buch füllen:

Der Bundeskanzler ist Erfüllungsgehilfe der offensichtlich gottgewollten deutschen Spaltung. (SPIEGEL Nr. 27/59)

Man bilde sich nur nicht ein, die westliche Welt würde sich je für solch einen Botokudenstaat schlagen. (SPIEGEL Nr. 24/59)

Dem inneren Zustand des Kanzlers (ADENAUER) entspricht der Gang der Staatsgeschäfte. Es wird nicht mehr regiert. Es ist alles Zufall, je nachdem, wer dem Kanzler auf dem Weg zum Fahrstuhl zuletzt einen Floh ins Ohr spendieren konnte. Wer gegenwärtig so handelt, als sei der Kanzler irgendeiner planvollen, konzipierenden Arbeit fähig, der betrügt sich schuldhaft leichtsinnig ... unter unaufhörlicher Assistenz des gänzlich ignoranten Kanzlers, der seine Minister in die Pfanne schlägt wie ein Panzerschütze im Manöver die Eier zum Ochsenauge. (SPIEGEL Nr. 1/61)

Der Bundeskanzler hat seit 10 Jahren qualitativ nichts anderes getan, als mit staatlichen Institutionen Kegel zu schieben, indem er atavistisch-patriarchalisches Gestammel an die Stelle demokratischer Diskussion setzte ... (SPIEGEL Nr. 27/59)

Die von AUGSTEIN geforderte Achtung vor Ministern, dem Bundestag und den Gerichten sieht bei ihm so aus:

Minister SCHRÖDER = *Berufspleitegeier.*

Minister OBERLÄNDER = *CHESSMAN von Bonn* (CHESSMAN war ein berüchtigter amerikanischer Mörder, der seine Hinrichtung hinausschob).

Minister STRAUSS = *Psychopathisch, Lügner, skrupellos, wahngeschädigt, sieht aus wie ein Bierkrug.*

Minister SEEBOHM = *Nazi.*

Über den Bundestag meint RUDOLF AUGSTEIN:

Definition der Germanen laut NIETZSCHE: »Gehorsam und lange Beine«, ziseliert diesen Spruch an die Stirnwand des Plenarsaals! Der Bundestag steht unter freiwilliger Vorzensur.

Und was die Achtung vor den Gerichten betrifft:

1961 unterstellt AUGSTEIN in dem Artikel »Römisches Recht« der gesamten deutschen Justiz und besonders dem Bundesgerichtshof, gegen geltende Gesetze zu urteilen und Handlanger der KATHOLISCHEN KIRCHE zu sein.

Im SPIEGEL 4/56 wird der BUNDESGERICHTSHOF lächerlich gemacht und seine Gerichtsbarkeit mit dem Vorwurf bedient, er handle nach dem Motto: »*Wer Jude ist, bestimme ich.*« Das sagte auch HITLERS Paladin, HERMANN GÖRING.

Und was die Achtung vor den Staatsbürgern betrifft, so verdeutlicht AUGSTEIN in Nr. 39/62, was er von Liberalismus hält und wie notwendig ihm die Diktatur der Meinungsmacher ist:

Die Geistesverfassung des westdeutschen Wählervolkes und seiner Regierungsmehrheit läßt uns keine andere Wahl. Demokratie kann in diesem Land nur mit dicken Prügeln eingebleut werden.

Als besondere Spezialität gehört es zum Stil AUGSTEINS, seine Opfer mit angeblichen, oft erfundenen oder einseitig verfälschten Sünden aus brauner Vergangenheit zu denunzieren. Seine beispiellose Hetze gegen die Bundespräsidenten LÜBKE und CARSTENS, gegen die Minister OBERLÄNDER und STRAUSS, gegen Ministerpräsident FILBINGER, um nur seine hochrangigsten Opfer zu erwähnen, steht im krassen Gegensatz zu der braunen Vergangenheit jener, denen er selbst in inniger Kumpanei verbunden ist. Die braune Vergangenheit sozialistischer Mitstreiter ist für den SPIEGEL tabu. Seine publizistischen Kumpane, etwa im STERN, in der ZEIT, in der SÜDDEUTSCHEN ZEITUNG, in Fernsehen und Rundfunk, die sich jahrelang als HITLERS Handlanger und Propagandisten betätigt haben, stehen trotz ihrer braunen Sünden von einst bei AUGSTEIN unter Denkmalschutz. Wie das in der publizistischen Praxis aussieht, dafür nur einige Beispiele:

Als 1951 der damalige Bundesinnenminister GUSTAV HEINEMANN mit Zustimmung aller Parteien und nach eingehender Überprüfung einige hochqualifizierte Kriminalbeamte in den Verfassungsschutz einstellte, die im Dritten Reich lediglich formelle Ausgleichsränge bei der SS bekleidet hatten, schwieg der SPIEGEL. Als er zwölf Jahre später einen Hetzfeldzug gegen den CSU-Bundesinnenminister HÖCHERL begann, tobte er in Nr. 38/63:

Referatsleiter, die im Sicherheitsdienst des Reichsführers der SS, HEINRICH HIMMLER, sogenannte Sturmbannführer oder Hauptsturmführer waren, sind keine Garanten dafür, daß mit dem Abhören Mißbrauch nicht getrieben wird.

HÖCHERL hatte mit deren Einstellung nicht das geringste zu tun. Sie hatten zwölf Jahre lang ihren Dienst hervorragend und mit großem Erfolg getan. Wie verlogen und pharisäisch aber AUGSTEIN sich hier zeigt, ergibt sich aus folgendem Tatbestand: Zu dieser Zeit und über Jahre hinweg war einer der engsten Mitarbeiter AUGSTEINS, sein stellvertretender Chefredakteur GEORG WOLFF, offenbar ein »Garant dafür, daß mit der Pressefreiheit kein Mißbrauch getrieben wurde«, um spiegel-verkehrt mit AUGSTEIN zu sprechen.

Doch dieser GEORG WOLFF stand seit 1938 bis zum bitteren Ende im Dienst des gleichen Sicherheitsdienstes des Reichssicherheitshauptamtes der SS, der eigentlichen Mordzentrale des Dritten Reiches, und zwar keineswegs als nur mit Ausgleichsrang bedachter Kriminalbeamter. Für seine wichtige Funktion im Range eines SS-Hauptsturmführers war er während des ganzen Zweiten Weltkrieges vom Kriegsdienst befreit und landete statt dessen als Referatsleiter in einem jener Einsatzkommandos des SD (in Norwegen), die überall in den von den Nazis besetzten Gebieten für die Erfassung und Vernichtung von Millionen Juden verantwortlich waren. Und noch 1942 (!), als schon in Auschwitz die Mordmaschinerie des SD lief, wurde der linientreue SS-Führer Mitglied der NSDAP.

Wolff ist kein Einzelfall in der Redaktion der publizistischen Sittenrichter. Deren braune Vergangenheit stört den zynischen Pharisäer Augstein nicht, wenn er anderen vorwirft, auch nur einmal an die braune Vergangenheit, sei es aus Irrtum, Gutgläubigkeit oder zur Existenzsicherung, angestreift zu sein.

Als Reagan und Kohl in Bitburg vor Tausenden von Soldatengräbern eine symbolische Ehrung der Gefallenen des Krieges vollzogen und damit die Versöhnung der Feinde von einst demonstrierten, für jeden anständigen Menschen ein Akt von großer Moral und historischer Bedeutung, keiften Augstein und seine Medien-Kumpane, weil in diesen Gräbern auch ein paar minderjährige Waffen-SS-Soldaten, zwangsweise zu dieser reinen Kriegstruppe eingezogen, lagen, die nicht das geringste mit jener verbrecherischen Organisation zu tun hatten, der die in Augsteins Gazette Tätigen angehört hatten. Angesichts dieses Tatbestandes schamhaft zu schweigen, liegt den arroganten Sittenrichtern des Spiegel nicht.

Wer jemals als Publizist ein gutes Wort in der total gleichgeschalteten Presse für die Nazis geschrieben hat, wird von Augstein sofort mit solchen Jugendsünden denunziert – sofern er sich nicht heute dem Linkstrend, der Hetze gegen sein eigenes Vaterland und dem Nihilismus des Spiegel verschreibt.

Zu Augsteins eigenen prominenten Redakteuren gehörte aber auch zum Beispiel Kurt Blauhorn (und es gibt noch mehrere wie ihn), der ein besonders linientreuer Nazi-Schreiber war. Noch im Dezember 1944 (!) in Nr. 62 der Zeitung Front und Heimat aus dem Zentralverlag der NSDAP schrieb der Schützling und Kumpan Augsteins:

Wer die Sowjetunion rechts und links unserer großen Vormarschstraßen im Osten kennengelernt hat, weiß, daß der bolschewistische Sozialismus beim WC des jüdischen Kommissars aufhört ...

Oder im gleichen Artikel:

... wenige Tage nach der Proklamation des Komitees für die Befreiung der Völker Rußlands unter General Wlassow, dessen Regimenter mit uns gegen die jüdische Weltversklavung kämpfen.

Der Nazi-Verfolger Augstein wurde zu Beginn der Spiegel-Affäre mit einem geradezu makabren Scherz konfrontiert: Die Bundesanwaltschaft verhaftete aus Versehen, weil sie ihn mit Augstein verwechselte, als ersten Spiegel-Mann in Düsseldorf dessen Anzeigenleiter ERICH FISCHER. Bei diesem seltsamen Doppelgänger AUGSTEINS, so erfuhr die staunende Öffentlichkeit, handelte es sich um den Ministerialrat, der bis zum Ende des Dritten Reiches im Propagandaministerium von GOEBBELS als Leiter der Presseabteilung tätig war, wo er jeden Tag im Auftrag seines Herrn und Meisters die sogenannten »Tagesparolen« an die deutsche Presse ausgeben hat, wie der SPIEGEL heute seine »Wochenparolen« die uns über die Medien, vor allem über das Fernsehen, jedes Wochenende verkauft werden.

Man sieht: Wer im SPIEGEL beschäftigt ist, dessen Vergangenheit ist vergessen und tabu. Nur bei widerborstigen Publizisten oder politischer Konkurrenz ist die Nazischnüffelei das Vorrecht AUGSTEINS. Seinen besonders schäbigen Charakter enthüllt er damit, daß er fortgesetzt ihm mißliebige Politiker als »Ex-Wehrmachtsoffiziere« tituliert. Daß er selbst Ex-Wehrmachtsoffizier ist, hat er offenbar verdrängt. Dafür schreibt er im SPIEGEL 16/61:

Was ist in diesen letzten 15 Jahren aus dem Volk geworden, das die Taten EICHMANNS in unserer, in der feldgrauen Uniform verteidigt hat.

Diese kaum noch zu überbietende Beleidigung von Millionen gefallener oder überlebender deutscher Soldaten führt zu der Frage an AUGSTEIN, ob er also die Taten EICHMANNS als Offizier HITLERS verteidigt hat. Dann sollte er schleunigst den Beruf eines Publizisten niederlegen. Für Millionen anständiger Soldaten trifft das Bekenntnis von AUGSTEIN jedenfalls nicht zu.

Einen besonderen Fall moralischen Anspruchs, andere zu denunzieren, bot der SPIEGEL durch einen anderen Skandal. Angestiftet von einer seiner üblichen Denunziationen, fiel fast das gesamte Meinungsmonopol, darunter auch wie immer ganz besonders die SÜDDEUTSCHE ZEITUNG, über den Münchner Weihbischof DR. MATTHIAS DEFREGGER her, der als Hauptmann der Deutschen Wehrmacht bei der Bekämpfung der Mordtaten der Partisanen in Italien befehlsgemäß bei den Vergeltungsmaßnahmen beteiligt war. Natürlich ging es dem SPIEGEL und seinen Kumpanen über die aus der Sicht des internationalen Kriegsrechts unangreifbare Beteiligung des einstigen Hauptmanns DEFREGGER lediglich um einen erneuten Anlaß, die KATHOLISCHE KIRCHE zu diffamieren. Das, was in allen Armeen der Welt als Kriegsrecht gültig ist, wurde dabei vom SPIE-

GEL zu einem spezifisch deutschen »Kriegsverbrechen« gemacht. Der laut Impressum für diese Infamie verantwortliche Redakteur war JÖRGEN PÖTSCHKE. Er unterschlug natürlich, daß es dem Hauptmann DEFREGGER in besonderer Weise gelungen war, in der ausweglosen Situation zwischen Pflicht und Menschlichkeit den von ihm weiterzugebenden Befehl wesentlich zu mildern. Wie sehr der Ankläger PÖTSCHKE zu seiner moralischen Entrüstung berechtigt war, ergeben folgende Fakten:

PÖTSCHKE war selbst Offizier; als Scharfschütze hat er im Weltkrieg wahrscheinlich nur auf Tauben geschossen. Doch die Leidenschaft für das Schießen ist ihm auch nach 1945 erhalten geblieben. Am 14. Juli 1961 wurde er von der Großen Strafkammer des Landgerichts Lübeck wegen fahrlässiger Tötung zu 14 Monaten Gefängnis rechtskräftig verurteilt. Er hatte betrunken in unglaublich beispielloser Fahrlässigkeit seinen 24jährigen Redaktionskollegen JOST LEHMANN von den LÜBECKER NACHRICHTEN, wo damals auch PÖTSCHKE Redakteur war, durch einen Kopfschuß getötet. Seine eigene Zeitung berichtete darüber ohne Namensnennung in bewährter Kumpanei der Medien mit vornehmer Zurückhaltung am 15. Juli 1961: Bei einem »Alkoholgehalt von 2,4 Promille« habe ein »leicht verletzliches Geltungsbedürfnis« den Scharfschützen veranlaßt, eine Flasche vom Kopf seines Kameraden zu schießen:

Ausgehend von Gesprächen über Kriegsschulerlebnisse, wo Wagemutige anderen Eier vom Stahlhelm geschossen hätten, wurde die vom Alkohol getriebene fixe Idee Wirklichkeit. Der von L. animierte P. schoß tatsächlich nach dem dritten Anvisieren. Der Schuß traf L. in den Schädel und verletzte ihn tödlich. In der Urteilsbegründung hieß es, daß das Maß der von P. begangenen Fahrlässigkeit trotz der beträchtlichen Alkoholeinwirkung derart groß sei, daß das Strafmaß nicht nach der unteren Grenze hin habe festgesetzt werden können.

Nach seiner Entlassung aus dem Gefängnis wurde PÖTSCHKE – welche Beförderung! – SPIEGEL-Redakteur und fühlte sich nun moralisch qualifiziert, seinen Kriegskameraden, Hauptmann DEFREGGER, anzuklagen.

Was nun das publizistische Treiben AUGSTEINS – wir nehmen hier nur einmal die jahrzehntelange Hetze, abwechselnd gegen ADENAUER, ERHARD, STRAUSS oder KOHL – betrifft, so ist sie immer geprägt von einer zynischen Mißachtung der Menschenwürde, also durch Verletzung des Artikels 1 des Grundgesetzes, und damit verfassungswidrig. Fortgesetzt wandelt Augstein dabei auf dem Grat strafrelevanter Handlungen, was ihm und seinem Spiegel von unzähligen und auch höchsten Gerichten immer wieder bescheinigt wurde. Der Bundesgerichtshof zum Beispiel hat festgestellt:

Daß es einen Verstoß gegen die verfassungsmäßige Ordnung der Bundesrepublik darstellt, wenn eine gezielte und systematisch betriebene Kritik so gehandhabt wird, daß deren Ziel und Zweck zu entnehmen ist, das Vertrauen des Volkes zu seinen politischen Führern zu erschüttern und allmählich in Haß und Verachtung zu verwandeln.

Das genau macht der Spiegel seit Jahrzehnten.

In zahlreichen Grundsatzentscheidungen, wie in seinem Urteil gegen die KPD, hat das Bundesverfassungsgericht festgestellt:

In der freiheitlichen Demokratie ist die Würde des Menschen der oberste Wert. Sie ist unantastbar, vom Staate zu achten und zu schützen.

Auf den Spiegel persönlich war ein Grundsatzurteil des Bundesverfassungsgerichtes gemünzt, bei dem es um eine Beleidigungsklage Augsteins gegen den Oberlandesgerichtspräsidenten Dr. Richard Schmid ging. Es gehört nämlich zu den seltsamen Charaktereigenschaften Augsteins und seiner Gazette, daß sie zwar unentwegt andere beschimpfen, diffamieren und ihnen die Ehre abschneiden, daß sie selbst aber mimosenhaft empfindlich bei jeder harten Kritik gegen sich zum Kadi rennen. Dr. Schmid war wahrheitswidrig vom Spiegel kommunistischer Gesinnung bezichtigt worden und qualifizierte darauf den Spiegel mit der Bemerkung, er sei in der Publizistik das, was in der Literatur die Pornographie darstelle. Das Bundesverfassungsgericht belehrte den Spiegel – leider bisher vergeblich, was übrigens auch für viele andere Medien gilt – und gewährte dem Spiegel-Opfer das Recht, mit entsprechender Härte zurückzuschlagen, indem es im Urteil verkündete:

Mit der Pressefreiheit gehen Pflichten einher, die um so ernster genommen werden müssen, je höher man das Grundrecht der Pressefreiheit einschätzt. Wenn die Presse von ihrem Recht, die Öffentlichkeit zu unterrichten, Gebrauch macht, ist sie zur wahrheitsgemäßen Berichterstattung verpflichtet ... Nur wenn der Leser – im Rahmen des Möglichen – zutreffend unterrichtet wird, kann sich die öffentliche Meinung richtig bilden. Die Presse ist daher um ihrer Aufgabe bei der öffentlichen Meinungsbildung willen gehalten, Nachrichten und Behauptungen, die sie weitergibt, auf ihren Wahrheitsgehalt zu prüfen. Erst recht darf die Wahrheit nicht bewußt entstellt werden; dies geschieht auch dann, wenn man wesentliche Sachverhalte, die einem bekannt sind, der Öffentlichkeit unterschlägt ... Der SPIEGEL-Artikel hat ein verzerrtes Bild von der politischen Einstellung des Beschwerdeführers gezeichnet, und zwar nicht nur durch Wiedergabe einiger unrichtiger Behauptungen, sondern auch und vor allem durch bewußtes Weglassen von Tatsachen, die geeignet waren, das Bild seiner politischen Gesinnung richtigzustellen ... Der Artikel trägt alles, auch weit Zurückliegendes, zusammen, was dazu dienen kann, den ›ausgesprochen roten Faden‹ im Leben des Beschwerdeführers aufzuzeigen, verschweigt dagegen geflissentlich das, was den Verdacht kommunistischer Gesinnung entkräften könnte. Insbesondere wird der Leser nicht mit den Unterlagen bekannt gemacht, die der Beschwerdeführer dem Korrespondenten zum Beweis dafür übergeben hatte, daß er den Bolschewismus entschieden verurteilt. Der SPIEGEL hat also seinen Lesern unter dem Anschein der vollen Wahrheit bewußt nur Teilwahrheiten geboten.

Ähnliches bescheinigte der BUNDESGERICHTSHOF dem SPIEGEL durch Urteil vom 22.12.1957 bezüglich eines von Gehässigkeit und Lügen strotzenden Artikels gegen die MARBURGER BURSCHENSCHAFT. Laut Urteil hatte der SPIEGEL Äußerungen aus dem Zusammenhang gelöst und im übrigen noch inkorrekt zitiert und wurde verurteilt:

Durch eine Erklärung in Ihrer Zeitschrift die entstellte Einseitigkeit der Reportage in Einklang mit dem vorliegenden Informationsmaterial zu bringen und richtigzustellen.

Auch als der SPIEGEL im Hinblick auf die Mitarbeit von mir in der Zeitschrift AKTUELL versuchte, mich in seine Rufmordaktion gegen FRANZ JOSEF STRAUSS einzubeziehen, veröffentlichte er ein halbes Dutzend Behauptungen, die alle erlogen waren. Sie wurden ihm durch das Landgericht München unter Androhung von Geld- oder Haftstrafe verboten, und er mußte DM 10.000,– Schmerzensgeld an mich zahlen. Bei seiner Hetze gegen STRAUSS mußte er ebenfalls vor Gericht zahlreiche Lügen widerrufen oder unterlassen und an

STRAUSS ein Schmerzensgeld von DM 25.000,– zahlen, nachdem ihm das Gericht bescheinigt hatte, mit »verwerflichen Methoden« und wider besseres Wissen üble Nachreden gegen STRAUSS verbreitet zu haben.

In unzähligen anderen Fällen beschäftigte AUGSTEIN, entweder als Kläger, weil er sich beleidigt fühlt, wenn man ihn kritisiert, oder als Beklagter, wenn er selbst Rufmord betrieb, die Gerichte, wobei er als mächtiger Millionär alle Instanzen ausschöpfen kann, auch wenn er meistens schließlich unterliegt und verurteilt wird.

In seiner jetzigen Pose als Jubilar erklärte er in diesem Gespräch mit dem ZDF, er sei »Patriot«, doch ADENAUER keiner. ADENAUER sei unmoralisch gewesen, ihm, AUGSTEIN, aber ginge es mehr um »Moral«. Was für eine das war und ist, kann man seit 40 Jahren jede Woche im SPIEGEL lesen.

Heute ist die Redaktion durchsetzt von den linksextremen APO-Jünglingen der 68er Studentenrevolution. Danach sind Grüne, Rote und Kommunisten die wahren Demokraten, die Unionsparteien nur noch ein Sammelbecken verkappter Reaktionäre oder besser gleich Faschisten, denn wer konservativ denkt und handelt, ist ohnedies ein »institutioneller Nazi«, wie AUGSTEIN das sogar dem angesehenen Historiker Professor HILLGRUBER vorwirft, der es wagt, neben den deutschen Verbrechen auch auf die Morde STALINS hinzuweisen. KOHL und REAGAN darf man ruhig mit HITLER vergleichen, doch in der Sicht AUGSTEINS ist ein Vergleich zwischen GORBATSCHOW und GOEBBELS ein Kapitalverbrechen.

Welche fast unbeschränkte Diktatur die Meinungsmacher ausüben, wurde in der sogenannten »SPIEGEL-Affäre« demonstriert. Selbst bei den kritischen Jubiläumsartikeln wurde dieses Thema nur halbwahr oder gar nicht ernstlich berührt. Dabei war dies damals ein regelrechter Aufstand der Gazetten unter Anführung der Liberalen und Sozialisten gegen den demokratischen Rechtsstaat, der damit von einer verantwortungslosen Minderheit in seinen Grundfesten erschüttert wurde. Die Vorwürfe und Beschimpfungen, die damals von den Medien verbreitet wurden, erinnerten an die schlimmsten Zeiten der Hetze von Kommunisten und Nazis in der Weimarer Republik.

Der eindeutige Tatbestand, daß der SPIEGEL sich streng geheime Akten durch einen eidbrüchigen hohen Offizier aus dem Bundesverteidigungsministerium beschafft und veröffentlicht hat, und zwar zur Freude Moskaus, was einem massiven Angriff auf die Sicherheit der Bundesrepublik Deutschland gleichkam, zwang die Justiz, als die doch nach AUGSTEIN »*einzige unabhängige Gewalt im Staat*«, nach Recht und Gesetz gegen den SPIEGEL einzuschreiten. Daß der Verteidigungsminister im Hinblick auf den Verrat militärischer Geheimnisse der Justiz Amtshilfe leistete, kann nur ein total pervertiertes Rechtsverständnis als Skandal und Vergehen anprangern. Die Schamlosigkeit, mit der sich hier eine antidemokratische Diktatur von Politikern und Medien ein Richteramt anmaßte, obwohl der Pressefreiheit strafrechtlich relevante Grenzen gesetzt sind, war kein Sieg der Demokratie, wie die Medien und linke und liberale Politiker verkündeten, sondern ein Sieg der Medien-Diktatur über unseren demokratischen Rechtsstaat.

Trotz der massiven Drohungen und Einschüchterungsversuche gegen die Bundesanwaltschaft, den Bundesgerichtshof und andere Gerichte wurde schließlich von den höchsten Gerichten eindeutig festgestellt, was fast alle Medien nicht nur damals, sondern auch in den jetzigen Jubiläumsartikeln und selbstverständlich auch der SPIEGEL selbst skrupellos unterschlagen und der Öffentlichkeit damit verschwiegen haben:

Die Beschwerde von AUGSTEIN beim Bundesverfassungsgericht wegen der Durchsuchung der SPIEGEL-Redaktion und seiner und seiner Redakteure Verhaftung wies das Gericht als unbegründet zurück und bezeichnete das Vorgehen der Justiz als absolut rechtens. Und die als angeblicher Unschuldsbeweis bejubelte schließliche Einstellung des Landesverratsverfahrens gegen AUGSTEIN und Genossen durch den Bundesgerichtshof ist bis heute in ihren wirklichen Gründen der Öffentlichkeit total unterschlagen worden, um das verlogene Bild vom Unschuldsengel AUGSTEIN und vom Bösewicht STRAUSS nicht zu trüben.

Der Bundesgerichtshof stellte nämlich nicht nur die Rechtmäßigkeit des Vorgehens der Bundesanwaltschaft fest, sondern auch die Tatsache, daß AUGSTEIN und Genossen objektiv den Tatbestand des Landesverrats erfüllt haben, ihnen jedoch die subjektive Absicht dazu nicht nachzuweisen sei. AUGSTEINS Heldenrolle, in der er sich als verfolgte Unschuld aufspielte, wurde weiterhin erheblich beschädigt durch die weiteren Feststellungen, AUGSTEIN habe die Justiz zu Beginn des Verfahrens belogen, alle Schuld seinen Redakteuren zugeschrieben und sich selbst als ahnungslos bezeichnet. Noch massiver aber waren die Kostenbeschlüsse:

Die Angeschuldigten haben keinen Anspruch auf Ersatz ihrer notwendigen Auslagen, weil das Verfahren weder ihre Unschuld ergeben noch dargetan hat, daß gegen sie kein begründeter Verdacht vorliegt. Die Bundeskasse ist nicht verpflichtet, die Angeschuldigten für erlittene Untersuchungshaft zu entschädigen. Das Verfahren hat weder ihre Unschuld ergeben noch dargetan, daß ein begründeter Verdacht gegen sie nicht vorliegt.

Während der sogenannten SPIEGEL-Affäre behauptete AUGSTEINS Gazette, es »*gibt keine anderen*« als die ihm zustimmenden internationalen Pressestimmen. Den ansonsten so viel auf ihre Gründlichkeit haltenden SPIEGEL-Redakteuren scheint da einiges entgangen zu sein. Zum Beispiel:

Überhaupt, was für seltsame Verbindungen werden da sichtbar; wer alles tritt da in Szene, Halbkommunisten, Literaten, denen Verrat militärischer Geheimnisse sittliche Pflicht ist, gemeinsam mit Rechtselementen, denen der Bonner Staat ein schmähliches Produkt der Niederlage ist? Da kann man es dann erleben, daß die gleichen, die für die Freiheit Berlins und die Wiedervereinigung bereit sind, bis zum äußersten die Opfer anderer zu bringen, sich in dem gleichen Haßobjekt treffen, eine perverse Allianz, gut nur zum Niederreißen, unfähig etwas aufzubauen und zu bewahren. Das alte »Ohne-uns« feiert Urstände. Haben die so Unrecht gehabt, die meinten, was einmal deutscher Nationalismus war, nennt sich heute Neutralismus. (PRESSE, Österreich)

Daß dieses Magazin sich einer rein destruktiven Tendenz verschrieben hat und den Bonner Staat verächtlich zu machen versucht, wo immer es kann, und daß es zu einem Hauptlieferanten von Zitaten für die kommunistische Propaganda des ULBRICHT-Regimes geworden ist, das ist wohl nicht zu bestreiten. (NEUE ZÜRCHER ZEITUNG, Schweiz)

Der ganze Stil des SPIEGEL, einer Kopie des amerikanischen Magazins TIME, schließt es im übrigen aus, AUGSTEIN mit einem CARL VON OSSIETZKY zu vergleichen. Dieser von seiner Sache leidenschaftlich überzeugte preußische Adlige war kein neudeutscher Reklameheld. Er ließ sich auch nicht wie AUGSTEIN von seinem Diener, den er natürlich gar nicht hatte, sein Köfferchen tragen, als er in der Weimarer Republik wegen Veröffentlichung über die den Frieden gefährdende Geheimaufrüstung der Reichswehr ins Gefängnis kam. Ging es damals um den Kampf für echte Pressefreiheit, so scheint es sich heute, soweit man bisher zu urteilen vermag, mehr um das betonte Enthüllungsgeschäft als um die Verteidigung hoher Rechtsgüter zu handeln. (Weltwoche, Schweiz)

Der Spiegel, professioneller Bilderstürmer, vertritt schamlos zerstörerische Tendenzen und ist eine reiche Nachschubquelle für die kommunistische Propaganda des Ulbricht-Regimes und für diejenigen innerhalb und außerhalb der Bundesrepublik, die darauf aus sind, den neuen Staat zu diskreditieren. Die Zeitschrift ist eines der schlimmsten Beispiele eines Pressesystems, in dem Zügellosigkeit mit Freiheit verwechselt wird und in dem die Zügel fehlen, die ein wirksames Verleumdungsgesetz, wie in unserem Lande, anlegt. (The Tablett, Großbritannien)

Den Spiegel, offensichtlich eine Nachahmung von Time, im selben Atemzug mit dem amerikanischen Blatt zu nennen, wäre eine tödliche Beleidigung der Time ... Auch in den USA haben wir Pressefreiheit, aber unsere Redakteure sind sich stets dessen bewußt, daß mit der Freiheit eine große Verantwortlichkeit verbunden ist ... Der westdeutsche Blätterwald scheint jedoch von Verantwortungsgefühl keine Ahnung zu haben. Sie wollen nur mit allen Mitteln die Macht der Presse intakt halten ... Anstatt die Regierung zu unterstützen, vereinigen sie sich zur Verteidigung eines anstößigen, lügenhaften und skrupellosen Wochenblattes. (Daily Democrat, USA)

Daß trotz aller Rufmordmethoden und strafrechtlich relevanter Exzesse noch immer Politiker der SPD und FDP und die ihnen geistigverwandten Medien Augstein und seinen Spiegel als seriöses Publikationsorgan betrachten, ist verantwortungsbewußten Publizisten unverständlich. Sein Treiben hat über Jahrzehnte hinweg unzählige Menschen, vor allem die Jugend, in Haß und Ablehnung gegen den eigenen Staat gestürzt. Die Verniedlichung des Terrorismus, die Verherrlichung der APO-Studenten-Revolte, das Verharmlosen kommunistischer Gewalt-Regime, die Unterstützung der anarchistischen und utopischen Grundsätze der »Grünen« und deren Katastrophen-Hysterie, die Hetze gegen die Bundeswehr, die Polizei, gegen führende Politiker und Persönlichkeiten der Industrie und Wirtschaft – dies alles hat seinen geistigen Ursprung in dem miesen und menschenverachtenden Stil dieser Gazette.

Während AUGSTEIN unentwegt seine Denunzierungskampagnen gegen die Industrie und das freie Unternehmertum führt und die CDU als *»Partei des großen Geldes«* diffamiert, die Bundesrepublik Deutschland als korrupte Bananenrepublik und als Botokudenstaat verunglimpft, kassiert er selbst für Anzeigen von seinen Opfern 200 Millionen Mark im Jahr. Das ist das Vier- bis Fünffache dessen, was die CDU an Spenden erhält. Man steht einerseits fassungslos vor diesem Masochismus der SPIEGEL-Opfer und andererseits vor der Moral des Kapitalistenfressers AUGSTEIN und seiner linksextremen Redakteurschar, die sich am Geld ihrer Opfer, die sie Woche für Woche fertigzumachen sucht, mästet. 50 Millionen Mark Reingewinn bringt den SPIEGEL-Machern jährlich ihr Rufmordgeschäft ein. Ein Viertel davon geht an AUGSTEIN, ein Viertel an den Teilhaber-Verlag GRUNER + JAHR, die Hälfte an die Angestellten und Redakteure.

Die öffentliche Hetze gegen die Unionsparteien und insbesondere ihren Kanzler hindert viele führende Politiker der CDU und CSU nicht daran, das Ansehen des SPIEGEL mit Interviews und Informationen zu fördern. Doch hier gibt und gab es erfreuliche Ausnahmen: ADENAUER sagte zum SPIEGEL: *Ich lese das Drecksblatt nicht.* Und für HELMUT KOHL sind SPIEGEL- und STERN-Redakteure keine Gesprächspartner. Daß sie zum Kanzleramt – im Gegensatz zu früher unter den SPD-Kanzlern, als das Kanzleramt fast eine Art von Filiale des SPIEGEL war – heute keinen Zugang haben, mag mit ein Grund für ihre nicht mehr zu überbietende Hetze gegen den Bundeskanzler seit seinem Amtsantritt sein. Dafür erfindet man unentwegt Zitate von KOHL oder phantasiert von Äußerungen angeblicher Berater des Kanzlers. Die Verwandlung vom Nachrichtenmagazin zur Märchentante wird dabei immer deutlicher. Trotzdem nimmt dem SPIEGEL eine gläubige Lesergemeinde, ähnlich den Sektenanhängern geschäftstüchtiger Gurus, immer noch ab, Verkünder der Wahrheit zu sein.

Der SPIEGEL handelt nach der Methode, die schon einst FRIEDRICH HEBBEL bei seinen Zeitgenossen beschrieb:

Viele Deutsche glauben sich jetzt dadurch patriotisch zu zeigen, daß sie Deutschland als Spucknapf gebrauchen.

In diesem Sinne kann man AUGSTEIN glauben, daß er »patriotisch« ist.

In welcher Weise AUGSTEIN seine Leser verhöhnt, konnte man an dem Zynismus seiner Weihnachtsausgabe 1986 erkennen. Er verkaufte sie mit der Titelzeile »Die Wiederkehr des Teufels«, eine sehr bezeichnende Demonstration der Mißachtung von religiöser Überzeugung, von sittlichen Grundsätzen und von Schamgefühl und Nächstenliebe, die ja gerade das Weihnachtsfest auszeichnet. Was immer für anständige Menschen Wert und Bedeutung besitzt, macht der SPIEGEL herunter, verhöhnt es und zieht es in den Schmutz.

In der Kampagne gegen HELMUT KOHL zeichnet sich besonders ein Redakteur namens JÜRGEN LEINEMANN aus, der unentwegt in dem Stil, den einst Kommunisten und Nazis gegen Politiker der Weimarer Republik pflegten, gegen KOHL nicht nur als Politiker hetzt, sondern ihn als Menschen heruntermacht, wie zum Beispiel:

Dieser Mann ist stets eher eine Lachnummer gewesen als ein ernster Kanzler-Kandidat. Tönendes Nichts, Zweizentner-Null haben sie ihn genannt ... KOHLS Sprache ist schon immer von hohem intellektuellen Unterhaltungswert gewesen, halb unfreiwilliges Kabarett, halb Ärgernis.

Und was dieser ehrenwerte LEINEMANN über KOHLS Israel-Reise schreibt, ist eine einzige Haßorgie gegenüber dem großen Erfolg, den der Staatsbesuch von HELMUT KOHL in Israel hatte.

Was ihn an KOHL stört, sind dessen Wertvorstellungen über:

Vaterland, Heimatliebe, Pflichtgefühl, Stolz auf die kulturellen Leistungen seines Volkes, Gewissenhaftigkeit, Fleiß, Maßhalten, denn das ist seit Kaisers Zeiten ungebrochene Bürgermentalität.

Der kaum verschleierte Versuch, solche Eigenschaften in die Nähe des Nazismus zu rücken, gehört zu den besonders niederträchtigen Denunziationsmethoden gegenüber KOHL und den Unionsparteien.

Der SPIEGEL beruft sich gern auf sein Vorbild, auf das amerikanische Nachrichtenmagazin TIME. Die Zeitschrift aber nannte den SPIEGEL im Zusammenhang mit der SPIEGEL-Affäre:

Eine teutonische Version des CONFIDENTIAL-MAGAZINE (das ist jene berüchtigte amerikanische Zeitschrift, die von der Enthüllung des Privatlebens prominenter Leute lebt und die amerikanische Schikkeria jede Woche in Angst und Schrecken versetzt) *und er kämpfte fast gegen alles und für nichts – ausgenommen vielleicht die Anerkennung von Ostdeutschland, die er häufig befürwortet hat.*

Als der einstige Terroristenanwalt OTTO SCHILY den Kanzler wegen angeblicher Falschaussagen bei der Justiz denunzierte, begleitete der SPIEGEL dies mit einer regelrechten Hetzkampagne, die einer zügellosen Vorverurteilung gleichkam. Der selbstverständliche demokratische Rechtsgrundsatz, daß jedermann unschuldig ist, solange er nicht rechtskräftig verurteilt wurde, ist der Hamburger Gazette offenbar unbekannt. Die gleiche Schlammschlacht führte er in dem FLICK-Prozeß gegen OTTO GRAF LAMBSDORFF und andere auf. Wie sehr die Hamburger Justiz bemüht ist, strafbare Handlungen von SPIEGEL und STERN möglichst unter den Teppich zu kehren, haben die Folgen der Vorverurteilungskampagne gegen LAMBSDORFF, BRAUCHITSCH und FRIDRICHS, die monatelang von den Hamburger Gazetten betrieben wurde, in drastischer Weise offenbart.

SPIEGEL und STERN hatten die Anklageschrift der Bonner Staatsanwaltschaft, die ihnen offensichtlich Beamte des Düsseldorfer Justizministeriums zugespielt hatten, veröffentlicht, ehe die erste Verhandlung vor dem Bonner Landgericht stattfand. Sie taten dies, wie sie großsprecherisch verkündeten, unter vorsätzlicher Mißachtung des § 353 d des Strafgesetzbuches, der dies mit einer Gefängnisstrafe von bis zu einem Jahr bedroht. Offenbar war den Hamburger Gazetten die Diffamierung der Angeklagten wichtiger als die Einhaltung rechtsstaatlicher Prinzipien.

Angesichts der öffentlichen Empörung über das Verhalten von SPIEGEL und STERN erhob die Staatsanwaltschaft Anklage bei zwei Amtsgerichten in Hamburg. Diese Amtsgerichte vertraten die groteske Auffassung, der seit Jahrzehnten gültige Paragraph sei verfassungswidrig und legten die Entscheidung darüber dem Bundesverfassungsgericht vor, das auf kurzem Wege den um SPIEGEL und STERN so besorgten Amtsrichtern mitteilte, daß von Verfassungswidrigkeit überhaupt keine Rede sein kann. Das war bereits Anfang 1986 geschehen.

Seitdem war in der Öffentlichkeit nichts mehr von den nun endlich durchzuführenden Strafprozessen gegen die Verantwortlichen von SPIEGEL und STERN zu hören. Obwohl es sich nicht um eine Ordnungswidrigkeit, sondern um einen Straftatbestand handelte, teilte mir die Staatsanwaltschaft beim Hanseatischen Oberlandesgericht auf meine Anfrage mit, das Verfahren gegen die Verantwortlichen des SPIEGEL sei am 25. März 1987 nach Zahlung von Geldbußen eingestellt worden, und im August 1987 sei das Gleiche gegenüber den Verantwortlichen des STERN erfolgt. Die strafbare Handlung wird also gewissermaßen herabgestuft auf die Ebene des Falschparkens. Bezeichnenderweise ist von der damit immerhin gerichtlichen Feststellung vorsätzlicher Straftaten von SPIEGEL und STERN die Öffentlichkeit überhaupt nicht unterrichtet worden. Die Medien-Kumpanei, die sonst jede haltlose Anzeige von Grünen und Linksextremisten gegen demokratische Politiker lauthals verkündet, funktionierte in diesem Fall perfekt. Man sieht, mit Geldbußen können sich SPIEGEL und STERN bei der Hamburger Justiz von der Ahndung strafbarer Handlungen freikaufen. Daß Bußgelder für diese Gazetten keine Strafe bedeuten, steht außer Frage. Nur, ob der Rechtsstaat dabei nicht auf der Strecke bleibt, ist eine andere Frage.

Was jeden Normalbürger wegen schwerster Beleidigungen und übler Nachreden vor den Richter brächte, dafür genießen AUGSTEIN und der SPIEGEL bei der Hamburger Justiz geradezu einen Freibrief. Selbst wenn die Staatsanwaltschaft dort feststellt, daß AUGSTEIN allein in seinem »Endkampf«-Artikel gegen STRAUSS fast ein Dutzend üble Nachreden begangen hat, wird er – mit faulsten Ausreden – nicht angeklagt.

Seinen traurigen Triumph in der »SPIEGEL-Affäre« hat AUGSTEIN in Nr. 3/63 so kommentiert:

Wir hatten viel mehr erreicht, als wir uns je erträumten. Der Stachel des Widerstandes gegen den ›pragmatischen Verwaltungsstaat‹, gegen patriarchalische Erbpacht und Gängelei, gegen ein katholisches Rhein-Isar-Preußen ohne preußische Sauberkeit und Manieren hatte sich in die Herzen der Bürger gesenkt.

Was AUGSTEIN unter *preußischer Sauberkeit* versteht, kann man jede Woche dem SPIEGEL entnehmen. Dazu paßt es auch, wenn er zum Beispiel in Italien mit Rauschgift im Koffer erwischt wird und zuerst erklärt, er habe dies nur für Bekannte mitgenommen. Doch als er von seinen Anwälten aufgeklärt wird, daß er damit in Italien als Dealer schwer bestraft wird, während Besitz von Rauschgift zum Eigenbedarf in Italien nicht strafbar ist, erklärte er prompt, das gefundene Rauschgift diene nur seinem Eigenbedarf. Was ist er nun wirklich: ein Süchtiger oder ein Dealer? Die Bayern bezichtigt AUGSTEIN wiederholt, ebenso wie die Österreicher, der Neigung zum Faschismus, zum Klerikalismus, zur Korruption und stellt dem angeblichen »Balkan-Klima« in Bayern die offenbar »lautere preußische Luft« des Nordens gegenüber, in welcher der SPIEGEL als sittenstrenger Richter über Deutschland wacht. Nun könnte man boshafterweise sagen, daß es HITLER in Österreich nur zum Anstreicher gebracht hat, in München ins Gefängnis gewandert ist und erst in AUGSTEINS Preußen Reichskanzler wurde. Aber das entspräche allenfalls dem Zynismus AUGSTEINS und soll nur zeigen, auf welchem Niveau er sich bewegt.

Als zum Beispiel der bereits erwähnte SPIEGEL-Star JÜRGEN LEINEMANN, der sich heute als Haupthetzer gegen HELMUT KOHL aufspielt, zur 125-Jahr-Feier der deutschen Einwanderung in Chile aus Anlaß des Besuches von FRANZ JOSEF STRAUSS dort war, erklärte er schon vorweg den deutschen Besuchern, er sei nicht da, um Positives, sondern nur um Negatives zu berichten. Im SPIEGEL 49/77 strotzte dann auch sein Bericht von Gehässigkeiten und Halbwahrheiten. Über ein Gespräch mit dem Informationschef der chilenischen Regierung, MAX REINDL-HAUSER, »berichtete« er in einer Weise, die diesen veranlaßte, mir zu schreiben:

Es ist für mich ein Rätsel, wie ein Mensch, der mir persönlich versprach, objektiv zu berichten, der von uns Fakten und Daten bekam, fähig ist, solche Lügen zu verbreiten. Nicht nur die Wörter (meines Zitates), sondern auch der Kontext sind gefälscht worden. Nennt man das Pressefreiheit in Deutschland? Ich würde es ohne jeden Zweifel politische Pornographie nennen.

Eine ähnliche Hetze leistete sich der SPIEGEL auch seit der Gründung der DEUTSCHLAND-STIFTUNG E.V., der Verleihung der ADENAUER-PREISE und dem Erscheinen des DEUTSCHLAND-MAGAZIN. Trotz wiederholter einstweiliger Verfügungen, die er für seine Fälschungen und Unwahrheiten durch die Gerichte bekam, versuchte er von Anfang an, diese Institution in den Schmutz zu ziehen und vor allem die Preisträger zu diffamieren. Gegenüber dem ersten Preisträger ARMIN MOHLER verbündete er sich sogar mit der NATIONAL- UND SOLDATEN-ZEITUNG, um MOHLER in den Geruch des Rechtsradikalismus zu bringen.

Einen besonderen Fall von SPIEGEL-Manipulation konnte ich selbst

1972 auf einer mehrwöchigen Reise durch das südliche Afrika hautnah erleben. Als ich von Johannesburg in die von unseren Medien
seit Jahren verteufelte schwarze Siedlung Soweto fuhr, las ich auf
der Fahrt die »Eindrücke«, welche in der gerade in Johannesburg
eingetroffenen neuesten SPIEGEL-Nummer dessen Reporter im
Rahmen seines Pamphletes »Im Vorhof der Hölle« über Soweto angeblich gesammelt hatte.

Da war von einem schwarzen Ghetto die Rede, das mit Stacheldraht
eingezäunt ist, und von der weißen Ausbeuterherrschaft, welche
ihre schwarzen Arbeitssklaven in dieses barbarische Massenquartier
abschiebt. Da die SPIEGEL-Redakteure wahrscheinlich nicht blind
sind, muß man diese Reportage über Soweto wohl als einen Fall von
klassischer Verleumdung und Verfälschung der Wirklichkeit bezeichnen. Weder war die Siedlung von Stacheldraht eingezäunt, geschweige denn wurde sie von weißer Polizei bewacht. Was man dort
wirklich sehen und hören konnte, ist der Anfang einer großartigen
Organisation schwarzer Selbstverwaltung mit eigenem Gemeinde-
rat, Stadträten und Bürgermeistern und selbstverständlich, wie in jeder anderen Stadt der Welt, mit schwarzen Polizei-Ordnungskräf-
ten. Daß einzelne Häusergruppen, zu denen die Siedlung jeweils zusammengefaßt ist, und sogar einzelne Häuser eingezäunt sind wie jedes Einfamilienhaus in Europa, ist keine konzentrationslagerartige
Ausstattung, zu der der SPIEGEL diese Selbstverständlichkeit verfälscht, sondern dient ausschließlich dem Schutz der jeweiligen
Hausbewohner oder einzelner Stadtteile vor Einbrechern, Dieben
und fremden Besuchern. Aber wahrscheinlich gibt es nach Ansicht
der SPIEGEL-Reporter unter 400 000 Schwarzen keine Kriminellen.
Sie sind »Heilige«. Verbrechen sind wohl Exklusivrecht für Weiße.
Es gibt aber leider sogar sehr viele Kriminelle unter den Schwarzen,
was nicht etwa auf soziale Mißstände, sondern vorwiegend auf das
spezifische Temperament und das auch vielfach fehlende Verhältnis
zu moralischen Prinzipien zurückzuführen ist, da zum Beispiel für
die Schwarzen das menschliche Leben nicht viel bedeutet. Allein in
Soweto gab es z. B. 1970 in einem einzigen Jahr 900 Morde, die sich
aus Familienstreitigkeiten oder Raufereien entwickelten. Zweifellos
aber hat die Anlage der Großsiedlung die kriminellen Delikte des
schwarzen Industrieproletariats, nachdem es aus Slums in men-
schenwürdige Wohnverhältnisse kam, bereits erheblich reduziert.

Im Gegensatz zu den SPIEGEL-Reportern sah ich mich auf der Fahrt durch Soweto, das übrigens Weiße nur mit Genehmigung der schwarzen Behörden betreten dürfen, einer gigantischen Leistung weißer Sozialarbeit gegenüber. Natürlich vermag sie angesichts der Massierung von Menschen und der Notwendigkeit, in kürzester Frist für 400000 Menschen Heime zu schaffen, in ihrer Eintönigkeit und vorfabrizierten Massenanfertigung ästhetische Bedürfnisse nicht unbedingt zu befriedigen. Wer allerdings weiß, in wie kläglicher Weise viele Hunderttausende von Gastarbeitern in der Bundesrepublik und meistens zu Wucherpreisen untergebracht sind, wird sich hüten, diese schwarze Mustersiedlung mit rein künstlerischen Maßstäben zu messen.

Ich fuhr an Tausenden von kleinen Häuschen vorbei, alle mit Vorgarten, Blumenbeeten und schattenspendenden Bäumen bepflanzt, ausgestattet mit einem Minimum an notwendigen hygienischen Einrichtungen: fließendes Wasser, Klosetts, vorbildliche Kanalisation, moderne Küchen, größtenteils mit Eisschrank. Durch die Siedlungen waren kreuz und quer gepflegte staubfreie Asphaltstraßen angelegt. Große Parkanlagen lockerten die Siedlung auf. Zahlreiche Krankenhäuser, Schulen, Sportplätze, Schwimmbäder und Kirchen aller Konfessionen gehörten in reichem Maße zu der vorbildlich geplanten Gemeinschaftsstruktur der Siedlung. Ich fuhr auch an Tausenden von Kindern vorüber, die sich auf eigenen, gesicherten Spielplätzen, in Kindergärten und auf weiten Schulhöfen tummelten. Ich wanderte schließlich durch eines der modernen Krankenhäuser Sowetos, die es an Komfort, Ausstattung und medizintechnischer Einrichtung fast mit jeder Klinik einer europäischen Großstadt aufnehmen können. Ich sah allein 140 Schulen, darunter sechs Gymnasien und zwei Hochschulen, ebenfalls in modernster Ausstattung. Sie unterscheiden sich durch nichts von den Schulen der Weißen in Pretoria oder Johannesburg, die ich ebenfalls besucht habe. Mehr als 100000 Kinder bekommen in Soweto eine Ausbildung, soweit es die Eltern wünschen, bis zum Abitur. Vor schätzungsweise jedem zwanzigsten Haus sah ich ein Auto stehen, mit dem ein Teil der Schwarzen zur Arbeit fährt. Zahlreiche Omnibuslinien und eine eigene Eisenbahn mit lächerlich geringen Tarifen befördern die Masse der Arbeiter am Morgen an ihre Arbeitsstätten und abends zurück in ihre neue Heimat, die ihnen schon ans Herz gewachsen ist, wie ich bei Besuchen in zahlreichen dieser Häuser in Gesprächen mit den daheimgebliebenen Frauen, Schwiegermüttern, Großmüttern feststellen konnte. Hinzufügen muß man, daß die Miete für ein Haus mit zwei Wohnräumen und Küche und dem geschilderten Zubehör damals monatlich fünf Rand, das waren damals knapp 20 DM, kostete. Der Schulbesuch ist so gut wie kostenlos. Es wurde nur eine Anerkennungsgebühr von etwa 20 Cent, das ist eine D-Mark, im Monat gefordert.

All dies haben die SPIEGEL-Reporter nicht entdeckt? Für sie liegt hier ein Fall eines riesigen »Konzentrationslagers« vor. Und selbstverständlich erfährt der deutsche Leser auch nicht, daß all dies fast ausschließlich aus weißen Steuergeldern geschaffen wurde und ausschließlich der Verbesserung des Lebens der Schwarzen gilt.

Vielleicht ist hier auch gleich die Gelegenheit, einige weitere Lügen, die der SPIEGEL über Südafrika in der genannten Serie verbreitet hat, zu entlarven. Da behauptet der SPIEGEL zum Beispiel mit größter Unverfrorenheit, fast die Hälfte aller schwarzen Kinder in Südafrika sterbe, ehe sie zehn Jahre alt geworden seien. Dies mag allenfalls für die Lieblingsstaaten des SPIEGEL, Sambia, Tansania, Burundi, Kongo usw., zutreffen. Aber dort entdecken SPIEGEL-Journalisten solche Fakten natürlich nicht. Die Behauptung des SPIEGEL ist nicht nur frei erfunden, sondern angesichts der gesundheitlichen Betreuung der schwarzen Kinder einfach absurd. Da es in Südafrika vorerst eine Meldepflicht für Geburten und Todesfälle der schwarzen Bevölkerung nur in den Städten gibt, stehen überhaupt keine Zahlen über die Sterblichkeit der Kinder in ganz Südafrika zur Verfügung. Die vorhandenen Zahlen beweisen genau das Gegenteil: Es gab 1960 und 1970 Volkszählungen. Aus ihnen kann man ablesen, daß in diesen zehn Jahren die schwarze Bevölkerung von 10 927 922 auf 15 057 952 angewachsen ist. Das schließt eine Sterblichkeitsrate der schwarzen Kinder von 50 Prozent völlig aus. Nach weiteren Statistiken betrug die Wachstumsrate der schwarzen Bevölkerung damals jährlich 2,5 Prozent und war damit eine der höchsten der Welt. Wenn der SPIEGEL sich wirklich um die Wahrheit bemüht hätte, müßte ihm bekannt sein, wie ihm jeder Kenner der Verhältnisse Südafrikas bestätigen kann, daß das eigentliche Problem der Kindersterblichkeit nicht das schwarze Kind, sondern die schwarze Mutter ist. Hier gibt es nämlich ein Phänomen, das viele Ärzte in der ganzen Welt beschäftigt. Durch Jahrhunderte hindurch haben die schlechte Ernährung und die erbärmlichen Lebensverhältnisse der schwarzen Frauen in den schwarzafrikanischen Ländern dazu geführt, daß sie sehr kleine Kinder bekamen. In diesen Jahrhunderten hat sich das auf die Ausbildung ihres Gebärapparates ausgewirkt, der sich den kleinen Kindern angepaßt hat. Die heutige gute Ernährung in Südafrika führt bei der Schwangerschaft und der Geburt der schwarzen Mütter vielfach zu erheblichen Schwierigkeiten, da für die nun zu großen Kinder Geburtshilfe in Kliniken oder durch erfahrene Hebammen erforderlich ist, die in den Home-Ländern, angesichts der dortigen weiten Entfernungen zum nächsten Krankenhaus oder zur nächsten Ambulanzstation, nicht immer erreichbar sind. Wer aber nur einmal den Gesundheitszustand der Kinder in den Schulen Sowetos und in anderen schwarzen Siedlungen Südafrikas gesehen hat, kann die SPIEGEL-Behauptung nur als plumpe Lüge bezeichnen.

Der SPIEGEL übernahm auch eine Propagandafälschung, die man immer wieder in aller Welt hören kann und die beweist, wie sehr man mit Zahlentricks täuschen und verleumden kann. Im SPIEGEL stand:

Für die 15 Millionen Afrikaner wurden 13,7 Prozent des Landes reserviert – die restlichen 86,3 Prozent verbleiben den 4 Millionen Weißen.

Den Zahlen nach stimmte das zwar. Der SPIEGEL unterschlug allerdings, daß fast 70 Prozent der Oberfläche Südafrikas aus verkarsteten Bergen, Halb- oder Ganzwüsten besteht, die weder landwirtschaftlich nutzbar noch bewohnt sind.

Da nicht anzunehmen ist, daß der SPIEGEL die ganzen Zahlen nicht genau kannte, liegt offensichtlich eine vorsätzliche Irreführung der Leser vor. Die Gesamtfläche Südafrikas beträgt 1 221 042 Quadratkilometer. Davon sind als Wüsten und Gebirge unbewohnbar: 828 800 Quadratkilometer. Das sind fast genau 70 Prozent. Die allein von den Schwarzen bewohnten Home-Länder haben mit der zur Zeit durchgeführten Vergrößerung 171 877 Quadratkilometer. Das sind, wie angegeben, 45 Prozent der nutzbaren Fläche Südafrikas. Die von Weißen besiedelten Gebiete, wozu auch alle Flächen in der Umgebung der großen und kleinen Städte gehören, umfassen 220 365 Quadratkilometer. Die von den Schwarzen landwirtschaftlich genutzten Flächen sind etwa so groß wie zwei Drittel von Großbritannien. Die Manipulation des SPIEGEL reichte jedoch noch weiter. In der Zahl der Schwarzen sind bei dem jeweiligen Landbesitzer meistens noch fünf Frauen und an die 20 Kinder eingeschlossen, während der weiße Farmer bekanntlich nur eine Frau und im Durchschnitt drei Kinder hat. In der Praxis stehen sich also weiße und schwarze Farmer allenfalls 1:1 gegenüber. Die schwarzen Gebiete sind außerdem nicht für 15 Millionen Schwarze bestimmt, wie der SPIEGEL fälschlich behauptete, da er auf die drei Millionen Asiaten und Mischlinge vergaß, die fast überhaupt nicht in der Landwirtschaft tätig sind, sondern als Arbeiter und Angestellte in Industrie und Wirtschaft. Unter den verbleibenden Schwarzen sind mindestens drei Millionen in Bergwerken und in den Industriezentren beschäftigt, und sie haben genauso wie deutsche Arbeiter außer ihrem Siedlungshäuschen keinen landwirtschaftlichen Grundbesitz. Schon dadurch reduziert sich die SPIEGEL-Behauptung erheblich. Hinzu kommt aber noch, daß die von den Schwarzen bewohnten und bewirtschafteten Gebiete von, wie gesagt, 45 Prozent der nutzbaren Fläche Südafrikas die fruchtbarsten und regenreichsten sind. Natürlich vergaß der SPIEGEL auch hinzuzufügen, daß in den von weißen Farmern überhaupt erst kultivierten landwirtschaftlich genutzten Gebieten dank besserer Bebauung, Bearbeitung und Düngung etwa zehnmal so hohe Erträge erzielt werden wie in der von Schwarzen geführten Landwirtschaft. Es ist daher überhaupt nur durch die weiße Bewirtschaftung großer Gebiete möglich, Millionen Schwarze mit zu ernähren, die sonst verhungern müßten. Auch hier stellt die Realität den kirchlichen Utopisten und politischen Ideologen, die den Auszug der Weißen aus Südafrika verlangen, lediglich eine Alternative: Sie können bei Verwirklichung ihres Wahnsinns damit rechnen, daß, abgesehen von der entstehenden Anarchie und dem wirtschaftlichen Chaos, Millionen Schwarze verhungern würden, weil die Landwirtschaftserträge der jetzt weißen Farmen unter schwarzer Führung sehr rasch das oben geschilderte Niveau erreichen würden. Die »Befreiung« Moçambiques, Angolas, Rhodesiens bietet dafür schon furchtbare Beispiele.

Noch unverblümter lügt der SPIEGEL, wenn es gilt, den angeblichen Rassismus der bösen Justiz in Südafrika anzuprangern. So hieß es wörtlich im SPIEGEL:

Die Justiz arbeitet im Sinne der Apartheid. Die Afrikaner Joseph Benjamin und Abraham James wurden wegen Vergewaltigung einer weißen Frau zum Tode verurteilt; der weiße Polizist Petrus Johannes Dirksen Vollschenk, der eine Afrikanerin vergewaltigte, kam mit 6 Jahren Haft, davon 3 zur Bewährung, davon.

Tatsächlich waren sowohl Joseph Benjamin wie Abraham James Weiße! Und ihre Verurteilung zum Tode erfolgte wegen der barbarischen Umstände, während das mildere Urteil des ebenfalls weißen Polizisten wesentlich anderen Umständen zu danken war. Von Apartheid, von Rassismus also, keine Rede. Um den Eindruck rassistischer Justiz zu erwecken, lügt man also einfach weiße Vergewaltiger zu schwarzen um. Gerade die Justiz ist übrigens in Südafrika, oft zum Kummer von Regierung und Polizei, nicht nur von unbestechlicher Gerechtigkeit und von politisch manchmal kaum noch zu verantwortender Toleranz und spricht viele schwarze und weiße Agitatoren und Terroristen frei, falls die Beweise für deren strafbare Handlungen nicht hundertprozentig sind.

Nicht minder skrupellos verbreitete der Spiegel damals die Legende, daß der Afrikaner pro Kopf im Monat nur 36 DM verdiene, der Weiße jedoch 13mal soviel. Offenbar zählte der Spiegel bei der Behauptung auch die unbezahlten fünf Frauen und 20 Kinder eines Dorfhäuptlings mit, um auf einen solchen Durchschnitt zu kommen. In Wirklichkeit betrug das Durchschnittseinkommen der Schwarzen in der Industrie – und nur insoweit ist natürlich eine Vergleichsmöglichkeit mit dem Einkommen der Weißen möglich – jährlich 2835 DM, wobei allerdings noch berücksichtigt werden muß, daß im Gegensatz zu den Mieten, welche die Weißen bezahlen müssen, die Miete für ein Haus in den schwarzen Siedlungen, wie ich schon ausgeführt habe, zum Beispiel in Soweto, nur 20 DM im Monat betrug. Allein zwischen 1955 und 1965 ist die Kaufkraft der Schwarzen auf das Sechsfache angestiegen. Nach Spiegel-Behauptung mußte ein schwarzer Boy oder eine schwarze Hausgehilfin um 70 DM im Monat arbeiten. Tatsächlich kosteten, wie ich bei zahlreichen Familien festgestellt habe, solche meistens völlig unausgebildeten Hausangestellten mindestens das Doppelte, und selbstverständlich bekommen sie dazu neben allen Sozialabgaben auch Verpflegung, Wohnung und Bekleidung kostenlos, und meistens sind auch noch ihre Familien in den Häusern der Weißen kostenlos mit untergebracht. Daß außerdem eine weiße Hausgehilfin oder Köchin dreimal soviel arbeitet, entsprechend höhere Qualitäten besitzt und daher mit Recht mehr verdient, ist natürlich für den SPIEGEL kein Argument.

Seltsam ist nur, daß die vom SPIEGEL und der Weltöffentlichkeit als *Sklavenstaat* verleumdete Republik Südafrika sich des Zustroms schwarzer Fremdarbeiter, aus den schwarzafrikanischen Staaten, kaum erwehren kann, da es dort nicht nur eine katastrophale Arbeitslosigkeit und entsprechendes soziales Elend, sondern auch für gleiche Arbeitsleistungen bei der schwarzen Führungsschicht und in der dortigen Industrie im Vergleich zu Südafrika Hungerlöhne gibt. Allein für die Goldindustrie Südafrikas kamen damals jährlich mehr als 200 000 schwarze Gastarbeiter ins Land, die nach einjähriger Kontraktarbeit wieder in ihre Heimat zurückkehren. Sie kommen dann ähnlich mit Geld und Waren beladen zu ihren Familien zurück wie die Gastarbeiter der Bundesrepublik. Sie haben in einem Jahr in Südafrika soviel verdient, wie sie in ihren »unabhängigen, befreiten« Heimatländern in drei Jahren Schwerstarbeit nicht verdienen können.

Noch infamer ist die Behauptung des SPIEGEL, daß man das Bildungsniveau der Schwarzen *»planmäßig«* herabdrücke. Wie sehr dies der Wahrheit entspricht, ergibt sich aus folgenden Zahlen, wobei zu bemerken ist, daß der Schulbesuch für Schwarze so gut wie kostenlos ist: 1945 gab es 4373 Schulen mit 587 586 schwarzen Schülern. 1986 gab es dagegen bereits 6,5 Millionen schwarze Schüler. Jedes Jahr steigt ihre Zahl um 250.000. Das bedeutet, daß jedes Jahr etwa 300 große Schulen gebaut und mindestens 8.000 Lehrer ausgebildet werden müssen. Die Zahl der schwarzen Abiturienten hat sich von 500 im Jahr 1953 auf mehr als 150.000 im Jahr 1986 erhöht.

1960 waren zum Beispiel unter dem wissenschaftlichen Personal an den Universitäten nur 18 Schwarze tätig. 1986 ist die Zahl auf 349 gestiegen, davon allein 104 schwarze Professoren. An den fünf Universitäten, an denen vor allem Schwarze studieren, hat sich ihre Zahl von 481 im Jahr 1960 auf 27.639 im Jahr 1986 erhöht. Außerdem sind weitere Tausende ohne jede Rassendiskriminierung an sogenannten weißen Universitäten eingeschrieben. Zur Zeit gibt es allein in Südafrika 36 Pädagogische Hochschulen für angehende schwarze Lehrer, an denen mehr als 21.000 Studenten eingeschrieben sind. Die SPIEGEL-Behauptung ist daher eine besonders infame Verleumdung. Der südafrikanische Staat, der noch 1970 für die schulische und berufliche Ausbildung der schwarzen Südafrikaner nur 32,9 Millionen Rand ausgegeben hat, verwendete 1986 dafür bereits 1,5 Milliarden Rand.

Der SPIEGEL erregte sich in seinem Pamphlet über die schreckliche Tatsache, daß in der Bantu-Siedlung von Soweto nur jedes fünfte Haus Elektrizität habe. Das war nicht nur eine groteske Übertreibung, sondern traf allenfalls für einige der zuletzt erbauten Teile dieser Großsiedlung zu, da die meisten der 70 000 in wenigen Jahren gebauten Häuser längst Stromanschluß haben. Die Knappheit des Stroms liegt an dem ungeheuren Strombedarf Südafrikas, vor allem seiner Industrie, der fast ausschließlich mit Kohle befriedigt werden muß, da es nur geringe Möglichkeiten zur Anlegung von Wasserkraftwerken in Südafrika gibt. Gleichzeitig mit seiner Klage, daß noch einige Häuser in den schwarzen Siedlungen Südafrikas keinen Strom haben – in den Dörfern schwarzafrikanischer Staaten gibt es überhaupt keine Elektrizität –, beteiligte sich der SPIEGEL an der weltweiten Hetze gegen das Cabora-Bassa-Damm-Projekt in Moçambique, das er als kapitalistische Unterstützung der südafrikanischen Rassenpolitik diffamierte, weil nach Fertigstellung des Dammes durch die dann einsetzenden Stromlieferungen nach Südafrika die weiße Herrschaft über die armen Schwarzen zementiert würde. Woher soll aber dann der Strom für die schwarze Siedlung in Soweto kommen, dessen Fehlen den »weißen Ausbeutern« angelastet wird? Und was hat diese Verlogenheit und Schizophrenie noch mit der Realität oder gar mit der Sorge für den Lebensstandard der Schwarzen in Südafrika zu tun?

In diesem Zusammenhang scheint es mir notwendig, auch der südafrikanischen Regierung und ihrer Wirtschaft und Industrie einen Vorwurf zu machen. Auf meiner Reise wurde ich einerseits von Politikern, Gewerkschaftsführern, von Industriellen und weißen Farmern immer wieder auf diese Artikelserie des SPIEGEL angesprochen und sie als Volksverhetzung und Verleumdung Südafrikas empört angeprangert, was sich ja nicht nur auf den SPIEGEL beschränkt, sondern in ähnlicher Weise im größten Teil der Massenmedien der Bundesrepublik seit Jahren praktiziert wird. Anderer-

seits aber war diese SPIEGEL-Serie »Im Vorhof der Hölle« von ganz-
seitigen Anzeigen der SAA, der staatlichen Luftfahrtslinie Südafrikas, und der staatlichen Fremdenverkehrsbüros Südafrikas in
Frankfurt und Düsseldorf eingerahmt. Die offenbar völlig instinkt-
losen Vertreter Südafrikas in der Bundesrepublik gaben also damals
jährlich – denn diese Anzeigen erschienen fast in jeder SPIEGEL-
Nummer – viele hunderttausend Mark aus, um die Verleumdungen
gegen ihr eigenes Land zu finanzieren. Darf ich die verantwortlichen Herren in Südafrika an die höhnische Feststellung LENINS
erinnern:
*Die Kapitalisten werden uns noch den Strick verkaufen, an dem wir
sie aufhängen werden.*
Vielleicht sollte man angesichts dieser Art von »Berichterstattung«
über Südafrika in deutschen Zeitungen – Fernsehen und Rundfunk
stehen bei dieser Kampagne dem SPIEGEL würdig zur Seite – einmal
die Deutschen daran erinnern, daß sich die Bevölkerung Südafrikas
immer öfter fragt, womit sie eigentlich diese Volksverhetzung und
Verleumdung durch die Bundesrepublik verdient hat. Südafrika ist
ja nicht nur einer der größten Handelspartner der Bundesrepublik,
sondern beherbergt auch Zehntausende von deutschen Einwande-
rern. Offenbar haben die Deutschen in der Bundesrepublik vergessen, daß auch Tausende von jüdischen Bürgern aus Deutschland
und Österreich während der NS-Zeit in das angeblich so rassistische
Südafrika emigrierten, dort als vollwertige Staatsbürger aufgenommen wurden und sie und ihre Nachkommen zum größten Teil noch
heute dort leben. Außerdem war Südafrika das erste und einzige
Land, das nach dem Zweiten Weltkrieg als Beispiel für sein Gerech-
tigkeitsgefühl und seine Fairneß ohne jede Gegenleistung das be-
schlagnahmte deutsche Vermögen zurückgab. Dankbarkeit scheint
in der Bundesrepublik ein Fremdwort zu sein. Dagegen ist wohl die
Vertreibung und Enteignung von Deutschen aus schwarzafrikanischen Gebieten für die Bundesrepublik ein hinreichender Anlaß,
diesen rassistischen Schwarz-Diktaturen ständig Ergebenheit zu
bezeugen und Millionen von deutschen Steuergeldern in jene Länder als Entwicklungshilfe zu pumpen, die dann zum größten Teil
auf Schweizer Bankkonten als »Sicherheitsfaktor« für den Fall eines
Sturzes der jeweils herrschenden Diktatoren und ihres korrupten
Anhangs landen.

Vielleicht macht es auf jene Kreise in der Bundesrepublik, die ja ihre Haltung gegenüber den Weißen in Afrika und ihren Kampf gegen den angeblichen Rassismus mit dem Schuldkomplex über den praktizierten Rassismus des Dritten Reiches zu begründen pflegen, einen gewissen Eindruck, zu hören, was aus Österreich und Deutschland emigrierte Juden, die heute in Südafrika als treue Bürger ihres Landes leben, über diese Hetze gegen Südafrika und über den Vorwurf eines bösartigen Rassismus zu sagen haben. Ich habe viele Gespräche mit solchen jüdischen Opfern des Nationalsozialismus in Johannesburg, Durban und Kapstadt geführt. Sie meinen, nicht ganz zu Unrecht, daß die Deutschen als letzte das Recht hätten, sich zum Sittenrichter über den Rassismus von Südafrika aufzuwerfen.

Die Deutschen sollen aufhören, sagte mir ein aus Wien stammender Jude, der damals seit 35 Jahren in Johannesburg lebte, *ihre eigenen antisemitischen Schandtaten mit der höchst unglaubwürdigen Entrüstung über Südafrika zu bewältigen und sich als Hüter der Schwarzen aufzuspielen. Das wirkt auf uns nur pharisäisch. Die südafrikanische Politik hat mit Rassismus, wie wir ihn in Europa erleben mußten, nicht das geringste zu tun. Was hier geschieht, ist lediglich der Versuch, die verschiedenen Rassen gemäß ihrer Eigenart und ihrer verschiedenen Entwicklungsstufen zu einem für alle erträglichen Zusammenleben zu bringen.*

Der gleiche AUGSTEIN, der dem deutschen Volk und unserem freiheitlichen Rechtsstaat ständig mit dem Gespenst HITLER diktatorische Gelüste unterstellt, betätigt sich andererseits als ständiger Förderer der kommunistischen Diktaturen, was zuweilen den Eindruck erweckt, er sei ein Publikationsorgan des Kreml. Vielleicht kommt auch hier seine fast krankhafte Großmannssucht zum Ausdruck, die ihn immer wieder zum kritiklosen Sprachrohr kommunistischer Diktatoren macht. Ob CHRUSCHTSCHOW, ANDROPOW oder GORBATSCHOW, er feiert sie, während er gleichzeitig die demokratischen Politiker des eigenen Landes und unsere Schutzmacht USA in den Schmutz zieht. Dabei erniedrigt er sich mit sichtbarem Stolz zu devoten Höflingsgesprächen, zum Beispiel mit dem Kreml-Diktator ANDROPOW, und verkauft dies in Bild und Wort über viele Seiten des SPIEGEL als Weltsensation.

ANDROPOW benützte AUGSTEIN als willigen Handlanger, um unwidersprochen neben dem Interview, das AUGSTEIN verniedlichend eine *Unterhaltung* nennt, einen Desinformationsartikel aus eigener Feder im SPIEGEL abdrucken zu lassen, in dem er sich darauf konzentriert, die Überrüstung der kriegslüsternen Amerikaner der ach so friedliebenden und untergerüsteten Sowjetunion gegenüberzustellen, was jeden hörigen SPIEGEL-Leser zu Tränen rühren muß.

Noch unerträglicher aber ist der devote AUGSTEIN-Stil gegenüber dem einstigen KGB-Chef, dessen gigantische Verbrechen in AUGSTEINS Hofgesängen auf den roten Zaren natürlich nicht vorkommen. Nach Art der SORAYA-Presse erlauscht AUGSTEIN, daß der Herr der Reußen leider nicht Tennis spielt, aber sehr gesund aussieht und sich gerade hält. *Er bevorzugt auch,* so AUGSTEIN verständnisvoll, *nicht Whisky und Wodka, sondern trinkt Cognac und Wodka gleich gern, wenn auch nur sehr in Maßen.* Für AUGSTEIN ist das angesichts seiner eigenen Trinkerfreuden offenbar besonders bemerkenswert.

Und des lieben Diktators, so AUGSTEIN, *Anzug ist nicht eleganter als der eines chinesischen Spitzenmannes, nur daß er Zivil trägt, hervorragend konfektioniert.* Wie liebenswert und bescheiden! Auch Englisch spricht der konfektionierte Weltmann und auch ein wenig Deutsch, und Personenkult à la BRESCHNEW lehnt ANDROPOW natürlich ab.

Zwischendurch wird der einstige Bonner Sowjetbotschafter von AUGSTEIN in ähnlichem Stil hofiert. Er hat – wie schön – eine *26jährige Schönheit geheiratet und normalerweise muß er keinen Schlips tragen.* Freudenrufe bei den GRÜNEN! AUGSTEIN weiß, was er seinen Lesern schuldet.

Seltsam, man erinnert sich: Der SPIEGEL nennt sich, fettgedruckt unter dem Titel, DAS DEUTSCHE NACHRICHTEN-MAGAZIN. Wie »deutsch« das ist und was für »Nachrichten« AUGSTEIN da aufdeckt! Auch fühlt er sich tief geehrt, daß der Herr Generalsekretär zwar kurzsichtig ist, aber *ein Gesprächspartner, der den Augenkontakt sucht. Er spricht druckreif. Unsicherheit oder Gezwungenheit kommen nicht auf.* Auch für die Vergangenheit des Chefs des verbrecherischen KGB hat AUGSTEIN eine besonders verständnisvolle Formulierung, denn *ANDROPOW benimmt sich nicht wie ein Mann, der 15 Jahre lang der größten Sicherheitsbehörde der Welt vorgestanden hat«.*

Für den Moralprediger AUGSTEIN ist diese für die GULAGs, für politische Morde in der ganzen Welt, für Spionage, Revolutionen und Bürgerkriege verantwortliche rote Gestapo nur eine sittlich harmlose *Sicherheitsbehörde*. Und die Desinformationen in dem SPIEGEL-Artikel ANDROPOWS mit den Rüstungslügen, mit dem AUGSTEIN sich offensichtlich als Publikationsorgan des Kreml contra USA und NATO versteht, nennt er emphatisch *Botschaft an die Deutschen und an die übrige westliche Welt. Man wird sie lesen und ernst nehmen.*

Tatsächlich enthält sie im Kern nur eine finstere Drohung für entsprechende Gegenmaßnahmen, sowohl gegen die USA wie gegen die Bundesrepublik Deutschland, falls der Westen es wagt, den damals 1000 Sprengköpfen auf den SS-20-Raketen, mit denen der Kreml ganz Europa bedroht, gleichwertige Waffen gegenüberzustellen.

Wie war das eigentlich einst mit HITLERS Botschaft an die Welt? Er verkündete auch seinen Friedenswillen, doch ebenfalls immer verbunden mit Drohungen. Hat AUGSTEIN das schon vergessen? Vielleicht hat ihn der »Augenkontakt« mit dem Kreml-Chef süchtig gemacht oder gar erblinden lassen. Denn er vermittelt widerspruchslos die Lüge ANDROPOWS, daß die Russen immer nur den Vorsprung der US-Rüstung einholen mußten.

Sehr behutsam stellt AUGSTEIN auch eine Frage nach Afghanistan. Er nennt es bescheiden einen »*Störfaktor*«. Und ohne Widerspruch läßt AUGSTEIN den Diktator erklären, man sei doch nur sehr ungern auf Bitten der dortigen legalen Regierung KARMAL (nachdem der KGB den Vorgänger ermordet hatte) eingerückt. Wieder diese – ach RUDOLF AUGSTEIN! – vergessene HITLER-Diktion beim Einmarsch in Prag oder in Österreich, wohin er ja auch »gerufen« wurde. Und AUGSTEIN lenkt sofort ab, denn das Problem USA/Nicaragua sei ja wohl fast dasselbe.

Nun, die Frechheit und Verlogenheit kennt offenbar keine Grenzen. Und der immer noch devote AUGSTEIN weigert sich (»*schließlich soll man gutwillige Leute nicht mißbrauchen!*«, wie er sich bei seinen Lesern entschuldigt), über die Ereignisse um den Einmarsch in Prag oder gar über das Papst-Attentat zu sprechen. Auch Polen ist natürlich für den Moralisten AUGSTEIN kein Thema. Diktatoren soll man nicht reizen, besonders wenn man deren Politik ohnedies so sehr fördert wie AUGSTEINS Postille. Da fragt man lieber, welche Musik ANDROPOW liebt. Nun wissen wir es: BEETHOVEN und TSCHAIKOWSKY. Auch HEINRICH HIMMLER war schon ein Liebhaber klassischer Musik.

Und so AUGSTEIN zusammenfassend: Dieses Gespräch *war ein Fortschritt*. Der Kreml kann dankbar sein. Wie wäre es mit dem LENIN-Orden?

Einen ähnlichen GARTENLAUBEN-Stil betrieb der SPIEGEL auch bei seinen Hofgesängen für WILLY BRANDT:

Abgesehen von der penetranten Manipulation, mit der AUGSTEINS Mannen uns die Ostpolitik BRANDTS und die Unterwerfung unter die BRESCHNEW-Doktrin verkauften, so als könnte es AUGSTEIN gar nicht erwarten, durch eine »Anpassung« an die Gesellschaftsordnung des Ostblocks von seinen durch jahrelange Beschimpfung der Bundesrepublik verdienten Millionen befreit zu werden, geriet der SPIEGEL mit seinem Propagandastil für die damalige Bonner Koalition trotz gelegentlicher Alibi-Kritik immer mehr in den »Ruch« (um AUGSTEINS Stil zu wählen), nicht mehr ein ernst zu nehmendes Nachrichtenmagazin, sondern ein Witzblatt zu sein. Unwillkürlich wird man an die Hofberichte zu Ehren WILHELMS II. erinnert, wenn man liest, was der SPIEGEL-Hofschreiber damals über WILHELM III. – so WILLY BRANDT im Volksmund – berichtete.

HERMANN SCHREIBER hat WILLY BRANDT 1970 in Moskau bei seinem historischen Verzichtritt auf Schritt und Tritt begleitet. Im SPIEGEL las sich das so:

Nicht die Schminke veränderte sein Gesicht, nicht kosmetische Korrekturen formten diese Maske. Er selber tat es. Die Veränderung, die hier vorging, war Ausdruck äußerster, fast autosuggestiver Konzentration.

Wie gesagt, das war nicht die Illustriertenbeschreibung über einen Bühnenmimen, sondern »WILLY BRANDTS Maske für Moskau«. Laut SPIEGEL:

Man kennt diesen WILLY BRANDT, kennt auch dieses Gesicht. Er hat es in Erfurt aufgehabt und in Kassel, hat es stets dann auf, wenn die Rolle, die er zu spielen hat, in die Dimension des Historischen wächst.

Damit das »Menschliche« nicht zu kurz kommt, ließ unser SPIEGEL-Schreiber den Mann mit den zwei Gesichtern auch einmal aus seiner Rolle fallen. Das sah so aus:

58

Einen Augenblick freilich gab es, in dem BRANDTS *Maske zu brök-*
keln drohte.

Das war allerdings kein reaktionär rieselnder Kalk, sondern, wie
unser SPIEGEL-Schreiber für die verehrte Mimengemeinde seiner
dank linksintellektueller Erziehung politisch bewußten Leser beru-
higend feststellt, der *Druck des Bewußtseins, Geschichte gemacht zu*
haben. Unser SPIEGEL-Schreiber, der das kommunistische Macht-
zentrum verklärt in einer Atmosphäre »zaristischer Grandeur plus
aircondition« sieht, erlebte erschüttert, wie schnell der maskentra-
gende WILLY, pardon WILHELM III., »die Last« (des Geschichte-
machens) »dann abschüttelte in einem langen, heftigen Händedruck
mit seinem Nachbarn KOSSYGIN«.

Damit das tumbe Volk, aus dessen Reihen offenbar auch noch einige SPIEGEL-Leser stammen, nicht zu kurz kommt, begegnete WIL-
HELM III. statt den sonst üblichen blumenstraußreichenden Kindern, denen die großen Männer der Geschichte über den germani-
schen Blondkopf oder, in diesem Fall wohl besser, über das
schwarzgelockte slawische Köpfchen zu streicheln pflegen, einem
frisch getrauten sowjetischen Ehepaar. Zwar unterlief da offenbar
eine Panne, denn weder BRANDT verstand das Ehepaar, noch wußte
das Ehepaar etwas mit WILHELM III. anzufangen. Daher kehrte
auch WILHELM III. laut SPIEGEL-Schreiber nach der unkonventio-
nellen Lüftung der Maske schnell wieder in seine historische Rolle
zurück:

WILLY BRANDT, die Maske für Moskau wieder im Gesicht, wandte
sich zum Gehen.

Wer da nicht weint, dem ist nicht mehr zu helfen.

Beinahe ebenfalls zum Weinen, wenn auch weniger lächerlich, wird
es, wenn RUDOLF AUGSTEIN persönlich seine Strategie zur »Veränderung unserer Gesellschaft« entwickelt. Als die Unterwerfung in
Moskau im Sinne seiner jahrelang geforderten Thesen noch im
Schoß der Geschichte lag, nämlich am 11. Mai 1970, verkündete
AUGSTEIN in einem SPIEGEL-Artikel unter der Überschrift »*Ge-*
sucht: Ein Stratege« höchstpersönlich, wie er HERBERT WEHNER
einschätzt und was er von ihm erwartet. Zwar hat er einstmals im
SPIEGEL Nr. 3/1963 in der Pose eines moralischen Puritaners ver-
kündet, sein Sieg über STRAUSS in der SPIEGEL-Affäre, bei der
STRAUSS dem Parlament gegenüber unwahre Angaben gemacht ha-

ben soll, habe den *»Widerstand gegen ein katholisches Rhein-Isar-Preußen ohne preußische Sauberkeit und politische Manieren in die Herzen der Bürger gesenkt«*. Was AUGSTEIN in Wahrheit unter *»preußischer Sauberkeit«* und *»politischen Manieren«* versteht, wenn es der Durchsetzung sozialistischer Utopien und der Anpassung an den kommunistischen Ostblock dient, verrät er uns 1970 mit seiner Charakteristik über HERBERT WEHNER:

Er, wie kein zweiter Politiker seit 1945, hat ernst gemacht mit LENINS Losungswort vor dem Siebten Parteitag: »Wenn man sich nicht anpassen kann, wenn man nicht bereit ist, mit dem Bauch durch den Dreck zu kriechen, ist man kein Revolutionär.« Er ist fürwahr durch den Dreck gekrochen, und wir alle haben Spritzer abbekommen. Was die anderen von WEHNER lernen wollen, das Gewinnen von Stimmen nämlich, ist ja durchaus eine zweischneidige Fähigkeit, eine, die niemandem ferner liegt als den Kommunisten, die aber nur ein früherer Kommunist ohne Rücksicht auf Gesinnung und moralische Überzeugung durchexerzieren konnte. Da mußten Demokratie und Sozialismus denn erst einmal geopfert werden, um Demokratie und Sozialismus durchzusetzen; eine Operation, versteht sich, von tödlicher Ungewißheit. Nicht um bessere Politik wurde gestritten, sondern darum, wer sich skrupelloser verstellen könnte.«

Nach dieser erstaunlichen Offenbarung AUGSTEINS über das Godesberger Programm, mit dem also offenbar die Wähler mit LENINscher Verstellungskunst über die wahren Ziele WEHNERS und seiner Partei getäuscht werden sollten – so AUGSTEIN, Hofpoet der WEHNERschen Machtergreifung –, ergibt sich deutlich der moralische Unterschied, je nachdem, ob STRAUSS sich verstellt oder ob WEHNER dies tut.

Doch hören wir AUGSTEINS Theorie über politische Moral weiter, soweit es die LENINsche Taktik von WEHNER betrifft:

Die Anerkennung der Realitäten, sie durfte nicht sein, weil die Wählermehrheit sie, nach WEHNERS Ansicht, noch nicht ertragen hätte. Was der WEHNER von 1958 wußte und was der von 1970 weiß ... durfte der von 1966 nicht wahrhaben. Er redete einer »Nichtanerkennung der ULBRICHT-Gruppe als DDR-Regierung« das Wort, ja, er barzelte sogar: »Die Anerkennung wäre die endgültige Besiegelung der Teilung Deutschlands.« Daß wir von den Gebieten jenseits

Oder und Neiße keinen Quadratmeter zurückbekommen, wußte *der* WEHNER *des Jahres 1958. Der von 1965 gab vor, die »Leisetrete-* *rei‹ der Bundesregierung, angesichts gaullistischer Grenzanerken-* *nung, greife ihm »kalt ans Herz«.*

Mit diesen und vielen ähnlichen Beispielen unterstellt AUGSTEIN mit zynischer Offenheit, wie glänzend WEHNER nicht etwa nur den Bundestag – worüber AUGSTEIN sich bei STRAUSS so empört –, sondern das ganze deutsche Volk systematisch betrogen habe, um ein sozialistisches Europa unter Moskauer Führung vorzubereiten.

Damals, im Mai 1970, zweifelte AUGSTEIN noch, daß es zu der gewünschten Kapitulation in Moskau kommen würde. Und er zweifelte auch, daß der Angriff auf das Eigentum, wie es die Jungsozialisten und der linke Flügel der SPD planen, schon jetzt Erfolg habe. Nichts darf getan werden, um die Wähler der SPD zu erschrecken. Damals sah AUGSTEIN das so, und offensichtlich zielt er auch auf den WEHNER der Zukunft:

Hier wird ein Stratege gebraucht, vielleicht sogar einer, der LENIN-*scher Verstellungskunst fähig ist, und der trotzdem glaubt, was er* *lügt.*

Vielleicht kann man die Hofgesänge auf WILHELM III. bei seinem Ostritt und die Lobpreisung der Lüge WEHNERS a la LENIN für die bundesrepublikanische Demokratie – einmal abgesehen von der politischen »Moral« AUGSTEINS, die er uns als »preußisch« verkauft – in einem gewissen Zusammenhang sehen: für das Volk: der an ein Denkmal erinnernde Bühnenmime mit verschiedenen Masken in Moskau; für unsere cleveren Linksintellektuellen und Revolutionsapostel: der LENINsche »Dreckarbeiter« WEHNER, der uns »auf dem Bauch kriechend« – immer laut AUGSTEIN – in das Paradies a la TITO, BRESCHNEW, GOMULKA, oder was immer man sich vorstellt, führen will.

Wie der »Patriot« AUGSTEIN unser Land und seine Menschen sieht, hat er besonders drastisch in Nr. 1/62 des SPIEGEL offenbart:

Klerikale Spießer und wohlstandstrunkene Kleinfaschisten ... ma- *chen wir uns nichts vor: Nicht lange mehr werden wir die Welt dar-* *über hinweg täuschen können, daß nazistischer Ungeist den Deut-* *schen des 20. Jahrhunderts unausrottbar in den Knochen steckt. Daß* *der konstitutionelle Nazi, den es vor* HITLER *schon gab, auch* HITLERS *Selbstmord in der Reichskanzlei überlebt hat. Tagtäglich*

müssen wir den Beweis erbringen, daß wir nichts von dem mehr ha-
ben, was eine große Nation ausmacht, daß es sich nicht verlohnt,
solch ein Volk der Gesichts- und Geschichtslosigkeit wieder zusam-
menzubringen.

Eine Million dieser »Spießer« und »Kleinfaschisten« kaufen jede
Woche den SPIEGEL.

In der letzten Ausgabe vor der Bundestagswahl 1987 nimmt AUG-
STEIN wieder einmal selbst das Wort und entpuppt sich dabei in seiner ganzen Arroganz. Was richtig und gut und was schlecht und böse in Deutschland ist, bestimmt allein er. Der »große Denker« AUG-
STEIN stellt über HELMUT KOHL fest:

Denken kann er nicht. Er versucht es auch gar nicht.

Wer denken kann, bestimmt AUGSTEIN in dieser Republik. Und im
gleichen Artikel über FRANZ JOSEF STRAUSS: Er ist »*ein gestandener
Rassist*«. Wenige Seiten später bringt der SPIEGEL dann ein mehrsei-
tiges Interview mit dem »Rassisten« STRAUSS.

In Sachen Vergangenheitsbewältigung spielt der SPIEGEL eine An-
führerrolle. Wie er hier das eigene Volk unentwegt mit braunen
Vorwürfen überzieht und jeden Hinweis auf Zeitablauf und Vergangenheit weit von sich weist, das steht im krassen Widerspruch zu
seiner Vertuschung der Verbrechen anderer Völker, selbst wenn sie
noch heute begangen werden. Dafür gibt es einen klassischen Fall:
Man traut seinen Augen nicht: Die in ihrer Art wahrhaft einmaligen
Massenverbrechen einer Nation und ihrer diktatorischen Führung
sind für die Generation mit der »Gnade der späten Geburt« plötzlich kein Schandmal mehr. Sie ist unbefleckt von den Verbrechen ihrer Väter und Großväter, sie hat ein Recht auf »eigenen Nationalstolz, eigene und keine geborgte Geschichte. Sie gehört einem
»Volk an, das seine Heimat liebt«, und eine Presse, die »das gesamte
Volk« mit diesen Verbrechen »identifiziert«, verbreitet ein »Pauschalurteil«, das *unserem ganzen Volk die Schuld an den Verbrechen, die während dieser Ära ... an unschuldigen Menschen verübt
wurden, gibt ... und heute besteht über die Hälfte der Bevölkerung
unseres Landes aus Menschen, die zur Zeit jener tragischen Ereignisse entweder Kinder waren oder gar erst danach geboren wurden. Sie
können mithin einfach nicht »unehrenhaft« oder »befleckt«‹ sein.
Kann man auf diese Generation den schwarzen Schatten der Verantwortung werfen? Das ist doch schlicht unmöglich.*

Sind das etwa Bekenntnisse von Neonazis und unbelehrbaren Rechtsradikalen? Nein, Sie werden staunen, das sind wörtliche Zitate aus dem SPIEGEL vom 2. Februar 1987. Jenem SPIEGEL, der uns ständig als eine nichtswürdige, unbelehrbare Nation bezeichnet, der von uns Schuldgefühle und moralische Sippenhaft für die begangenen Verbrechen des NS-Regimes bis zum Jüngsten Tag fordert, der jeden Hauch von Vaterlands- und Heimatliebe und Stolz auf das eigene Land als faschistoid verunglimpft und es als gefährlichen »Rechtsruck« diffamiert, wenn STRAUSS fordert, endlich »aus den Schatten der Vergangenheit herauszutreten.«

Und nun das! Das kann doch nicht sein. Und es ist auch nicht so. Das Bekenntnis zur »unbefleckten Generation« stammt von dem russischen Literaten JEWJENIJ ALEKSANDROWITSCH JEWTUSCHENKO, der schon einmal vor 25 Jahren vom SPIEGEL als sowjetischer Lyriker gefeiert wurde.

Nun – im Zeichen einer weltweiten Propaganda für die »Liberalisierung« und »wundersame Wandlung« der Vorkämpfer der Weltrevolution in sozialistische Demokraten – bricht der SPIEGEL in geradezu jubelnde Euphorie aus, weil er auf vielen Seiten die Bekenntnisse dieses roten Wiedertäufers aus Moskau abdrucken kann. Zwar ist JEWTUSCHENKO kein taufrischer Jüngling der »unbefleckten Generation« mehr, sondern immerhin schon 53 Jahre alt. Aber JEWTUSCHENKO hat bisher über Jahrzehnte hinweg nicht nur zu den an Quantität einmaligen Verbrechen STALINS und seiner Nachfolger geschwiegen, sondern was er nunmehr schreibt, erweckt den Eindruck, als ob seine und die nach ihm gekommene Generation nicht mitschuldig wären für das, was seine Altersgenossen und die noch Jüngeren in der Sowjetunion bis heute geduldig mitgetragen und mitzuverantworten haben.

Dagegen haben unsere Generationen seit 1945 jeder Diktatur und allen Menschheitsverbrechen abgeschworen, die Sünden ihrer Väter und Großväter längst wieder gutgemacht als Mitgestalter eines friedlichen, demokratischen, freiheitlichen Staates, der selbst im freien Westen von kaum einem anderen Land übertroffen wird. In der Sowjetunion dagegen hat sich nach den Verbrechen STALINS und seiner Kumpane der menschenverachtende Imperialismus nur noch weiter ausgebreitet. Er versklavt bis heute in zahlreichen geraubten

Ländern die Menschen, führt überall Eroberungskriege, entweder selbst oder durch kommunistische Stellvertreter, und spielt sich gleichzeitig als Friedensbringer auf, den Finger am Abzug eines gigantischen Rüstungspotentials. Die Verbrechen an Afghanistan, an den Ungarn, den Tschechen, den Polen und an der »DDR« – hat das diese »unbefleckte Generation« vergessen?

Doch ihr »Nationalstolz ist ungebrochen«, so Jewtuschenko im Spiegel, und das böse »Pauschalurteil« der westlichen Presse über »unser ganzes 280-Millionen-Volk« weist er mit Hilfe des Spiegel zurück, insbesondere jede Schuld an den Verbrechen der Stalin-Ära, so als hätte es nach Stalin keine Verbrechen mehr gegeben.

Jewtuschenko malt von der heutigen Sowjetunion das Bild einer zu friedlicher und demokratischer Entwicklung aufbrechenden Generation, die alle Freiheiten hat, um gegen Willkür, Zensur und Bürokratie zu kämpfen. Vom KGB ist keine Rede mehr. Afghanistan ist wahrscheinlich nur eine Erfindung des bösen Westens, die GULAGs werden geräumt, die Mauer wird schon abgerissen, und wer die »unbefleckte Generation« mit der Schuld der Väter belastet, trägt dazu bei, »die künstlich erzeugte Angst zu schüren, die durch das Wort »Sowjets« ausgelöst wird«.

Wer bei uns von der »unbefleckten Generation« spräche oder sich zu dem Kanzlerwort von der »Gnade der späten Geburt« bekennt, gerät sofort in die Mühlen totaler Verdammnis. Wer statt Vergangenheitsbewältigung von der Bewältigung der Zukunft spricht, hat bei uns nichts mehr zu lachen. Rund 50 Millionen unschuldiger Menschen hat über Jahrzehnte hinweg Moskaus Diktatur – und nicht nur Stalin – ausgerottet, wehrlose Länder erobert und versklavt, mit Krieg, Terror und Mord überzogen. All das ist jetzt vorbei, muß vergessen werden. Nur bei uns ist das anders. Die Moral ist grundsätzlich teilbar. Die Pharisäer triumphieren.

Eine »unbefleckte Generation«? Ein Volk mit »Nationalstolz«? Das ist für die Sowjetunion reserviert. Wir bleiben die Aussätzigen. Der Spiegel hat uns das wahrhaft selbstentlarvend demonstriert: Nieder mit Deutschland! Es lebe die Sowjetunion!

Dazu einige erschütternde Fakten: Bereits 1971 haben belgische und französische Politologen eingehende Untersuchungen über die Verbrechen der Sowjetunion seit der kommunistischen Machtergreifung im Jahre 1917 angestellt. Diese Erhebungen entsprechen den gleichen Größenordnungen wie die des INTERNATIONALEN ROTEN KREUZES. Diesen Untersuchungen zufolge ergeben sich folgende Tatsachen: Der Bürgerkrieg in der UdSSR kostete 4 500 000 Personen das Leben.

Durch den vorsätzlich gegen die Kulaken angesetzten Mord durch Hunger in den Jahren 1921 bis 1923 kamen 6 000 000 Personen um.

Unter dem roten Terror kamen in den Jahren 1921 bis 1923 um: 160 000 Akademiker, Professoren, Fachleute, Schriftsteller, Studenten, Schauspieler und andere Vertreter der Intelligenz. 740 000 Beamte, Bürger, Berufsoffiziere, 50 000 Angehörige der Polizei, 40 000 Geistliche, 1 300 000 Arbeiter und Angestellte.

Vernichtet wurden von der Tscheka bzw. GPU in den Jahren 1923 bis 1930 2 050 000.

In den Hungerjahren 1930 bis 1933 starben 7 000 000.

Erschossen wurden während der Kollektivierung 750 000.

Von der GPU bzw. NKWD erschossen wurden in den Jahren 1937 bis 1938 1 600 000.

Umgekommen sind während der innenpolitischen Krise und durch den Terror in den Jahren 1937 bis 1938: 635 000 Arbeiter, Angestellte, Intelligenzler, 340 000 Parteimitglieder, 30 000 politische Kader und verantwortliche Militärs der Roten Armee.

Von der NKWD wurden in den Jahren 1938 bis 1947 erschossen: 2 750 000 aus verschiedenen Personenkreisen, 5000 Geistliche, 23 000 aus der Roten Armee.

Umgekommen sind in Konzentrationslagern und bei Deportierungen 1917 bis 1947 21 000 000. Zahl der Gesamtopfer: ca. 49 000 000.

Zu diesen Opfern gehören nicht die Opfer des Krieges mit Finnland 1918; mit den baltischen Ländern 1918 bis 1919; mit Polen 1920; mit den Georgiern im Kaukasus 1921 bis 1922; mit den Chinesen 1925 bis 1931; während des spanischen Bürgerkrieges 1936 bis 1939; mit Polen, mit Finnland 1939 und auch nicht die Opfer des Krieges 1941 bis 1945.

Die Opfer dieser Kriege beziffern sich auf weitere nicht gezählte Millionen Menschen.

Die Sowjetunion hat als Mitglied der Vereinten Nationen deren verpflichtende Charta unterschrieben, die jede gewaltsame Landerwerbung und Aggression gegen andere Völker verbietet. Sie pflegt die Bundesrepublik und die freien Länder des Westens als Imperialisten zu verleumden, was in der freien Welt nicht etwa zu energischen Protesten, sondern, wie in Bonn, zur Kapitulation vor sämtlichen Unrechtshandlungen des sowjetischen Gewaltstaates führt. Tatsächlich ist die Sowjetunion der größte Imperialist der Welt. Sie hat sich als der Träger eines skrupellosen Neo-Kolonialismus und als größter Landräuber des 20. Jahrhunderts erwiesen. Von Moskaus Qualifikation als Sittenrichter über andere Völker zeugen folgende Fakten:

1. Die UdSSR erzwang 1940 von Rumänien die Abtretung Bessarabiens und der nördlichen Bukowina.

2. Die UdSSR einverleibte sich Litauen, Estland und Lettland (1940).

3. Die UdSSR annektierte 1945 den Großteil Ostpreußens mit Königsberg.

4. Die UdSSR eignete sich 1945 die östlichste ČSSR, Karpato-Ruthenien, an.

5. Die UdSSR raubte den Polen Gebiete von 181 000 Quadratkilometern (1939 und 1945).

6. Die UdSSR zwang 1945 Finnland, ihr Karelien, die Ufer des Ladogasees, ein Gebiet um Salla, ein Stück Fischerhalbinsel und die Stadt Petsamo abzutreten. Porkkala wurde der UdSSR als Kriegshafen verpachtet.

7. Die UdSSR nahm 1946 die Republik Tuwa an der Nordgrenze der äußeren Mongolei in Besitz.

8. Die Rote Armee besetzte im Zweiten Weltkrieg nach der Niederlage Japans (nur sechs Tage Kriegszustand) die Kurilen und Süd-Sachalin; sie hält sie bis heute annektiert.

Der Flächeninhalt all dieser annektierten Gebiete ist 684 300 Quadratkilometer, die Einwohnerzahl (vor der Aneignung) 24 296 000! Die Satellitenstaaten, die unter dem Druck des Kreml eine Scheinsouveränität haben, sind hierbei nicht aufgezählt: DDR, Polen, Tschechoslowakei, Ungarn, Bulgarien.

Dies ist ein eindrucksvoller Beweis für die heute von den Medien gefeierte »Friedensliebe« der Sowjetunion.

Besonders niederträchtig befaßt sich AUGSTEIN mehrfach mit dem sogenannten Historiker-Streit und diffamiert dabei insbesondere den hochangesehenen Historiker Professor ERNST NOLTE, den er gewissermaßen schon vor Erscheinen eines neuen Buches unterstellt, er würde durch die Einbeziehung der sowjetischen Verbrechen in seine historische Betrachtung des 20. Jahrhunderts den Versuch unternehmen, den Holocaust zu verniedlichen, wovon bei NOLTE überhaupt keine Rede sein kann. Dabei übt AUGSTEIN mit seiner Hetze geradezu einen geistigen Terror aus, der Wissenschaftler, die eine andere Meinung als er vertreten, von der freien wissenschaftlichen Betätigung ausschließen soll. Obwohl AUGSTEIN immer wieder beteuert, keineswegs antisemitische Tendenzen zu fördern, warf ihm dies schon vor mehr als zwei Jahrzehnten der Schriftsteller Hans HABE vor, und zwar in einem offenen Brief, den der SPIEGEL bezeichnenderweise unterschlug und auf den auch AUGSTEIN nicht reagierte. Ich zitiere aus diesem Brief aus dem Jahre 1965:

Sie sind, wie ich inzwischen erkennen mußte, kein »überzeugter« Antisemit, den man also, wer weiß, von der Schändlichkeit seiner Ansichten überzeugen könnte: Sie gehören vielmehr zu jenen »instinktiven« Antisemiten, bei denen jeder Appell an Vernunft und sittliches Empfinden versagen muß ... Daß Sie ein deutscher Nationalist von extremer Gesinnung sind, ist weniger bedenklich, als Ihr provinzieller Nationalismus ... weil Sie tatsächlich einen Kleinbürger aus Niedersachsen mit dem Marquis Posa verwechseln ... Von der Angst, die er verbreitet, lebt der SPIEGEL, vom schlechten Gewissen einer armen Nation und ihrer noch ärmeren Prominenz ... Sie sollten wenigstens wissen, daß es einige gibt, wenige zwar, doch immerhin, die Sie und den SPIEGEL nicht fürchten.

In Nummer 38 des SPIEGEL haben Sie einen Artikel unter dem Titel »Sache Oppenheimer« veröffentlicht. In diesem Artikel schreiben Sie von »zwei jüdischen Cinéasten«: der eine von beiden soll ich sein. Über dem Artikel befindet sich dreispaltig ein STÜRMER-Foto des Jud-Süss-Autors des notorischen Jud-Süss-Film von Veit HARLAN – in beabsichtigter Parallelität veröffentlichen Sie weiter unten zwei sorgfältig ausgewählte STÜRMER-Fotos des Jüd-Süss-Autor HABE ... Handelte es sich nicht um das Prinzip: es wäre ziemlich gleichgültig, daß der Ausdruck »jüdischer Cinéast«, was mich betrifft, in zwei Worten zwei Lügen enthält. Sie und die Kulis, die Ihre schmutzige Arbeit besorgen, wissen genau, daß ich kein Cinèast bin ... Aber kommen wir zum Wesentlichen. Das Adjektiv »jüdisch« entlarvt nicht nur die Gesinnung, sondern auch die Methode des SPIEGEL. Sie und Ihre journalistischen Agenten wissen genau, daß ich im prote-

stantischen Glauben erzogen und konfirmiert wurde, so daß ich nur ... den Nürnberger Gesetzen nach »Jude« bin. Genau wie die »Journalisten« des »Dritten Reiches« fragen Sie nicht nach der Religion, weil einerseits für Sie, den Nationalisten und Antisemiten, nur die nebelhaften Nazivorstellungen des Nazi-Reiches gelten, weil Sie aber, als pseudo-jugendlicher Anarchist, auch zum Christentum keine Beziehung besitzen. Mögen Sie sein, was Sie sind, ein Tölpel sind Sie nicht. Sie wissen also, daß das Wort »jüdisch«, in diesem Zusammenhang gebraucht, in deutschen Landen nicht so aufgefaßt wird wie in anderen Ländern, wissen, daß es eine Flut von Ressentiments entfacht, daß es den also Bezeichneten zu diffamieren geeignet ist. Aber gerade das wollen Sie ja ... Das aber ist die typische SPIEGEL-Methode: zwar sind die Lügen in jeder Nummer Ihrer Zeitung Legion, aber sie sind so konstruiert, daß man sie, ohne sich selbst etwas zu vergeben, nicht zu dementieren vermag. Das ist das eine. Das andere ist schlimmer, nämlich, daß Sie und Sie allein in der deutschen Presse sich der nationalsozialistischen Terminologie bedienen, aus nationaler und antisemitischer Überzeugung oder aus nationaler und antisemitischer Spekulation. Jude, Jude, Jude, so tönt es aus jeder Nummer des SPIEGEL: in einer einzigen herausgegriffenen Nummer kommt dieser Begriff dreiundneunzigmal vor, ich habe es gezählt. Natürlich ist das Wort nicht unbedingt in derogativem Sinne gebraucht: Sie sind ja, wie gesagt, kein Narr. Sie verlassen sich darauf, daß das Publikum schon weiß, was Sie meinen; wenn sie beispielsweise, das Anti-Volkswageninserat einer nebulosen jüdischen Organisation Amerikas publizieren, um solcherart gegen die Juden Stimmung zu machen. Antisemitismus aus Überzeugung? Auch das wieder nicht. Sie benützen den Antisemitismus vielmehr als Ausgleich und benützen ihn mit viel Geschick. Wäre der SPIEGEL die »demokratische«, die »antireaktionäre« Zeitung, als die sie sich ausgibt, Ihre schöne Auflage wäre dahin. Gewisse Industrien würden Ihnen die fetten Inseratenaufträge entziehen. So sagen Sie mit diesem augenzwinkernden Antisemitismus, Ihr seht doch, daß wir es so schlimm nicht meinen ... Ach, wie verbindend, wie »familiär« ist doch der Antisemitismus ...

Soweit HABES Feststellungen. Er schließt seinen Brief mit einer Analyse der SPIEGEL-Methoden, die sich in folgenden Sätzen konzentriert:

68

Der SPIEGEL entspricht nicht dem demokratischen Bedürfnis des Volkes, sondern nur dem Gestapo-Bedürfnis einer Minderheit ... Seine Reporter kündigen ihre Angriffe, aller journalistischen Ehtik widersprechend, im Voraus an, ziehen mit ihren Tonbandgeräten durchs Land, so daß sie keine Reporter mehr sind, sondern nur noch Agenten, die der liebgewordenen Gestapo-Libido entgegenkommen. Wir Deutsche und Nicht-Deutsche in Sorge um die Zukunft Deutschlands, haben Sie in Ihrem Kampf gegen FRANZ JOSEF STRAUß unterstützt, törichterweise nicht bemerkend, worum es eigentlich ging: daß nämlich FRANZ JOSEF STRAUß nicht nationalistisch genug war ... Sie gehen in heimtückischer Weise mit den Emigranten, Heimkehrern um und helfen Stein über Stein die Mauer des geistigen Ghettos wieder aufzubauen ... Wie groß muß die Angst in diesem Land sein, daß keiner sich findet, der den SPIEGEL als einen Koffer mit doppelten Boden darstellt – Verhöhnung der menschlichen Eitelkeit auf der einen Seite, auf der anderen Seite die Veröffentlichung Ihrer kindischen Reden mit den Bemerkungen: »Beifall«, »Lachen«, »lebhafter Beifall«, Angriffe auf den Nationalismus auf der einen Seite, auf der anderen Nabelguckerei und Verächtlichmachung alles Fremden und Ausländischen. Auf der einen Seite Kritik, Verunglimpfung, ja – um im SPIEGEL-Jargon zu bleiben – »Fertigmachen« der Schwachen, auf der anderen Seite behutsame Vorsicht gegenüber den Starken ... Der Teufel möge Sie darum beneiden, wie sehr man Sie fürchtet. Ich bin ein freier Mensch.

Ich bin nicht in allen Dingen mit dieser Kritik HABES einverstanden. Dennoch kann sie einer breiteren Öffentlichkeit zeigen, welches doppelbödige journalistische Spiel unser Hamburger Sittenrichter treibt. Und es erscheint mir besonders bedeutsam, daß es noch mutige Intellektuelle deutscher Zunge gibt, die sich dem publizistischen Terror nicht beugen, sondern ihrer Meinung öffentlich Ausdruck geben. Das Schweigen Augsteins und unserer Massenmedien zu diesem Dokument läßt tief blicken. Wie lange wird diese Manipulation mit der Pressefreiheit und der einseitigen Information der Öffentlichkeit noch weitergehen? Wann endlich werden wir in Deutschland die Wahrheit darüber erfahren, was in der Öffentlichkeit wirklich geschieht und welche Stimmen im Wettstreit der Meinungen es gibt, deren Aussage man zielbewußt unterschlägt?

Kurz vor Fertigstellung dieses Buches hat der SPIEGEL mit einem besonders hinterhältigen Bubenstück all das erneut bestätigt, was ich hier in vielen Einzelfällen geschildert habe. Diesmal sind allerdings die Folgen seiner Rufmordaktion besonders schlimm, denn sie hat, zusammen mit anderen Umständen, einen Mann in den Tod getrieben, gegen den der SPIEGEL nach dem hemmungslosen Motiv vorging: Jagt ihn, ein Mensch!

Da zum Zeitpunkt, da ich dieses Buch abschließe, weder durch den Untersuchungsausschuß, noch durch die Justiz die ganzen Hintergründe des Falles des gestürzten Ministerpräsidenten von Schleswig-Holstein, UWE BARSCHEL, geklärt sind, ja nicht einmal die Todesursache mit letzter Sicherheit, muß ich mich auf das beschränken, was bisher geschehen ist und was einen besonders schlimmen Einblick in das Treiben der Medien bietet.

Die schamlose Vorverurteilung BARSCHELS durch den SPIEGEL, die sich auf den fragwürdigen Zeugen PFEIFFER stützt, zeigt ein Maß an politischer Verkommenheit, das in der skandalreichen Geschichte der Bundesrepublik zwar keineswegs einmalig, aber einzigartig ist. In jede Behörde jeglichen Ranges, in jeden großen und kleinen Betrieb gelangen Schurken, die Unheil stiften. Dies kann niemand verhindern. Dies aufzudecken und Konsequenzen zu ziehen, ist legitim, auch für die Presse. Doch Informationen, die sie der Öffentlichkeit vermittelt, müssen der Wahrheit entsprechen. Hier aber wurde mit weltweiter Wirkung die Lüge zur Information. Der Schurke wurde zum Ankläger, ein Unschuldiger zum Opfer, die jedem Bürger garantierte Menschenwürde mit Füßen getreten. Die SPD jammerte über die Mißachtung politischer Kultur. Sie betrachtet sie so, wie der Landesgeschäftsführer der SPD in Kiel, KLAUS RAVE, es formulierte:

Herr Dr. ZUMPFORT (FDP-Landesvorsitzender in Schleswig-Holstein) ist unglaubwürdig, wenn er erklärt, daß hier ein Saustall ausgemistet werden soll, und weiterhin mit den Schweinehirten und den Ferkelzüchtern verhandelt.

Wer hier die Schweine sind, kann man getrost dem Urteil anständiger Menschen überlassen. Und die FDP hat ihre ursprüngliche Haltung der Solidarität mit UWE BARSCHEL in dem Schurkenstück zu dem üblichen Verrat verwandelt. FDP-Opportunist ZUMPFORT erklärte öffentlich, er lasse sich nicht mehr mit BARSCHEL fotografieren oder filmen.

ZUMPFORT hat damit BARSCHEL praktisch vorverurteilt und zum Schuldigen gestempelt und dessen Rücktritt provoziert. Daß BARSCHEL als Ministerpräsident sich diese Gemeinheit nicht gefallen ließ, von einem »Partner«, der mit ihm eine Koalition eingehen und unter ihm Minister werden will, war selbstverständlich.

Trotz seines schmutzigen Triumphes sieht es diesmal so aus, als würde die Gemeinheit des SPIEGEL zum Bumerang für ihn. Seine Glaubwürdigkeit – wenn sie je in gewissen Kreisen, deren Menschenverachtung er nährt, bestanden haben sollte – hat er mit diesem bösartigen inszenierten Skandal gegen BARSCHEL endgültig verspielt. Man könnte es satirisch sagen: Das sogenannte deutsche Nachrichten-Magazin ist zur anti-deutschen Rufmord-Gazette verkommen; oder wie HEINER GEISSLER es spöttisch formulierte: *Wenn der SPIEGEL ein Nachrichten-Magazin ist, dann ist der PLAYBOY ein Mitteilungsblatt des Heiligen Stuhls.*

Die Kennzeichen des SPIEGEL-Niedergangs werden besonders deutlich, wenn man sich die Reaktionen seiner sonstigen Kampfgenossen betrachtet. Der STERN, der ihm beim Rufmord an Andersdenkenden stets den Rang abzulaufen versucht, fährt schweres Geschütz auf. Es mag dabei auch ein Racheakt im Spiel sein für den Hohn und die Häme, mit denen der SPIEGEL« den STERN seinerzeit wegen des Abdrucks der gefälschten HITLER-Tagebücher fertiggemacht hat. Vielleicht ist es auch der Neid, daß der fragwürdige Ex-Journalist REINER PFEIFFER nicht zum STERN, sondern zum SPIEGEL ging. Das Ganze bietet den Anblick zweier sich gegenseitig anzischender Medien-Kobras.

Zu den öffentlichen Erklärungen von SPIEGEL-Chefredakteur ERICH BÖHME stellte der STERN fest, BÖHME behaupte,
mit PFEIFFER habe das Nachrichten-Magazin erst am Mittwoch, den 9. September, zu tun bekommen. Tatsächlich aber hatte PFEIFFER schon Wochen zuvor seine Tätigkeit als SPIEGEL-Informant aufgenommen. BÖHMES AUSSAGE, der ›SPIEGEL habe sich nicht über das schillernde Vorleben von PFEIFFER informiert, stimmt nicht. In Bremen jedenfalls haben SPIEGEL-Redakteure recherchiert. Schriftliche Fragen des STERN zu diesem Widerspruch beantwortet die Chefredaktion nicht ... War der Kronzeuge in der ersten Titelgeschichte noch als »früherer Franziskanerschüler« mit »Fairneßempfinden« beschrieben worden, mußten die Autoren ihren Informanten nun in

einem SPIEGEL-*Gespräch als »Mann mit zwei Gesichtern« schildern, und fragten, ob er »geltungssüchtig«, ein »Trunkenbold« und »schlimmer Finger« sei, der sich »schmutziger Tricks bediene«.*

PFEIFFERS Vergangenheit ist eine groteske Häufung von üblen Skandalen. Während seiner Tätigkeit für die Bremer CDU-Zeitschrift WESERREPORT mußte das Blatt allein acht Gegendarstellungen zu PFEIFFERS phantasievollen Lügengeschichten abdrucken und 5 000 Mark Schmerzensgeld zahlen. PFEIFFER selbst ist wegen übler Nachrede vorbestraft. Gegen ihn läuft auch noch ein Ermittlungsverfahren wegen des Verdachts der Beihilfe zum Betrug und zur Urkundenfälschung. Der frühere Bremer SPD-Bürgermeister HANS KOSCHNICK nennt Pfeiffer ein »subversives Ferkel«. Was dessen Behauptungen – wenn auch durch pseudo-eidesstattliche Erklärungen untermauert – wert sind, bedarf kaum einer Erläuterung.

Ob der STERN diesmals ausnahmsweise die Wahrheit berichtet, weiß ich nicht. Das betretene Schweigen des SPIEGEL ist allerdings ein Indiz dafür.

Auch die ZEIT, sonst ohne Skrupel beim Diffamieren von Andersdenkenden, die sich dem linken Zeitgeist nicht beugen, hob scheinheilig den warnenden Zeigefinger, Unbehagen über das Treiben der SPIEGEL-Konkurrenz artikulierend. So schrieb der Chefredakteur und Sozialdemokrat THEO SOMMER:

Nicht die Schärfe des Angriffs bestürzt, sondern die schüttere Basis, auf der sie vorgetragen wurde. Der Jagdeifer übermannte die professionelle Sorgfalt. Das muß traurig stimmen.

Und in einem Interview in der ZEIT muß SPIEGEL-Herausgeber AUGSTEIN bereits zynisch zugeben: Im Falle eines Zusammenbruchs der ganzen Aktion gegen BARSCHEL fällt bei uns *niemand ein Stein aus der Krone, wenn er sich bei einem zu Unrecht verdächtigten Ministerpräsidenten entschuldigt.*

Besonders scheinheilig ist AUGSTEINS Feststellung:

Wir sind auf die Idee, daß dieser Artikel die Wahl beeinflussen könnte, geschweige denn sollte, überhaupt nicht gekommen.

Für wie dumm hält eigentlich AUGSTEIN seine Leser, wenn er ohne jede nähere Recherche die Story des angeblich erst drei Tage vor Druck des Magazins bei ihm erschienenen PFEIFFER setzen ließ, die dann am Tag vor der Wahl in Vorausexemplaren den Agenturen, dem Fernsehen und Rundfunk zugespielt wurde – zu einem Zeitpunkt, an dem das Rufmordopfer BARSCHEL keinerlei Möglichkeit mehr hatte, vor der am nächsten Morgen beginnenden Wahl vor der Öffentlichkeit Stellung zu nehmen oder gar gerichtliche Maßnahmen zu ergreifen?

Im Rahmen dieses Interviews in der ZEIT enthüllt AUGSTEIN, im übrigen mit zynischer Arroganz, die ganze Verkommenheit seines Charakters. Als die ZEIT ihn fragt, ob hinsichtlich der Vorverurteilung BARSCHELS durch den SPIEGEL nicht die Beweislast umgedreht würde und AUGSTEIN mit der hypothetischen Frage konfrontiert wird:

Angenommen, es gäbe jemand vor dem Notar eidesstattlich zu Protokoll, RUDOLF AUGSTEIN habe an seinem Urlaubsort an der Côte d'Azur Unzucht mit einer Bergziege getrieben, antwortete AUGSTEIN: *Das ist ja wohl keine Beleidigung! Ich bezweifle sogar, daß das heute noch strafbar ist. Dagegen würde ich nicht vorgehen.*

Soweit man überhaupt in den ganzen Sumpf und die schmutzigen Tricks des SPIEGEL hineinleuchten kann, was selbst den Staatsanwälten, Gerichten und dem Untersuchungsausschuß nicht leicht fallen dürfte, ergibt sich folgendes Tatbild:

Bereits in seiner Nummer vom 7. September hat der SPIEGEL, allerdings noch ohne BARSCHEL selbst zu beschuldigen, die Aktionen, die dann PFEIFFER als Akteur zugeben mußte, mit verschleierten Anschuldigungen der Öffentlichkeit vorgestellt: Die angebliche Steuerhinterziehung durch ENGHOLM, dessen Überwachung durch Detektive und die Behauptung, die Hamburger Firma SCHWARZ-KOPF und deren Chef Ballhaus hätten diese Bespitzelung ENG-HOLMS finanziert. Es ist unstrittig, daß alles, was PFEIFFER dem SPIEGEL bezüglich seiner, teils krimineller, Aktivitäten gegenüber ENGHOLM und anderen Wahlbewerbern erzählt hat, auch den Tatsachen entspricht. Nur ob er von BARSCHEL oder der CDU dazu einen Auftrag hatte, ist völlig unbewiesen. In der Folgenummer zog sich der SPIEGEL schon in Raten von seinen Behauptungen zurück – jetzt schloß er nicht aus, daß PFEIFFER nicht von BARSCHEL, sondern von anderer Seite zu seinen Aktionen ermuntert wurde. Das ergibt sich auch aus dem dubiosen Auftreten des hauptverantwortlichen Chefreakteurs des SPIEGEL, ERICH BÖHME, der im Fernsehen nach dem Motto argumentierte: Mein Name ist BÖHME, ich weiß von nichts. Von der schmutzigen Vergangenheit und dem erbärmli-

73

chen Umfeld seines Kronzeugen PFEIFFER wußte er angeblich nichts, obwohl fast die gesamte Presse bereits am Montag nach der Wahl darüber berichtete. Angeblich erstmals am Mittwoch, den 9. September, soll PFEIFFER beim SPIEGEL erschienen sein.

In den zwei Tagen, die zwischen dem angeblichen Erscheinen PFEIFFERS beim SPIEGEL und dem Druck des Magazins lagen, rief man auch in der Kieler Staatskanzlei an und wollte von BARSCHELS Pressesprecher eine Stellungnahme ganz allgemeiner Art über die in der Vorwoche abgedruckten Vorwürfe. Mit keinem Wort wurden der Pressesprecher oder gar BARSCHEL mit der eidesstattlichen Erklärung und der Person PFEIFFERS konfrontiert. Tatsächlich hatte also das Rufmordopfer nicht die geringste Ahnung, was der SPIEGEL am Abend vor der Wahl gegen ihn inszenierte. Wahrheitswidrig aber behauptete BÖHME vor der breiten Öffentlichkeit, man habe zu den Vorwürfen die Stellungnahme BARSCHELS eingeholt. Auf die Frage, warum man denn nicht den Namen PFEIFFER genannt und dessen Aussage vorgelegt habe, erwiderte BÖHME scheinheilig, der SPIEGEL gebe grundsätzlich seine Informanten nicht preis. Ein beispielloser Zynismus, denn der Name des Informanten war ja schon im Satz und wurde am Tag danach gedruckt und weltweit verbreitet.

Vielleicht aber wird der Vorhang vor der Bühne, auf der dieses Schauspiel publizistischer Pornographie spielt, zum ersten Mal durch eine Aussage etwas gehoben, die bezeichnenderweise vom Fernsehen und Rundfunk – trotz stundenlanger Berieselung über die SPIEGEL-Aktion verschwiegen wurde. Vor der Staatsanwaltschaft in Lübeck erklärte der Elektronikfachmann GÜNTER KLAUS RADUE, ein Kaufmann aus Hamburg, der in enger Verbindung zu der Hamburger Firma »MICRO AND SECURITY ELECTRONIC KG« steht:

Am 18. August sei er erstmals von einem Herrn PFEIFFER aus Kiel angerufen worden, der von ihm Abhörgeräte (Wanzen) und scharfe Nachtgläser beziehen wollte. RADUE wollte von PFEIFFER wissen, in wessen Namen er diesen Auftrag erteile. PFEIFFER wörtlich:

Ich vertrete noch die Regierung, aber wir wollen einen Machtwechsel. Wir, das heißt eine große Hamburger Firma und ich, arbeiten hier zusammen. Die Firma würde auch alle Kosten für die Beschaffung übernehmen.

Nähere Auskünfte wollte PFEIFFER trotz dringlicher Rückfragen RADUES nicht geben. Er sagte nur, er würde sich wieder melden.

Das geschah am nächsten Tag durch einen Mann namens GRAF, der sich als Vertreter eines großen Hamburger Konzerns meldete – mit sehr viel Macht und mit der Absicht, einen Führungswechsel in Schleswig-Holstein herbeizuführen. GRAF wörtlich:
Wir wollen die schwarzen Schafe melken und in die Wüste schicken. Herr PFEIFFER ist hierbei unser Mittelsmann.

Auf die Frage, ob man schon mit einer Lieferung der Geräte rechnen könne, verneinte RADUE und wies darauf hin, daß sich Herr PFEIFFER nochmals melden wollte. RADUE und der Inhaber der Hamburger Elektronikfirma beschlossen in der Annahme, daß es sich hier um Verrückte handle, jedes Geschäft mit PFEIFFER abzulehnen.

Am 20. August rief PFEIFFER wieder bei RADUE an und fragte, ob »Herr GRAF von der Zeitung angerufen hätte«. RADUE darauf verblüfft:
Wieso von der Zeitung?
PFEIFFER – offenbar peinlich ertappt:
Äh, also gut, es steckt eine Zeitung dahinter. Mehr kann ich nicht sagen. Vergessen sie es schnell.

Diese wie gesagt bei der Staatsanwaltschaft aktenkundige Aussage wirft die Frage auf, wer wohl diese Hamburger Zeitung ist, die gemeinsam mit PFEIFFER mit Hilfe von Wanzen in Kiel einen Machtwechsel von schwarz zu rot herbeiführen wollte. Deren Beschaffung aber soll PFEIFFER nach seiner bisherigen Aussage erst drei Wochen später von BARSCHEL aufgetragen worden sein.

War das ganze Theater mit PFEIFFER also von langer Hand vorbereitet, um in Kiel den Machtwechsel für ENGHOLM zu inszenieren, und zwar im Einvernehmen mit einer – laut PFEIFFERS Aussage – Hamburger Zeitung? Ist PFEIFFER vielleicht als Einschleich-Journalist à la WALLRAFF von Anfang an als einschlägig bekannter und berüchtigter Schmutzproduzent und vorbestrafter Verleumder in Kiel bereits mit solch subversiven Absichten eingeschleust worden?

Während der SPIEGEL in seiner Story sich immer im Hintergrund hielt und die ganzen Vorwürfe gegen BARSCHEL nur als Behauptungen – und zwar »eidlicher Art« – seines Informanten PFEIFFER hinstellte, versah er den Titel mit der Tatsachenbehauptung »Die schmutzigen Tricks des UWE BARSCHEL«. Hier machte er sich offen, ohne Rücksicht auf Anstand und Wahrheit, die Verleumdungen PFEIFFERS zu eigen.

Es gibt auch noch eine weitere erstaunliche Manipulation des SPIE-GEL: In der eidesstattlichen Erklärung PFEIFFERS steht auch eine Passage, die der SPIEGEL beim Abdruck der Erklärung unterschlagen hat. Auch diese Passage ist auf Antrag BARSCHELS bereits gerichtlich verboten worden. PFEIFFER behauptet darin, er habe nach der ersten SPIEGEL-Geschichte – bevor dann in der nächsten Nummer der »wahre Täter BARSCHEL« durch ihn enthüllt wurde, also zu einem Zeitpunkt, als er angeblich, wie es im SPIEGEL heißt, »aus Gewissensgründen zu seinem Dienstherren innerlich bereits auf Distanz« gegangen sei – BARSCHEL angerufen und ihm empfohlen, ihn, PFEIFFER, zum Innenminister zu ernennen, und BARSCHEL habe das als möglich offen gelassen.

Mit Recht fragte die WELT, ob »der Alleinzeuge des SPIEGEL kein politischer Fall, sondern ein medizinischer Fall wird«, und sie fragt auch mit Recht, warum der SPIEGEL diesen Teil der eidesstattlichen Erklärung unterschlagen hat. Wollte er vermeiden, seinen »Kronzeugen« als Scharlatan oder psychiatrischen Fall der Lächerlichkeit preiszugeben? Wie in diesem Zusammenspiel eines dubiosen Ehrabschneiders und der Rufmord-Postille SPIEGEL mit der Wahrheit umgegangen wird, enthüllt ein anderes Detail. Großspurig erklärte Chefredakteur BÖHME, man habe PFEIFFER nichts für seine Story bezahlt oder versprochen. Fast gleichzeitig aber erklärte PFEIFFER wörtlich in einem großen Interview mit der SÜDDEUTSCHEN ZEITUNG, die sich in der Schmutzkampagne gegen BARSCHEL ganz besonders heftig engagiert hat:

Der SPIEGEL hat mir glaubhaft versichert, er würde mir finanziell helfen und mich nicht hängen lassen.

Preisfrage: Hat nun BÖHME gelogen oder PFEIFFER? Und wie ist es mit der »subversiven« Wohnung, in der der SPIEGEL PFEIFFER und dessen »Zeugin« versteckte und deren Durchsuchung durch die Staatsanwaltschaft der SPIEGEL empört oder aus schlechtem Gewissen als ein »Stück aus dem Tollhaus« bezeichnet hat?

Natürlich ist das, was PFEIFFER, in welcher Weise und in wessen Auftrag er es auch betrieben hat, ein beispielloser Skandal. Die wirklich Schuldigen, einschließlich PFEIFFER, müssen zur Verantwortung gezogen werden. Allerdings, wenn der SPIEGEL die Schnüffelaktionen gegen ENGHOLM verurteilt und vom »Verlust politischer Kultur« faselt, dann wirkt dies mehr als pharisäerhaft, denn nur mit

Hilfe von Dossiers, Schnüffeleien und Informanten kann der Spiegel ja seit Jahrzehnten seine Rufmord-Storys verkaufen.

Wie Gerhard Stoltenberg enthüllt hat, schickte der Spiegel seine Schnüffelagenten aus, um bei Schul- und Jugendfreunden Barschels negatives über ihn zu erfahren. Diese Zielobjekte der Spiegel-Schnüffler riefen empört in Kiel an, um Barschel von diesem niederträchtigen Treiben des Spiegel zu berichten. Offenbar ist das Schnüffeln bei Engholm verwerflich, aber bei Barschel ein Ausdruck lobenswerter Pressefreiheit, wie sie der Spiegel versteht. Ausgerechnet die Grünen haben im Bundestag zu diesem Skandal – nicht etwa gegen den Spiegel,, sondern gegen die Kieler Regierung – eine aktuelle Stunde beantragt. Wenn man das Protokoll dieser Stunde liest, kann einem übel werden. Da tritt als erster Ankläger ausgerechnet der ehemalige Terroristenanwalt Otto Schily auf und verleumdet Adenauer mit der Behauptung, dieser habe die Spiegel-Redakteure, weil ihm ein Bericht mißfiel, verhaften lassen. Die richtige und ohnedies noch harmlose Feststellung Stoltenbergs über die »linke Kampfpresse«, als die er den Spiegel bezeichnet hat, veranlaßte Schily zu dem Vorwurf, Stoltenberg werfe sich *zum Oberzensor der Medien* auf. Und Schily sah die *freie und unabhängige Presseberichterstattung* gefährdet.

Daß der Stern jene Presseorgane, die Barschel für glaubwürdiger halten als den James-Bond-Scharlatan des Spiegel als »rechte Kampfpresse« diffamiert, ist offenbar keine »Oberzensur« und keine »Gefährdung der Pressefreiheit«.

Noch schlimmer trieb es dann der Schily geistesverwandte SPD-Abgeordnete Duve, der berüchtigte Verbreiter von Guerilla-Handbüchern mit Anweisungen zu Hinrichtungen und Mord. Er besaß die Frechheit festzustellen:

Stoltenberg, Kohl und Bangemann versuchen, mit Demagogie und Pressebeschimpfungen, Barschel Feuerschutz zu geben. Wir stehen alle vor einem Abgrund von Verfassungsverrat und politischer Verkommenheit.

Diese politische Verkommenheit kann man durchaus Figuren wie Schily und Duve anlasten.

Wieso dürfen die Verleumdungsopfer des Spiegel nicht die gleiche Meinungsfreiheit für ihre Kritik beanspruchen wie die Hetzer der Mediendiktatur?

Das Gejammer um die bedrohte Pressefreiheit, sofern es das Treiben des SPIEGEL betrifft, ist pure Heuchelei. Diese Pressefreiheit wird doch sonst von der SPD und den GRÜNEN in niederträchtiger Weise mißachtet, wenn sie zum Beispiel wiederholt im Bundestag und in der Öffentlichkeit über das »DEUTSCHLAND-MAGAZIN« und mich herziehen und mir jedes Recht auf Meinungsfreiheit abzusprechen versuchen.

Was sich dann allerdings nach dem Tod BARSCHELS in Genf ereignet hat, war geradezu ein Schauerstück mißbrauchter Pressefreiheit, das schlimmer kaum sein konnte. Fast sträubt sich die Feder, über das zu schreiben, was sich in diesen Wochen, zuerst der SPIEGEL mit dem lebenden, dann der STERN mit dem toten Ministerpräsidenten geleistet haben.

Was hier an medialer Unkultur, an Menschenverachtung, an widerwärtigen Spekulationen über unseren Rechtsstaat hereinbrach, ist mehr, als Menschen, die noch ein Gefühl für Scham, Anstand und Rechtsbewußtsein haben, ertragen können.

Es widert mich an, noch einmal all dies zu dokumentieren, abzuwägen oder gar mich an den Spekulationen zu beteiligen, die unsere Mediendiktatur in einer Mischung von Haß und Geschäftemacherei, von Verantwortungslosigkeit und Sensationsgier in diesen Wochen auf die wehrlosen Bürger losgelassen hat.

Man steht fassungslos einem journalistischen Gesindel gegenüber, das hemmungslos einen Menschen in den Tod treibt, der Frau den Mann, vier Kindern den Vater nimmt und dessen Tod – wie immer er auch geschah – im Stil von Leichenfledderern vermarktet und wie Hyänen ausbeutet. Ob die AUGSTEINS, BÖHMES, BREMERS und wie alle die verlogenen Pharisäer und Sittenrichter heißen, nun etwa Scham empfinden, ihr Gewissen spüren oder auch nur einen Hauch von Schuldbewußtsein fühlen, ist eine müßige Frage: Die Nummern des SPIEGEL oder STERN, die nach BARSCHELS Tod nochmals in ihr Rufmordgeschäft einstiegen, beweisen, was von dem Charakter, der Moral und dem Wahrheitsdrang dieser Herren zu halten ist. Nichts ist ihnen mehr heilig. Sie lügen sich die schamlosesten Widersprüche zusammen. STERN-Chefredakteur BREMER faselte mit heuchlerischer Scheinheiligkeit von dem Auftrag zur »Wahrheit« und Augstein, vom STERN bei der Leichenfledderei überrundet, beteuert ebenso scheinheilig, der SPIEGEL hätte das nie getan: In fremde Hotelzimmer einzudringen, bis ins Badezimmer hinein, trotz des angeblichen Schocks, wie der STERN zuerst log, automatisch einmal auf die Kamera zu drücken und sekundenschnell das Zimmer wieder zu verlassen. Aber eine Woche später veröffentlicht der STERN zahlreiche Bilder aus dem Zimmer des Toten, hat er in seinen Papieren gewühlt und alles Nachgelassene fotografiert. Das verkauft man als höchstes Gut der »Pressefreiheit« und »Informationspflicht«.

Ich erinnere mich dunkel, daß es Gesetze gibt, die solches Treiben verbieten. Ich erinnere mich, daß es doch irgendwo als Selbstreinigungsinstrument der Medien einen Deutschen Presserat gibt, der, offenbar in Kumpanei mit SPIEGEL und STERN, schweigt.

Aber die Empörung kann nicht nur den Medien gelten, sondern auch dem kläglichen Verhalten vieler Politiker aller Parteien. Zwar hat der Bundeskanzler, ähnlich wie ALFRED DREGGER, den Punkt getroffen, als er sagte:

Die Hetzjagd eines Teils der Presse auf BARSCHEL *ist schlimm gewesen und die sensationslüsterne pietätslose Vermarktung des Toten ist vollends ein Skandal. Was sich ein Teil der Medien geleistet hat, zeigt, daß jenen Leuten der letzte Rest Schamgefühl abhanden gekommen ist.*

Und offenbar mit Blick auf das Verhalten der Politiker in Kiel:

Vorverurteilung ist grundsätzlich immer Unrecht. Wir müssen immer beide Seiten hören.

Was sich in Kiel abspielte, ist für die prominenten Vertreter einer christlichen Partei eine Schande. Die ersten höchst fragwürdigen Aussagen im Untersuchungsausschuß hat dessen stellvertretender Vorsitzender, der CDU-Politiker TRUTZ GRAF KERSSENBROCK, ohne daß BARSCHEL dazu befragt wurde, zu einer schäbigen Vorverurteilung genützt, und der CDU-Fraktionsvorsitzende KLAUS KRIBBEN ließ BARSCHEL fallen, als er ihn aufforderte, er möge sein Landtagsmandat niederlegen. Daß GERHARD STOLTENBERG ihm zustimmte, ist nicht Ausdruck von »Fairneß«, wie er es zu erläutern beliebte, sondern eine bittere Abkehr von wirlicher Fairneß und Treue gegenüber einem langjährigen Parteifreund. Die Herren der CDU in Kiel – die FDP-Funktionäre haben sich ja schon vorher durch eine üble Beleidigung des noch amtierenden Ministerpräsidenten BARSCHEL als rechtlich denkende Demokraten abgemeldet –

dürfen sich ruhig, wie die Familie BARSCHEL feststellt, ein gutes Stück Mitschuld am Tode BARSCHELS in ihr Gewissen schreiben. Daß die Basis gegen diese Erbärmlichkeit rebelliert, beweist nur, daß sie mehr Ehr- und Anstandsgefühl hat als die Funktionäre.

Und schließlich die SPD: Da faselte Genosse ENGHOLM von verletzter politischer Kultur, aber er belügte die Öffentlichkeit noch am 18. September, keine Stelle der SPD habe mit dem schurkischen SPIEGEL-Informanten PFEIFFER Kontakt gehabt, obwohl ihn am 13. September sein Landesvorsitzender JANSEN über seine eigenen und die monatelangen Kontakte des SPD-Pressesprechers NILIUS mit PFEIFFER unterrichtet hat. Und tatsächlich hat die moralisch so sehr entrüstete SPD seit Juli gewußt und billigend mitangesehen, was PFEIFFER gegen ihren armen verfolgten ENGHOLM trieb. Wie lange kann dieser »Ehrenmann« noch Kandidat für den Stuhl des Ministerpräsidenten bleiben?

Wenn nicht in allen Parteien personelle und moralische Konsequenzen gezogen werden, kann man, als redlicher Publizist, für keine mehr eintreten. Daß in Zukunft kein Unionspolitiker dem Rufmordorgan SPIEGEL und den Leichenfledderern vom STERN noch als Interviewpartner zur Verfügung steht, kann man eigentlich erwarten. Oder doch nicht?

Ich habe da meine Zweifel und sehe schwarz für unsere Demokratie und für die Geduld aller anständigen Bürger. Wie soll man ihnen noch klar machen, daß das, was wir in diesen Wochen erlebt haben, Ausdruck unserer Freiheit und Demokratie sein soll?

Wenn heute vermummte Banden plündernd durch unsere Straßen ziehen, wenn junge Menschen den GRÜNEN, den Anarchisten und deren kommunistischen Einpeitschern verfallen, wenn Brandstiftung, umgesägte Strommasten, verletzte Polizisten und Terroristen-Morde zu unserem Alltag gehören, so hat der SPIEGEL einen wesentlichen Anteil an dem Klima, in dem dies entsteht, in dem alles heruntergemacht wird, was diesen Staat bedeutet. Die totale Enthemmung gegenüber Gesetz und Recht, gegenüber Anstand und Moral, die Abkehr vom inneren Frieden, von Humanität, von demokratischer Würde und die Hinwendung zu einer Aussteigergesinnung, wie sie uns heute so vielfach begegnet, ist auch ein Ergebnis von vier Jahrzehnten Zerr-SPIEGEL, das das deutsche Volk nicht verdient hat und dessen Folgen wir dennoch alle zu tragen haben.

Die skrupellosen Methoden des STERN

*Gegen alle Pessimisten: Wir sind eine
echte Demokratie geworden. Das
Gesindel darf nicht nur überall
mitreden, es führt das große Wort.*

JOHANNES GROSS

Eine Darstellung des STERN, der sich als Presseorgan ausgibt, bereitet Schwierigkeiten, wenn man Publizistik, wenn man Meinungs- und Pressefreiheit, wie das selbstverständlich sein sollte, mit dem Begriff der Verantwortung verbindet, die man den Lesern, der Öffentlichkeit und auch dem freiheitlichen Rechtsstaat schuldet. Wer nämlich den STERN liest, wird unentwegt zum Opfer von Manipulationen und einseitiger Indoktrination, zum Opfer eines angeblichen Zeitgeistes, den Gazetten wie der STERN nicht spiegeln, sondern zu prägen versuchen – leider vielfach, vor allem bei der Jugend, mit Erfolg.

Um Mißverständnisse und Fehldeutungen zu vermeiden, scheinen mir dazu einige grundsätzliche Worte notwendig zu sein.

Freiheit ohne Verantwortung gibt es nicht. Das wäre Anarchie und nackter Egoismus. Daß wir heute im Bereich der Medien und der von ihnen hochgespielten und geförderten »Bewegungen« aller Art auf dem besten Weg dazu sind (bis hin zum Rechtsbruch und der Anwendung von Gewalt), prägt unsere politische Landschaft in bedrohlicher Weise. Die Vielfalt unserer Medienlandschaft zwingt kein Presseorgan – anders als bei Rundfunk und Fernsehen, dem Monopol der von allen Bürgern zwangsweise bezahlten Anstalten öffentlichen Rechts – zur Objektivität oder gar Ausgewogenheit. Jedes Presseorgan kann seinen politischen, kulturellen, geistigen und gesellschaftspolitischen Standpunkt vertreten. Doch kein Presseorgan hat das Recht, Lügen, Verleumdungen oder Fälschungen zu verbreiten, Nachrichten zu manipulieren und für Ideologien zu kämpfen, die unseren freiheitlichen Rechtsstaat gefährden und grundgesetzwidrig sind. Unsere Verfassung, unsere Gesetze schränken die Presse- und Meinungsfreiheit eindeutig ein.

Daß zahlreiche Presseorgane die garantierten Grundrechte mit Füßen treten, steht für jeden Kenner der Presselandschaft außer jedem Zweifel. Die Kritik daran, übrigens genauso von der Presse- und Meinungsfreiheit geschützt, ist das eine. Das andere ist, was schon der Verhaltenskodex des Deutschen Presserates – ohne daß dieser allerdings ernsthaft Mißstände verurteilt, wenn es ihm politisch nicht paßt – sagt: daß die Presse der Wahrheit, dem publizistischen Anstand und der Enthaltung von jeder einseitigen Manipulation verpflichtet ist, daß sie sich jeglichen Rufmords, der Verhöhnung und Diffamierung politisch Andersdenkender zu enthalten hat, daß sie vor allem nicht mit jener selektiven doppelten Moral agieren sollte, die so viele unserer Gazetten auszeichnet.

Was redlich denkende Menschen besonders empört, ist das Pharisäertum vieler Meinungsmacher bei der zum kläglichen Reizwort gewordenen »Vergangenheitsbewältigung«. Die meisten jener Publizisten, die damit schon seit Jahrzehnten unentwegt ihr Rufmordgeschäft betreiben (wobei die ihnen nahestehende SPD übrigens Spitzenleistungen dieser doppelten Moral vorführt), haben dazu meistens nicht den geringsten moralischen Anspruch.

Es würde niemanden interessieren, ob beim SPIEGEL einstige SS-Führer und NS-Schreiber tätig sind, ob die Elite der SÜDDEUTSCHEN ZEITUNG sich als kaum noch zu übertreffende Kumpanei einstiger Nazi-Kollaborateure betätigt hat, ob der STERN-Gründer und langjährige Chef HENRI NANNEN sich als linientreuer Nazi-Propagandist für HITLER die Finger wundgeschrieben hat oder einen prominenten Nazi, der sogar Reichsleiter und stellvertretender Gauleiter der NSDAP war, zu einem seiner engsten Mitarbeiter kürte. Aber was die Öffentlichkeit interessiert, ist die beispiellose und erbärmliche Hetze, die all diese Herren gegen zumeist viel weniger in die Abhängigkeit der NS-Diktatur Verstrickte seit 1945 betreiben. Sie versuchen, andere ihres Wirkungs- und Lebensrechts durch übelste Denunziationen zu berauben. Dabei haben sie selbst in oft viel peinlicherer Weise unter HITLER nicht nur das gleiche getan, sondern ihre Opfer darin weit übertroffen.

Nicht jeder, der im Dritten Reich arbeiten, überleben, seinen Beruf ausüben und seine Familie schützen mußte, konnte ein Widerstandskämpfer sein. Die postkatastrophale Betrachtung der damaligen Lebensumstände verfälscht die Realität. Es gab Idealismus und Ahnungslosigkeit, Opportunismus und Anpassungszwang, Überlebensangst und moralische Schwäche – dies alles waren höchst differenzierte Gründe, sich in einer totalen Diktatur zu arrangieren, die für die meisten Menschen ja nicht von Anfang an durchschaubar war, geschweige denn die späteren Verbrechen wie Krieg und Judenmord. Es ist vermessen, nachträglich Urteile zu fällen, wer sich mehr oder weniger schuldig gemacht hat, soweit nicht eindeutige Mitschuld an Verbrechen vorliegt.

Wer aber im braunen Glashaus saß und heute ständig mit Steinen auf andere wirft, dem muß auch einmal ein Stein in sein Glashaus zurückgeworfen werden. Nichts ist erbärmlicher als dieses Pharisäertum. Es beherrscht seit Jahrzehnten unsere Medienlandschaft. Das zu entlarven, ist eine moralische Aufgabe und eine wirklich notwendige Vergangenheitsbewältigung. Was diese Pharisäer und ihre Nachfolger in den Medien betreiben, ist ebenso widerlich wie menschenverachtend. Es ist einer freiheitlichen Demokratie und eines Kulturvolkes unwürdig.

Wenn dieses Rufmordgeschäft dann noch politisch zweckbestimmt und selektiv gehandhabt wird und fast immer verbunden ist mit der Förderung linksradikaler Feinde unseres freiheitlichen Rechtsstaates, verbunden mit der Verhöhnung und Diffamierung nichtlinker Politiker, Schriftsteller, Künstler und Publizisten, verbunden mit der Förderung von anarchistischen Ideologien, mit Angriffen auf den Glauben, die Moral und die ethischen Grundsätze Andersdenkender, im Zusammenspiel mit östlichen Diktaturen und deren Verharmlosung, dann wird dieses Treiben zu einem politischen Verbrechen, das an den Grundfesten unserer freiheitlichen Ordnung rüttelt.

Es stellt einen ständigen Mißbrauch der Freiheit durch diese Schreibtischtäter dar, die übrigens besonders gut leben und an diesem Treiben verdienen. Ausgestattet mit Spitzengehältern, hohen Pensionen, Luxuswohnungen und Villen, Dienstwagen und Gewinnbeteiligungen, phantasieren sie gleichzeitig von der »neuen Armut«, von »sozialer Kälte«, vom »unbarmherzigen Kapitalismus« und dem endlich herbeizuführenden wahren Sozialismus – wie man ihn ja jenseits der Mauer kennt. Dieses verlogene rechts Leben und links Agieren, das uns auch die Funktionäre der SPD und der Gewerkschaften – siehe NEUE HEIMAT – so drastisch vorführen, gehört mit zu diesem latenten Pharisäertum, das unseren sogenannten Zeitgeist – auch die berüchtigte sexuelle und kulturelle Revolution – auszeichnet.

Hinzu kommt – da die Herren ständig von mehr Demokratie reden – die dringliche Frage, wieweit eigentlich in diesen Medien Demokratie herrscht. Sie sind von niemandem gewählte, selbsternannte Richter, die sich anmaßen, alles zu kritisieren, nur nicht sich selbst. Jede Kontrolle, die in der Demokratie gegenüber allen Gewalten selbstverständlich ist und die sie selbst unentwegt lauthals fordern, weisen sie für sich entrüstet als »Zensur« zurück. Die Diktatur der Meinungsmacher steht außerhalb aller demokratischen Grundsätze, wie das in allen Diktaturen der Fall ist. Soweit zum Grundsätzlichen.

Doch nun zum STERN. Was dieses Blatt seit Jahrzehnten – übrigens mit wechselnder politischer Optik und geprägt von dem eiskalten Opportunismus seines langjährigen Chefs HENRI NANNEN – jede Woche in Millionen-Auflage der deutschen Öffentlichkeit zumutet, macht das von ihm angemaßte Richteramt zur Farce, ja zur Karikatur.

HANS HABE, aus rassischen Gründen vor HITLER in die USA emigriert und als bedeutender Schriftsteller und Publizist in die Heimat zurückgekehrt, überzeugter Demokrat konservativer Prägung, hat den STERN und seinen Herausgeber NANNEN einmal sehr drastisch so charakterisiert:

Sie haben den perfekten Cocktail aus Unterleib und Oberklugheit, aus echter Nacktheit und falscher Enthüllung, aus Mammut-Gehältern und sozialem Mitleid, aus Unternehmerbeschimpfung und Inseratengewinnen erfunden, der von einem grauhaarigen Operntenor ohne Stimme ausgeschenkt wird und seine Abnehmer findet.

Daß der einstige Nazi-Propagandist NANNEN in seinen berüchtigten »Lieber-Leser«-Briefen im STERN ausgerechnet dem HITLER-Opfer HANS HABE die Frechheit entgegenschleudert: *Hinaus mit dem Schuft aus Deutschland,* charakterisiert ihn und den STERN als klassischen Schuft, um in seinem Jargon zu reden.

Das genannte Zitat HANS HABES findet sich in der den STERN entlarvenden Dokumentation von WILFRIED AHRENS, die in dessen Verlag in Sauerlach 1984 unter dem Titel »Herrn Nannens Gewerbe« erschien. Dieses Buch, dem ich zahlreiche Hinweise verdanke, sollte jedem STERN-Leser in die Hand gedrückt werden. Es könnte viel-

84

leicht auch bei den »Kapitalisten« zum Nachdenken führen, die diese Gazette mit mehr als 200 Millionen Mark im Jahr finanzieren, und sie möglicherweise zur Einsicht bringen, ob das nicht geradezu masochistisch ist.

In einem anderen Buch wird der STERN wissenschaftlich mit eiskalter Präzision analysiert. Es stammt von dem Professor für Psychologie an der Universität Berlin DR. OTTO WALTER HASELOFF und erschien unter dem Titel »Stern – Strategie und Krise einer Publikumszeitschrift« bereits 1977 im Verlag HASE & KOEHLER, Mainz. Auf 1000 Seiten untersuchte der Verfasser mit Akribie und kenntnisreich die gesamte publizistische und auch geschäftliche Tätigkeit des STERN in den Jahren 1966 bis 1977, also über einen Zeitraum besonderer innen- und außenpolitischer Umbrüche. Auch dieses wissenschaftlich und medienpolitisch faszinierende Buch hat mir viele Fakten geliefert. Unter anderem zieht HASELOFF folgendes Fazit über Strategie und Tendenz des STERN:

Die 44,6 Prozent der gesamten Publikationsfläche des STERN, die der Präsentation von Markenartikel-Anzeigen dienen, widerlegen die Glaubwürdigkeit der in dieser Zeitschrift sich entfaltenden Kritik an der Marktwirtschaft. Der STERN ist in besonders weitgehendem Grad ein nach kapitalistischen Gesetzen und Zielen operierendes »Verlagsobjekt«. Diese Aussage trifft auch durchaus angesichts der Tatsache zu, daß während einer ganzen Reihe von Jahren ein Teil der STERN-Redakteure und der in dieser Zeitschrift schreibenden mehr oder weniger prominenten Autoren einen mehr oder weniger radikalen »linken« Standort eingenommen haben. Trotz aller Entschiedenheit der politischen Aussage und trotz der Intensität der im STERN immer wieder aufscheinenden Kritik an den ... ›entfremdenden‹ Wirkungen der Marktwirtschaft auf das Bewußtsein der Menschen, kann gesagt werden: Zumindest ein Teil der führenden Mitarbeiter dieser Zeitschrift, einflußreiche Redakteure und Autoren des STERN unterliegen selbst unverkennbar der von ihnen beklagten Selbstentfremdung und Identitätsreduktion. Dies, wenn sie – umrahmt von Markenartikel-Anzeigen – zu einer Fundamentalkritik an der Marktwirtschaft und Werbung ausholen, oder wenn sie im erbitterten Kampf gegen staatliche Autoritätsdemonstrationen indirekt politische Ordnungsformen begünstigen, die manche freien Meinungsäußerungen unzweifelhaft negativ sanktionieren würden, (die) diese Autoren mit Selbstverständlichkeit für sich in Anspruch zu nehmen gewohnt sind.

Was nach eigener Ansicht des STERN viele Kritiker von dem Blatt halten, hat seine Anzeigenabteilung so zusammengefaßt:

Der STERN ist pro-östlich, antiwestlich und neutralistisch eingestellt.
Der STERN steht »links«. Der STERN ist industrie- und unternehmer-feindlich und engagiert sich nicht für die soziale Marktwirtschaft.
Der STERN verherrlicht ausschließlich subkulturelle Experimente.
Der STERN gibt sich ausgesprochen ärztefeindlich und gewinnt wis-senschaftlichen Themen nur das vordergründig Sensationelle ab.
Aus dem STERN spricht der Anti-Christ, die Grundwerte von Glau-ben und Kirche werden verneint.
Der STERN fühlt sich der Jugend- und Randgruppen-Szene besser verbunden als dem Gemeinwohl der Durchschnittsbürger.

Diese mit wenig glaubwürdigen, raffiniert ausgewählten Gegenbei-spielen garnierte Darstellung des eigenen Verlages über kritische Stimmen gegen den STERN trifft jedoch haargenau die Realität – vor allem in den 70er und 80er Jahren.

Allerdings hat sich hier ein grotesker Wandel vollzogen, wenn man 20 und 30 Jahre zurück den gleichen STERN verfolgt. Das führt zur Erkenntnis: Der STERN kann so oder so, je nach dem, was das Publi-kum erwartet, was, wie man glaubt, jeweils ankommt, was der Ta-gesmeinung entspricht, was der Zeitgeist verlangt, was zum jeweili-gen Zeitpunkt Geld, Leser und Verbreitung sichert. Irgendeine Haltung, Charakter, Grundsätze sind nicht erkennbar. Glaubwür-digkeit, von der NANNEN und Genossen dauernd faseln, ist nicht erst durch den beispiellosen Skandal mit den gefälschten HITLER-Tagebüchern zerstört worden. Sie hat nie bestanden.

HENRI NANNEN, solange er beim STERN das Sagen hatte, aber auch dessen heutige Macher mit ihrer ständigen Hetze gegen Patrioten, gegen Vertriebene, gegen die Unionsparteien und deren Politiker haben – um im Stil der STERN-Redakteure zu sprechen – ihre Gesin-nung jeweils gewechselt wie ein schmutziges Hemd.

Einst betätigten sie sich mit besonderer Leidenschaft als »Revanchi-sten« und »Nationalisten« – wie sie heute jene nennen, die das sagen und schreiben, was damals im STERN stand. Wenn sie heute die Wie-dervereinigung abschreiben, vor der Destabilisierung östlicher Dik-taturen – und nur dieser – warnen, wenn sie den Antikommunismus als »faschistoid« verunglimpfen und jeden Patrioten als »kalten Krieger« oder gar »Neonazi« und »Rechtsextremisten« verleumden, wenn sie REAGAN als »Terroristen« beschimpfen und die Moskauer Diktatoren verherrlichen, muß man gegenüberstellen, wie das früher bei ihnen klang.

Zum Beispiel NANNEN im Dezember 1959:

Wer sagt uns, daß nicht eines Tages eine politische Konstellation eintritt, die den Sowjets die Freundschaft des Westens so wichtig erscheinen läßt, daß sie einer Wiedervereinigung in Freiheit zustimmen? ... Gewiß, wir können heute nicht voraussagen, ob unsere Stunde kommen wird und wann sie kommt. Aber wir sollten unser Anrecht darauf nicht leichtfertig verwirken.«

Oder im Juli 1960:

Was mich aufgeregt hat, das ist die widerwärtige Verlogenheit, mit der NIKITA CHRUSCHTSCHOW und seine Spießgesellen den Fortschritt, die »gerechte Sache« und die Zukunft für sich in Anspruch nehmen. Und der Gleichmut, mit dem der Westen diese Heuchelei sich bieten läßt.

Oder im August 1960:

Man trägt ja zur Zeit Entspannung in Westeuropa, und es gehört einfach zum guten Willen, wenn schon nicht von dem jovialen Grinsen NIKITAS, so doch von dem mütterlichen Charme seiner Frau NINA gefesselt zu sein. Nun, die ehrenwerte Dame ist immerhin die Ehefrau eines vielfachen Mörders.

Oder noch drastischer im August 1961:

Der Westen rüstete noch ab, als schon zu sehen war, wann ihn das bewaffnete Potential der Kommunisten überflügeln würde. Und nie konnte ein Zweifel daran bestehen, daß die Sowjetunion solche Überlegenheit zu schamloser Erpressung ausnutzen würde. Hätten wir die Macht, den ULBRICHT und sein Gesindel mit der Peitsche aus unserem Land zu treiben – ich wäre der erste, der zu dieser Peitsche griffe.

1961 verkündete der STERN, wie er sich angesichts der damaligen Bundestagswahl ein neues Kabinett vorstelle:

Dies wäre ein Kabinett unserer Wahl: Bundeskanzler DR. EUGEN GERSTENMAIER (CDU), Außenminister WILLY BRANDT (SPD), Innenminister FRITZ ERLER (SPD), Wirtschaftsminister Prof. Dr. LUDWIG ERHARD (CDU), Verteidigungsminister FRANZ JOSEF STRAUSS (CSU).

1983 stellte der STERN wieder sein Wunschkabinett vor – für die Mehrheit der Bevölkerung geradezu ein Schreckenskabinett: Bundeskanzler: OSKAR LAFONTAINE. Außenminister: SPIEGEL-Redakteur a. D. und einstiger Vertreter Bonns in Ostberlin GÜNTER GAUS für totale Kapitulation gegenüber den Mauermördern bekannt. Innenminister: der Salon-Grüne und einstige Terroristenanwalt OTTO SCHILY, womit gewissermaßen der Bock zum Gärtner gemacht wird. Verteidigungsminister: ALFRED MECHTERSHEIMER, für die Grünen als Agitator gegen die NATO tätig. Arbeitsminister: MONIKA WULF-MATHIES, Wirtschaftsminister: FRANZ STEINKÜHLER, damit der grüne Gewerkschaftsstaat endlich die soziale Marktwirtschaft und den freien Unternehmer beseitigen kann. Entwicklungshilfeminister: der linke SPD-Sektierer ERHARD EPPLER; die kommunistischen Entwicklungsländer würden sich freuen. Umweltminister: Hessens gescheiterter Turnschuh-Minister JOSCHKA FISCHER. Landwirtschaftsminister: die grüne Pastorin ANTJE VOLLMER. Frauenminister: die Emanze EVA RÜHMKORF. Und in diesem Stil geht es weiter. Mit Recht stellt der STERN diese abenteuerliche Regierungsmischung als »Vision für eine andere Republik« vor. Wie glücklich werden die Anzeigenkunden sein, die diese Vision eines Schreckenskabinetts von Linksextremisten, Aussteigern, Utopisten und Anarchisten finanzieren dürfen.

Heute hetzt der STERN fortwährend im kommunistischen Sprachgebrauch gegen die »Berufsverbote«, durch die kommunistische und neonazistische Verfassungsfeinde aus dem öffentlichen Dienst ferngehalten werden sollen. Im August 1973 aber hatte der STERN noch verkündet:

Politisch kann es durchaus opportun (und damit unserem Lande nützlich) sein, eine verfassungsfeindliche Partei nicht zu verbieten ... Wo aber steht geschrieben, daß man militante Kommunisten deshalb zu Lehrern und Richtern machen muß?

Aber schon als WILLY BRANDT und EGON BAHR hinter dem Rücken des damaligen Bundeskanzlers KURT GEORG KIESINGER subversiv mit den tschechischen und italienischen Kommunisten verhandelten, um sich endlich nach den jahrelang im Gleichklang mit dem STERN verkündeten nationalistischen Tönen zu ihrer wahren Gesinnung zurückzuverwandeln, nämlich zur Kapitulation vor Moskau und Ost-Berlin, in deren Geist man die Ostverträge vorbereitete, war der STERN sofort mit von der Partie. Aus »*kalten Kriegern*« wurden nun plötzlich koexistenzhungrige Friedensapostel und Partner der Kommunisten. Bis heute läutet man beim STERN die Glocken des neuen Zeitgeistes von den Türmen weltweiter Entspannung. Alles, was Moskau und seine Vasallen jenseits der Mauer in den letzten Jahrzehnten taten, sah im STERN im ständigen Wechsel so aus. Der Begriff der Freiheit wurde einem pseudo-friedensfeiernden Aspekt untergeordnet. Nur einige Beispiele:

Am 28. April 1968 spottete NANNEN persönlich:

Wenn in Prag und Warschau die Studenten demonstrieren, dann erwärmt sich des deutschen Bürgers Herz. Denn Demonstrationen in Warschau und Prag, so denkt er sich, schaden dem Kommunismus. Und was dem Kommunismus schadet, kann nur von Nutzen sein. Denn der Kommunismus, so hat er es gelernt, ist das Böse schlechthin. So einfach ist das.

Er hat recht. So einfach ist das. Vom kalten Krieger zum Verteidiger des Kommunismus. Denn er konnte auch anders. Bevor die Panzer Moskaus in Prag einmarschierten, schrieb NANNEN:

Die Speichellecker von Pankow waren die ersten, die den brutalen Machtwillen der sowjetischen Zentrale zum Kampf für die Sache des Friedens umfälschten.

Doch am 10. Oktober 1971 verkündete der gleiche NANNEN:

Hätte DUBČEK gesiegt, wäre Polen gefolgt. Wer den Sowjets den politischen Selbstmord nicht zumutet, konnte sich über den Einmarsch nicht wundern – such is life ... Niemand weiß, ob nicht die Welt in Brand geraten wäre, wenn die Sowjets gewartet hätten, bis die Flamme des Aufruhrs von Prag auch in Warschau und Bukarest gezündet hätte.

Und als Großbritannien 105 sowjetische Spione auswies, war das NANNEN – wohl angesichts der intimen Beziehungen des STERN zu den kommunistischen Geheimdiensten jenseits der Mauer – gar nicht recht, denn er meinte:

Je besser der sowjetische Geheimdienst in der Bundesrepublik arbeitet, desto überzeugter wird Moskau sein, daß die Deutschen keine Revanchisten sind und daß auch die Opposition nicht aus lauter Ostlandreitern besteht ... So haben denn auch Geheimdienste ihre Bedeutung für den Frieden.

Daß WILLY BRANDT, als Außenminister bereits subversiv mit EGON

Bahr auf dem Weg zur Zusammenarbeit mit den Kommunisten, Nannen in einem Brief ganz besonders für dessen jämmerlichen Artikel zum Einmarsch Moskaus in die Tschechoslowakei mit der Schlagzeile *Das ist nicht die Stunde der kalten Krieger* dankte, war wohl Ausdruck einer besonderen Gesinnungs- und Charaktergemeinschaft. Denn Brandt gab in seinem Brief der Hoffnung Ausdruck, es sei

wichtig, daß möglichst viele deutsche Journalisten dazu beitragen, die Politik der Friedenssicherung gegen Anfeindungen der einen oder der anderen Seite wirksam bleiben zu lassen.

Nun, der Spion Guillaume war bereits »friedenssichernd« im Anmarsch auf das Kanzleramt ...

Gelegentlich verkündete Nannen, wenn auch mit wechselnden Aspekten, die Grundsätze seiner journalistischen Masche:

Ich werfe niemandem im Stern vor, was ihm nicht nachgewiesen werden kann. Es gehört zur Redaktionspraxis, Angegriffene vorher zu hören.

Wer sich die zahlreichen Gerichtsurteile gegen Nannen und den Stern aufgrund der in dieser Gazette verbreiteten Lügen, Verleumdungen und Fälschungen betrachtet, kann diese Behauptung Nannens nur als Lüge bezeichnen, denn die Rufmord-Aktionen – ohne die Betroffenen zu fragen, ja unter Unterschlagung von Gegenbeweisen – sind Legion.

Die Rufmord-Opfer müssen selbst Gegendarstellungen oder gar Widerrufe in jahrelangen Prozessen erzwingen, sofern sie überhaupt über die Mittel verfügen, die der Stern aus seinem schmutzigen Geschäft so reichlich scheffelt. Dazu kann ich nur wenige Beispiele bringen. Es gibt unzählige mehr.

Eines der vielen Opfer des Stern war Bundesminister Theodor Oberländer, der zu der Zeit, als Nannens Kriegs- und NS-Propaganda in den NS-Gazetten erschien, wegen seiner zornigen Denkschriften gegen die verbrecherische Ostpolitik Hitlers aus der Wehrmacht entfernt, in Prag unter »Gestapo«-Bewachung gestellt und beinahe ermordet wurde. Erst am 3. Dezember 1986 mußte der Verlag Gruner + Jahr wegen einer erneuten Stern-Verleumdung unter Androhung eines Ordnungsgeldes von 100.000 DM oder sechs Wochen Haft und unter Übernahme sämtlicher Kosten sich verbieten lassen, die Lüge zu verbreiten, die Angehörigen des Bataillons »Nachtigall«, in dem Theodor Oberländer als Offizier tätig war, hätten im Juli 1941 in Lemburg 2000 Juden totgeschlagen. Diese bereits in zahlreichen Prozessen widerlegte Verleumdung stellte der Stern wider besseres Wissen erneut auf.

Eine besondere Gemeinheit leistete sich Nannen mit folgender Äußerung im Stern:

Baader, Meinhof, Strauss – es muß nun erlaubt sein, diese Namen in einer Reihe zu nennen.

Und den Vergleich Strauss = Terrorist »erklärte« dieser ehrenwerte Ehrabschneider mit der Feststellung, die Baader-Meinhof-Leute (das Wort Bande war und ist ja für die linke Medien-Diktatur bekanntlich tabu) hätten einen Ehrenkodex (laut Augsteins Spiegel sind diese ja auch keine Verbrecher, sondern geradezu Menschheitsbeglücker). Sie wollten ja nur einen gerechteren Staat, das könne man nicht so einfach vom Tisch wischen. Wie aber sähe der »Ehrenkodex« bei Strauss aus, fragte Nannen, bewußt hier das Wort höhnisch unter Anführungszeichen setzend. Daß Nannen und der Stern keinen haben, ist offensichtlich.

Ein weiteres Beispiel: Eine kriminelle Landesverräterin und »DDR«-Agentin, die in den Osten übergelaufene Sekretärin des CDU-Politikers Kurt Biedenkopf, ließ – wie sich später herausstellte – direkt oder indirekt ein rechtswidrig aufgenommenes Tonband von einem privaten Telefongespräch zwischen Helmut Kohl und Kurt Biedenkopf dem Stern zukommen. Und Nannen – sonst Vorkämpfer für totalen Datenschutz, wenn er nur Terroristen- und Kriminellen-Fahndung behindert – veröffentlichte trotz gerichtlichen Verbots, was nur noch als kriminell bezeichnet werden kann, den Wortlaut dieses Gespräches, indem er seine Skandal-Gazette einen Tag früher auf den Markt brachte. Und als die Öffentlichkeit dieses Gangsterstück verurteilte, entrüstete sich Nannen in dem bei ihm üblichen Gossenjargon, *»mit erigiertem Zeigefinger«* habe man sich in ganz Deutschland über den Stern empört. Viel zu wenig, nämlich je 10.000 DM Schmerzensgeld, mußte der Stern an Kohl und Biedenkopf zahlen. Von einer Anwendung des Strafgesetzbuches gegen den Stern war, wie üblich, bei der Hamburger Staatsanwaltschaft nichts zu hören.

Wie sehr Nannen, offenbar geprägt von seiner braunen Vergangenheit, nicht nur in Sachen der gefälschten Hitler-Tagebücher – über deren mit Millionen erkaufte »Besorgung« er von Anfang an unterrichtet war (was der jahrelange Verlagschef von GRUNER + JAHR, MANFRED FISCHER, nach seinem Ausscheiden enthüllt hat) – mit einstiger Nazi-Prominenz Geschäfte zu machen versuchte, hat ein anderer Fall demonstriert, bei dem er einen ähnlichen Hereinfall erlebte. Neben den Tagebüchern von JOSEPH GOEBBELS und denen des Reichsjugendführers BALDUR VON SCHIRACH, die mehr oder weniger der Verharmlosung der NS-Zeit dienten und vom STERN publiziert wurden, entdeckten NANNENS Schnüffler 1964 in Paraguay angeblich HITLERS engsten Vertrauten, den Reichsleiter MARTIN BORMANN (der übrigens längst bei der Eroberung Berlins gestorben ist). Diesen offenbar von einem ähnlichen Scharlatan wie dem Fälscher der HITLER-Tagebücher zum Leben erweckten BORMANN wollten NANNENS journalistische Sensationsmacher zu einem Interview verlocken, und dies verband der STERN mit der Zusage eines publizistischen Angriffs auf Israel. Um diese makabre Sensation an Land zu ziehen, gab es für die STERN-Journalisten keinerlei Rücksichten mehr. Am 1. März 1968 deckten die STUTTGARTER NACHRICHTEN diesen geplatzten Skandal auf:

Im Frühjahr 1964 war der STERN bereit, für ein Interview mit MARTIN BORMANN einen skrupellosen Preis zum Schaden der Bundesrepublik zu zahlen. Es war die Zeit, in der sich eine Normalisierung des deutsch-israelischen Verhältnisses gerade anbahnte, in der ein unbedachtes Wort, eine gedankenlose Tat jeden Ansatz zur Verständigung zunichte machen konnte. Das Echo, das der Ruf von deutschen Politikern, Studenten und Gewerkschaften nach diplomatischen Beziehungen mit Israel auslöste, hallte von dort nur leise zurück. Es war die Zeit, in der das jüdische Volk noch unter dem Eindruck des Prozesses gegen seinen Peiniger EICHMANN stand. Und es war die Zeit, in der eine deutsche Illustrierte den in Abwesenheit zum Tode verurteilten »Schatten HITLERS«, den Reichsleiter MARTIN BORMANN, wissen lassen wollte: »Der STERN ist bereit, mit Nachdruck darzustellen, daß die Verfolgung bestimmter Personen durch einen Nahost-Staat, wie immer man diesen Staat beurteilt, zweifellos einen Rechtsbruch darstellt.« Diese Gegenleistung für ein Interview mit dem engsten und einflußreichsten Vertrauten HITLERS bot der STERN nicht für sich allein an: »Auch käme eine entsprechende Veröffentlichung in der ZEIT in Betracht, die eine viel-

beachtete Zeitschrift ist, auch außerhalb der Bundesrepublik ...
Nach Art von Ganoven-Vereinbarungen wurde dem angeblichen
BORMANN alles versprochen, was er nur wollte. STERN-Redakteur
PETER STÄHLE und Genossen ließen sich dabei zu einer schamlosen
Kumpanei mit dem Ober-Nazi und seinem Beauftragten ein:
Selbstverständlich sicherten sie dem – falls er noch leben sollte – in
aller Welt als Kriegsverbrecher gesuchten und in Nürnberg in Abwesenheit zum Tode Verurteilten totalen Schutz und Sicherheit zu.
Schützenhilfe also für einen Massenmörder durch die STERN-Mora-
listen. Oder was sonst? Sogar als eine Art von Geisel wollte ein Redakteur zur Verfügung stehen, um die Schutzerklärung glaubhaft
zu machen. Das Ganze klingt wie der Stoff für einen »Tatort«-Kri-
mi – in der Hauptrolle die angemaßten Sittenrichter der Nation.
Wem da nicht übel wird, ist selber schuld. Und einem Blatt mit solchen Methoden bekunden SPD-Kanzler wie WILLY BRANDT und
HELMUT SCHMIDT ihre tiefe Bewunderung.
Die STUTTGARTER NACHRICHTEN bekamen ohne Verhandlung vom
Hamburger Landgericht eine einstweilige Verfügung, in der ihnen
verboten wurde, weiter zu behaupten, Verlag und Redaktion des
STERN seien bereit:
*1. für das BORMANN-Interview einen skrupellosen Preis zum Scha-
den der Bundesrepublik zu zahlen;*
*2. mit Nachdruck festzustellen, daß die Verfolgung bestimmter
Personen durch einen Nahost-Staat (Israel) zweifellos einen Rechtsbruch darstelle;*
*3. polemische Angriffe auf die Gastländer der betreffenden Perso-
nen zu unterlassen;*
*4. als Gegenleistung für das STERN-Interview eine entsprechende
Veröffentlichung in der ZEIT erscheinen zu lassen;*
*5. dem »Reichsleiter« Gelegenheit zu geben, im redaktionellen Teil
sein Urteil über die Bundesrepublik, zur Besetzung der wichtigsten
Staatsämter, Parteifunktionen usw. abzugeben.«*
Diese Gerichtsentscheidung wurde bewirkt durch eine eidesstattliche Erklärung, sowohl von NANNEN wie von STÄHLE:
HENRI NANNEN wußte von nichts.
Die STUTTGARTER NACHRICHTEN legten Widerspruch ein. Aufgrund der Fakten wurde die einstweilige Verfügung zur Gänze aufgehoben. Denn die STUTTGARTER NACHRICHTEN veröffentlichten

am 23. März 1968 ganzseitig die gesamte Korrespondenz zwischen den STERN-Journalisten STÄHLE, GILLHAUSEN und HENRI NANNEN mit den sogenannten Zwischenhändlern, die den STERN und BORMANN zusammenbringen sollten. Darin wird das, was die STUTTGARTER NACHRICHTEN behauptet hatten und was ihnen verboten worden war, in allen Einzelheiten bestätigt. Und alles, was die beiden Journalisten brieflich vereinbart hatten, war durch NANNEN, von ihm selbst unterzeichnet, den BORMANN-Vermittlern bestätigt worden:

Diese beiden Redakteure haben meine volle Zustimmung zu allen von ihnen getroffenen Vereinbarungen. Diese Zusage bezieht sich insbesondere auch auf die Art der Veröffentlichung. Wir sind nach wie vor am Zustandekommen der beabsichtigten Begegnung sehr interessiert und werden unsere Zusagen einhalten.

Die eidesstattlichen Erklärungen von NANNEN und STÄHLE waren also eindeutig falsch. Trotzdem hatte der STERN die Stirn, gegen das Urteil des Landgerichts Hamburg Berufung einzulegen. In einer erneuten eidesstattlichen Erklärung versuchte NANNEN, den dokumentarischen Tatbestand zu verharmlosen. Doch das Hanseatische Oberlandesgericht ließ sich nicht täuschen. Zu den beiden eidesstattlichen Versicherungen NANNENS hieß es im Urteil vornehm:

Diese Erklärungen vermögen jedoch nicht zu überzeugen.

Das Oberlandesgericht wies NANNENS Berufung zurück und legte ihm und dem Verlag die gesamten Kosten auf. Nur, die Hamburger Staatsanwaltschaft vergaß auch in diesem Fall die Einleitung eines Strafverfahrens wegen des Verdachts der Abgabe von falschen eidesstattlichen Erklärungen.

Und fast zur gleichen Zeit beschimpfte NANNEN Bundespräsident HEINRICH LÜBKE mit diesen, von moralischer Verlogenheit getragenen, Worten:

Die jungen Leute auf den Straßen leiden an der Verlogenheit dieses Staates. Sie tragen die Bilder von »CHE« GUEVARA und HO-TSCHIMINH vor sich her. Sollten wir ihnen mit dem Bildnis HEINRICH LÜBKES entgegentreten? Vorläufig prangt dieses Bild noch zusammen mit dem Schwarz-Rot-Gold unseres Staates auf den Hüllen von Schallplatten, auf denen trottelhafte Reden des Herrn LÜBKE zu hören sind. Nein, es ist nicht länger erträglich. Darum treten Sie zurück, Herr LÜBKE. Tun Sie es sofort. Sie haben die Chance,

Ihrem Land endlich einen wirklichen Dienst zu erweisen. Es könnte der erste Schritt zu einer Gesundung unseres Staates sein.

Die Pharisäer als Moralapostel der Nation!

Und selbst der wegen der damaligen politischen Linkstour des STERN ideologisch verwandte Bundespräsident GUSTAV HEINEMANN wurde nicht verschont, wenn er sich gegen Lügen des STERN verwahrte. Im Rahmen seiner Propaganda für die Abtreibung nach dem Motto *»Mein Bauch gehört mir«* behauptete der STERN, der Kampf gegen den Paragraphen 218 sei von Bundespräsident HEINEMANN besonders gefördert worden durch sein Eintreten für die Drei-Monats-Lösung. Als der STERN sich weigerte, diese Lüge zu berichtigen, mußte HEINEMANN öffentlich eine Erklärung abgeben, in der er feststellte, daß diese Fristenlösung wenig sinnvoll und hilfreich sei.

Die Rache des STERN folgte auf dem Fuße. Er berichtete unter der Überschrift *»Gustav wird alt«,* Bundeskanzler BRANDT und andere führende Genossen seien »HEINEMANN-müde« und wollten keine Wiederwahl des »sauertöpfischen und eigenbrötlerischen Präsidenten«. Die in diesem Bericht genannten Zitate von »führenden Genossen« gegen HEINEMANN wurden von der SPD als frei erfunden bezeichnet. Und es ehrt HEINEMANN, daß er in seiner Rede beim Tode von HEINRICH LÜBKE, wohl hauptsächlich gegen NANNENS STERN gerichtet, feststellte, daß man sich der Worte schämen müsse, die über HEINRICH LÜBKE gesagt oder geschrieben wurden. Doch von NANNEN und dem STERN Scham zu erwarten ist eine vergebliche Hoffnung. Dieses Wort ist ihnen vollkommen fremd.

Als HELMUT SCHMIDT, einst vom STERN hochgelobt, sich dem linksradikalen Kurs eines Teiles der SPD und der linken Medien-Mafia nicht mehr beugte, wurde auch er im STERN mit Lügen fertiggemacht.

In der Nummer vom 1. Mai 1981 behauptete der STERN:

Statt sich bei DBG-Veranstaltungen zum 1. Mai als Redner auspfeifen zu lassen, zog es ÖTV-Mitglied HELMUT SCHMIDT vor, mit Scheichs über Panzer zu plaudern.

HELMUT SCHMIDT, der tatsächlich seit sieben Jahren alljährlich, auch 1981, auf der Mai-Feier aufgetreten war, dazu:

Nicht alles, was im STERN steht, ist Gold. Manches ist einfach nur Blech, ziemlich dünnes Blech.

Trotzdem läßt er jetzt seine Erinnerungen an Begegnungen mit den »Großen dieser Welt« im STERN abdrucken. Für eine Million DM oder für mehr? Für Geld tut auch er alles.

Skrupellos und gewissenlos wird vom STERN die Öffentlichkeit belogen. Daß ausgerechnet diese Herren in ihrer arroganten Rolle als Presse-Zaren und Sittenrichter Woche für Woche mit moralisch getarnten Tiraden gegen unsere Politiker, gegen Wirtschaftsführer, Professoren und Publizisten, soweit sie nicht links sind, Hetzfeldzüge führen dürfen, ohne daß sie ein Sturm der Entrüstung hinwegfegt, ihnen niemand mehr Anzeigen verkauft und niemand mehr das Blatt liest, beweist die Macht dieser Medien-Diktatur, die offenbar tun kann, was sie will.

Obwohl doch die anderen Medien im Interesse des Ansehens des gesamten Journalistenstandes über dieses Treiben empört sein müßten, wagt kaum noch jemand, diesen Skandal beim Namen zu nennen und sich davon zu distanzieren. Ganz im Gegenteil. Wann immer die linksradikalen Lügen- und Fälscher-Kampagnen des STERN angeprangert werden, oder gar wenn der Verlag GRUNER + JAHR nach dem Hinauswurf der verantwortlichen Chefredakteure und dem Abgang NANNENS nach der Affäre mit den gefälschten HITLER-Tagebüchern anständige, demokratisch denkende Chefredakteure wie JOHANNES GROSS und PETER SCHOLL-LATOUR einstellen will, um eine Wende herbeizuführen, vereinigt sich das gesamte Linksmonopol zu einer wahren Kampfaktion intolerantester Hetze.

Der gescheiterte SPD-Kanzlerkandidat HANS-JOCHEN VOGEL erregte sich über die geplante Einstellung nichtlinker Chefredakteure, daß damit »der Verleger gegenüber der Redaktion ein dauerndes Übergewicht bekommt«. So, als ob es verboten wäre, in einer Zeitschrift auch nichtlinke Vorstellungen zu präsentieren. Was der Genosse VOGEL wohl von Pressefreiheit, Toleranz und Gleichberechtigung hält und ob er dies gar als demokratisch ansieht?

Die Empörung über die Fälschung der HITLER-Tagebücher wurde durch diesen linken Aufstand bereits völlig überdeckt – nur weil der Verlag eine wirkliche Meinungs- und Pressefreiheit im STERN gegen das Monopol seiner mehr als 150 linken Redakteure wiederherstellen wollte, die zum größten Teil aus der revolutionären Garde der 68er Studenten-Revolution kommen.

Die Solidaritätserklärungen für die Fälscher-Gazette reichten von Gewerkschaftsboß Franz Steinkühler über den Vorsitzenden der Journalisten-Union, Eckart Spoo, bis zu 86 Redakteuren und Lektoren des Bertelsmann- und des Goldmann-Verlages, von der Prominenz der »Grünen« und der Emanze Alice Schwarzer, die scheinheilig zum »Widerstand« gratuliert, über den Vorsitzenden der Vereinigung demokratischer Juristen bis zu Soziologen, Politologen und sogar Sprechern der SPD-Bundestagsfraktion. Und der sattsam bekannte Rhetorik-Professor Walter Jens beteuert, er würde seine, fragwürdigen linksextremistischen, Kultur-Kolumnen im Stern nicht mehr schreiben, wenn der linke Kurs gebremst werden sollte. Welcher Verlust! Durchhalteparolen lieferten auch die Schriftsteller Martin Walser und Günter Grass, der unselige Panikmacher Professor Robert Jungk und viele andere, bis hin zu den linksaußen agierenden Sängern und Kabarettisten wie Udo Lindenberg und Dieter Hildebrandt. Unterschriftslisten von Kollegen der Süddeutschen Zeitung, der Abendzeitung, von ARD und ZDF, von Betriebsräten und Gewerkschaftsfunktionären, Demonstrationen in Hamburgs Straßen. Pressefreiheit für Johannes Gross und Peter Scholl-Latour gibt es offenbar nicht. Die Entlarvung der Diktatur des Monopols ist total. Hitlers Propagandaminister Goebbels ist auferstanden.

Offenbar nur noch im Ausland durchschaut man das Treiben des Stern. Die Neue Zürcher Zeitung stellt fest:

Der Stern gebärdet sich geradezu als Erfinder und Gralshüter eines liberalen Journalismus, treibt aber in Wirklichkeit immer wieder in widerlichem Zynismus mit den Gutgläubigen sein Spiel. Beim Stern herrscht ein bedenkenloser Journalismus, ebenso unverfroren wie unseriös und unglaubwürdig.

Die altehrwürdige Pariser Zeitung Le Matin meint im Gegensatz zur Kumpanei der deutschen Medien-Diktatur:

Für alle Journalisten der Bundesrepublik Deutschland ist der weiße »Stern« auf rotem Grund das Symbol einer gewissen beruflichen Schande geworden.

Daß es außerhalb der Hamburger Justiz noch Gerichte gibt, die sich nicht als Schutzherren des Stern verstehen, hat ein Prozeß enthüllt, bei dem der immer prozeßsüchtige Nannen, sobald sein Nimbus angekratzt wird, total auf den Bauch gefallen ist.

Der Bonn er Korrespondent der Schweizer Zeitung VATERLAND hatte am 8. Januar 1971 über NANNEN geschrieben:

Der Saubermann der bundesdeutschen Demokratie und Tugend-wächter der Nation, der sich über Jahre hinweg mit musterhafter Akribie darum bemüht, auch den kleinsten braunen Flecken auf der Weste ihm nicht genehmer Zeitgenossen zu entdecken und sie mora-lisch zu vernichten, biederte sich einst in geradezu widerlicher Weise bei den Nazis an. Der Mann, den WILLY BRANDT zum Prototyp des deutschen Journalisten beförderte, war zu allen Zeiten ein gewissen-loser Opportunist, der den Heros HITLER feierte, wo sich ihm eine Gelegenheit dazu bot ... Es geht um jenen NANNEN, der die Form des Gesinnungsterrors zu einem journalistischen Mittel erhob, wenn es darum ging, ›Braune‹ anzuschwärzen, der aber selbst über und über mit brauner Farbe bekleckert ist.

Diese Feststellung ist zwar hart, aber sie entspricht durchaus dem rufmörderischen Verhalten NANNENS. Das Strafverfahren, das NANNEN wegen Beleidigung gegen den Schweizer Journalisten ins-zenierte, begründete er – es ist fast zum Lachen – mit der Behaup-tung, es sei *rechtswidrig und skandalös, ihn wegen jahrzehntelang zurückliegender Dinge zu beleidigen. Das Persönlichkeitsrecht hat Vorrang vor dem der freien Meinungsäußerung.*

Das Gericht sah das anders. Es wies die Klage zurück, zitierte den Stil, in dem NANNEN mit seinen Rufmord-Opfern umgeht, und er-klärte, daß er sich die gleiche Kritik an seiner Person gefallen lassen müsse, wie er sie gegenüber anderen anwende.

Auch nach NANNENS Ausscheiden, das er wieder mit einer riesigen Reklame-Show in Sachen Förderung der bildenden Kunst verbin-det, wobei er sich ähnlich wie unter HITLER der damaligen Nazi-Kunst heute der sowjetischen Kunst annimmt, haben seine jüngeren Nachfahren in der Redaktion seinen Stil, seine Gesinnung und seine Hetze fast übergangslos übernommen. Ich könnte zum Beispiel, wie der STERN das offenbar als publizistisch erträglich, menschen-würdig und demokratisch ansieht, STERN-Redakteure wie folgt cha-rakterisieren:

Auftragnehmer, Erfüllungsgehilfen, Büttel, Schreibtischtäter, die offenbar besinnungslos Befehle auszuführen haben, um »ihr publi-zistisches Handwerk« als Anpassung an niederträchtigsten Ge-schmack, an parteiliche Richtlinien durchzusetzen.

Diese Journalisten, »blaß, ledern und eitel, sind das vorläufige End-produkt krimineller politischer« Journalisten-»Kür. Wenn ihr Bil-dungsstand mit dem Vergleich der SCHILLERschen *Charakterfigur eines Wurm nicht überfordert wäre, könnte man sie als solche mehr-fach unvorbestrafte Männer bezeichnen, die keiner Macht je Oppo-sition geboten haben als der Grammatik, der Würde und der Scham. Ihr Schandwerk, das sie seit Jahrzehnten verüben dürfen, ist in der ZEIT erschütternd beschrieben worden. Ein letztes, nahezu verzwei-feltes Bekenntnis, die Indolenz und taube Penetranz« solcher jour-nalistischen Vorbilder »zu entlarven ... Es enthüllt die jämmerliche Kastrierung« eines Presseorgans »zu einem Kasernenhof provinziel-ler Verblödung, auf dem Gesittung, Anstand, Kreativität und jour-nalistische Leistung systematisch unterdrückt werden. Mit Rache ist zu rechnen.*

Was ich hier unter Anführungszeichen zitiert habe, sind wörtliche Beschimpfungen, die der einschlägig berüchtigte STERN-Redakteur DIETER GÜTT dem SÜDWESTFUNK-Intendanten WILLIBALD HILF im STERN vom 2. April 1987 an den Kopf wirft. Ob dies alles für ihn und seine Redaktionskollegen vom STERN nicht viel eher zutrifft?

Daß ein Presseorgan es wagt, unter Mißachtung jeder Menschen-würde den Intendanten einer Anstalt öffentlichen Rechts – im Ge-gensatz zu den STERN-Hetzern demokratisch gewählt – in dieser Art und Weise zu beschimpfen, nur weil WILLIBALD HILF als ver-antwortlicher Chef die ständigen Manipulationen und falschen Be-hauptungen der Fernseh-»Magazineure« ALT und MOSER als gro-ben Mißbrauch der Pressefreiheit nicht mehr dulden will, ist ein Zeichen moralischer Verkommenheit, die gerade im Fall DIETER GÜTT die Frage aufwirft, ob dieser hier nicht als Erziehungsprodukt seines Vaters in den Stil nazistischer Hetzorgane verfällt. Denn als DIETER GÜTT noch als Star-Redakteur in ähnlicher Hetzfunktion für das Fernsehen tätig war und einen verleumderischen Film gegen die Exil-Polen verbreitete, hat die polnische Auslandsorganisation in London eine Dokumentation angekündigt, die sich mit der Rolle von GÜTTS Vater als höchstem SS-Arzt und Verfasser zahlreicher rassistischer Hetzbücher im Dritten Reich und als Nazi-Prominen-ten im Reichsgau Wartheland befassen sollte sowie mit GÜTTS an-geblicher eigener HJ-Führer-Tätigkeit im besetzten Polen.

Als Geschenk für seine besondere Tüchtigkeit im Dienste des Rassismus Hitlers hatte Gütts Vater während des Krieges aus Staatsbesitz die 100 Hektar große Domäne Asseler Sand in der Gemeinde Assel erhalten. In wessen Eigentum hinsichtlich der Erben sich dieses Geschenk befindet, das nach dem Krieg von einem vertriebenen Ostpreußen als Treuhänder bewirtschaftet wurde, wissen wir nicht. Wir wissen nur, daß der heutige Gütt, wenn auch diesmal auf der linken Barrikade, mit der gleichen Schamlosigkeit die Würde anderer Menschen verletzt wie sein Vater.

Dieter Gütt ist übrigens schon einschlägig vorbestraft. Als Kommentator für den Westdeutschen Rundfunk hatte er unter grober Verletzung der Rechtsgrundsätze einer Anstalt des öffentlichen Rechts seinen journalistischen Kollegen Franz Tartarotti in der übelsten Weise beschimpft und verleumdet. Tartarotti sei ein *»verkrachter Journalist«* und für eine *»geradezu abenteuerlich verfälschende Berichterstattung berüchtigt«*. Grund für diese Pöbeleien war Tartarottis erfolgreicher Einsatz im Fall der Entführung der Kinder des Fernsehkollegen Dieter Kronzucker, was Gütt als *»Menschenhandel«* verunglimpfte. Die Antwort gab ihm das Kölner Amtsgericht: Wegen übler Nachrede und Verleumdung wurde Gütt zu 4000 DM Geldstrafe verurteilt.

In welchem Umfang und mit welcher geradezu fanatischen Konsequenz der Stern ein Millionen-Publikum Woche für Woche mit zynischer Selbstgerechtigkeit der systematischen Zerstörung aller gewachsenen, ja selbstverständlichen Wertvorstellungen aussetzt, kann ich nur in einigen Fällen schildern. Bei denen dies mit Methoden geschieht, die politisch Andersdenkende zu Untermenschen degradieren, in ihrer Menschenwürde verletzen und gegen unseren freiheitlichen Rechtsstaat aufhetzen – in der Medienlandschaft der Bundesrepublik Deutschland ist das fast einzigartig. Die moralischen und religiösen Grundsätze und Gefühle anständiger und gläubiger Menschen werden ständig verhöhnt.

Der Charakter des Stern, auch im Blick auf seine heutigen Macher, ist nur zu entschlüsseln, wenn man sich seinen Erfinder, Gründer und über Jahrzehnte hinweg tätigen Chefredakteur und Herausgeber Henri Nannen betrachtet. Er ist die Schlüsselfigur des verlogenen Anspruchs dieser Gazette, sich als Sittenrichter der Nation aufzuspielen, als Ankläger gegen andere Menschen aufzutreten, ein Anspruch, dem jede moralische Legitimation fehlt. Daß man – um

100

von NANNEN zu sprechen – mit Pharisäertum, mit Anpassung an den jeweiligen Zeitgeist, mit Verharmlosung, ja mit Lügen über die eigene Vergangenheit Ehren und Orden in jedem System einheimst, ist zwar nichts Neues in der Geschichte der Menschheit, die immer wieder auf Scharlatane hereinfiel. Aber NANNEN ist ein gewissermaßen historisch markantes Beispiel für die Folgen eines doppelzüngigen, selektiven und für eigene oder politische Zwecke betriebenen Mißbrauchs der sogenannten Vergangenheitsbewältigung, die bis heute zum Schaden der historischen Wahrheit und der deutschen Interessen betrieben wird.

Doch zu HENRI NANNEN, der in Sachen seiner eigenen Vergangenheitsbewältigung in wechselnder Form Legenden und Lügen verbreitet, die trotz Kenntnis der Wahrheit von der Kumpanei der Meinungsmacher, einschließlich des Fernsehens, skrupellos übernommen werden. Die eigentliche Schamlosigkeit NANNENS liegt aber weniger in dem Versuch, seine Schreibtisch-Täterschaft für die braunen Machthaber jahrzehntelang zu verschweigen oder zu verniedlichen, sondern darin, daß er – selbst bis zum Hals in der braunen Propaganda steckend – die Stirn hat, im STERN seit Jahrzehnten als Schnüffler, Rufmörder und Ankläger gegen jene aufzutreten, die sich nicht annähernd so skrupellos als Gefolgsleute HITLERS prostituiert haben. Dieses Wort ist durchaus berechtigt, da er ja heute ständig behauptet, aufgrund der Verfolgung wegen einer jüdischen Freundin und zum Schutz seines SPD-Vaters gegen seine Überzeugung und Gesinnung seine Jubelartikel für das Dritte Reich geschrieben zu haben – er dies also nicht wie unzählige junge Menschen damals aus Irrtum, aus fehlgeleitetem Idealismus oder falscher Überzeugung getan hat, sondern um im Geschäft als Journalist zu bleiben. Und dabei merken er und seine Kumpane, die ja ähnliche Alibi-Legenden über ihren einstigen Kotau vor HITLER verbreiten, gar nicht, daß sie sich damit selbst ein Zeugnis besonderer Charakterlosigkeit ausstellen.

Die in Variationen dargebotenen Legenden über seinen Widerstand gegen die Nazis, über seine Verfolgung, die ihn zwang, kurzfristig Kompromisse zu machen, kann man zum Beispiel im PLAYBOY vom April 1981 und wieder anders in der Zeitschrift PARDON Nr. 19/75 oder in der Zürcher WELTWOCHE vom 25. Februar 1975 nachlesen: Er sei mit einem jüdischen Mädchen befreundet gewesen. Sein sozialdemokratischer Vater habe seinen Posten verloren, die SA habe ihn, NANNEN, verprügelt. Zwar ist seine Freundin zur Zeit seiner Nazi-Artikel bereits nach Holland emigriert, und NANNEN ging von Emden nach München. Um wieder arbeiten zu können, habe er beim Verleger HUGO BRUCKMANN (NSDAP-Mitglied Nr. 91!) Verständnis für seine Lage gefunden. Der Kulturreferent von RUDOLF HESS habe ihn protegiert, und so habe er 1937 lediglich drei NS-Artikel für die Zeitschrift DIE KUNST IM DRITTEN REICH (erschienen im Zentralverlag der NSDAP) geschrieben.

Aber schon 1936 wurde der arme Verfolgte im Rundfunk Kommentator für die in Berlin stattfindende Olympiade, die größte Propaganda-Show HITLERS, die er mit besonders jubelnden Tönen besang. Und die Abwehr schwerer Verfolgungen sowie der Schutz des SPD-Vaters und der längst außer Sicht befindlichen jüdischen Freundin zwangen ihn wohl auch weiter, bis zum bitteren Ende für seinen verherrlichten Führer, für das Dritte Reich, leidenschaftlich, wenn auch nur als Schreibtischtäter, zu arbeiten.

Darüber schweigt sich NANNEN jedoch aus. Und wenn man ihn, den superdemokratischen Verfolger nichtlinker Kollegen, Politiker, Wirtschaftsführer, Professoren, Generäle, öffentlich auf seine Vergangenheit hinweist, rennt er sofort zu Gericht, allerdings meistens ohne Erfolg. Daß er dabei seine braune Propagandatätigkeit noch tiefer herabstuft als später, wie eben berichtet, beweist ein Prozeß aus dem Jahre 1964, dessen Ergebnis selbstverständlich von allen Medien unterschlagen wurde. In solchen Fällen funktioniert die Diktatur der Meinungsmacher perfekt. Gleiche oder ähnliche Gerichtsentscheidungen gegen konservative Publizisten oder Politiker werden dafür um so spektakulärer ausgeschlachtet oder sogar noch verfälscht, wie etwa im SPIEGEL oder in der SÜDDEUTSCHEN ZEITUNG, deren Fälschungen nur durch einstweilige Verfügungen der Gerichte entlarvt und verboten werden können. Was dann auch wiederum von den Medien unterschlagen wird, einschließlich der zur Objektivität verpflichteten großen Nachrichtenagenturen.

NANNEN, der Dauer-Denunziant beim STERN von 30 bis 40 Jahre zurückliegenden, zumeist harmlosen braunen Sünden anderer, verlangt aber über seine Vergangenheit totales Schweigen. Als ich zum Beispiel für mein Buch »Der deutsche Selbstmord« wissen wollte, warum er sich angesichts seiner eigenen braunen Vergangenheit heute als Pharisäer im Glashaus aufspiele, kam es zu einem Gespräch mit NANNEN zur Verwertung in jenem Buch. Was NANNEN dabei ausgesagt hatte, wollte er dann plötzlich als »urheberrechtlich geschützt« nicht mehr veröffentlicht sehen. Er verklagte mich und trug dem Gericht vor:

Der Hinweis auf einen einzigen NS-Artikel aus dem Jahre 1937, den er geschrieben habe, um der Verfolgung durch die Nazis zu entgehen, verletze sein Persönlichkeitsrecht und seine Privatsphäre. Der damals geschriebene Artikel, so NANNEN *weiter an das Gericht, interessiere 30 Jahre später niemanden mehr. Damals sei er ein unbekannter anonymer Anfänger gewesen, dessen erste Stilübungen für die Beurteilung seines heutigen Wirkens belanglos seien.*

Zu diesem Schriftsatz legte NANNEN dem Landgericht Hamburg eine eidesstattliche Erklärung vor, in der er ebenfalls behauptete, er habe »nur einmal mit den Wölfen geheult«. Was damit gemeint war, interpretierte er eindeutig, wie oben in seinem Schriftsatz an das Gericht. Es ging um seinen Jubelartikel auf HITLER zum »Tag der deutschen Kunst« in der vorgenannten Zeitschrift im Zentralverlag der NSDAP. Darin schrieb er:

Auch die andere Aufgabe Münchens: Hauptstadt der Bewegung zu sein, kennt diese Erscheinung. Wenn in den ersten grauen Regentagen des November der Zug der Lebenden und Toten zur Feldherrnhalle marschiert, dann kann München in eine namenlose Trauer versinken, die Straßen im stumpfen Rot der Novemberfahnen ziehen sich endlos, unter einem verhangenen Himmel, verschwimmen im Nebel, und selbst die Menschen gehen schweigsam und wie unter einer schweren Last. Bis dann am Abend des 9. November diese Trauer sich wandelt in den heroischen Ernst und in das sieghafte Pathos der Vereidigung der SS vor den Stufen der Feldherrnhalle, bis aus Opfer und Tod heißestes Kämpfen und Leben geboren wird. Dann stehen die ersten klaren Bauten des klassizistischen München wie eine rohe und feierliche Kulisse hinter der Front der schwarzen Soldaten, und die Ludwigstraße weitet sich im Schein der tausend Fackeln – aus dem Kreuzweg der Bewegung wird die Via triumphalis des neuen Reiches und der Tag des Opfers wird zum Tag der deutschen Auferstehung. So war auch das Gesicht des Tages der deutschen Kunst zuletzt nicht das Werk einer im übrigen beispiellosen Organisation, sondern ein Sichtbarwerden der inneren Berufung dieser Stadt. Wer zum Beispiel geglaubt hatte, daß die Jahrestagung der »Reichskammer der Bildenden Künste« eine ständische Angelegenheit der Kunst sein würde, den mußte der tatsächliche Verlauf dieser Veranstaltung überraschen – mehr noch das Bild, das sich draußen vor dem Kongreßbau des Deutschen Museums bot, als die Festsitzung selbst. Der Führer nahm seinen Weg über die Ludwigsbrücke. Ausgerichtet wie ein Mann standen die Formationen des Heeres, der Luftwaffe, der Marine, des Reichsarbeitsdienstes, der SS, der SA, des NSKK und der HJ. Mit leuchtenden Augen sahen die Männer auf ihren Führer, der ernst und gemessen die Front abschritt, und wie ein gewaltiger Jubel brandeten die Heilrufe der unzähligen Menschen hinter dem Wall der Kolonnen auf, mischten sich in die Klänge des Parademarsches und in das Knattern der Fahnen, die von allen Dächern und den unabsehbaren Reihen der Pylonen und Masten herunterwehten.

Das Landgericht Hamburg erließ aufgrund der schriftsätzlichen Behauptungen NANNENS und seiner eidesstattlichen Erklärung – ähnlich wie im Fall des BORMANN-Skandals mit den STUTTGARTER NACHRICHTEN, den ich bereits dokumentiert habe – ohne Verhandlung eine einstweilige Verfügung, die mir verbot, den Inhalt des Gesprächs mit NANNEN zu veröffentlichen. Aufgrund meines Widerspruchs hob das Landgericht die Verfügung auf.

NANNEN und der Verlag des STERN legten Berufung ein. Das rechtskräftige Urteil des OLG Hamburg wurde zu einer moralischen Hinrichtung NANNENS. Es wies die Kläger zur Gänze ab und legte ihnen alle Kosten auf. In seinem Urteil stellte das OLG nicht ohne Ironie fest:

Die Erörterung von Jahrzehnte zurückliegenden Presseartikeln oder anderen Veröffentlichungen wäre ebenso wie etwa das Hervorziehen einer längst vergessenen Jugendsünde zu beanstanden, wenn nur Neugierde, Sensations- oder Klatschsucht die Motive des Publizisten sind und der durch die Veröffentlichung Betroffene dazu keine Veranlassung gegeben hat. Der Antragsteller zu 2 (NANNEN) und seine Zeitung haben sich jedoch unstreitig wiederholt mit der nationalsozialistischen Vergangenheit anderer Personen beschäftigt und sie im einzelnen gewürdigt. Da frühere führende Nationalsozialisten vom Blickpunkt eines namhaften Teils der Öffentlichkeit heute für die Besetzung von Ämtern ungeeignet sind, gehört die Befassung

104

mit diesem Themenkreis zweifelsohne zu den Aufgaben der Presse. Die Öffentlichkeit ist jedoch in gleicher Weise an der Beantwortung der Frage ernstlich interessiert, wer sich für berechtigt hält, als Kritiker die politische Vergangenheit anderer zu beleuchten.

Auf Widersprüche zwischen dem früheren und heutigen Verhalten des Antragstellers zu 2 (NANNEN) hinzuweisen, ist nicht nur das Recht der von ihm angegriffenen Personen, sondern, da es sich um eine Frage von allgemeinem politischem Interesse handelt, auch das Recht der Presse und jeden Bürgers, der mit seiner Stellungnahme zu diesem Thema ernstlich zur öffentlichen Meinungsbildung beitragen will. Entgegen der Darstellung der Antragsteller hat es sich bei den Veröffentlichungen ganz offensichtlich nicht um Stilübungen eines Anfängers gehandelt. Das könnte vielleicht bejaht werden, wenn der Antragsteller wirklich nur eine einzige Kunstkritik geschrieben hätte, wie es die Antragsteller zunächst im ersten Rechtszug vorgetragen haben. Die Anzahl und der Inhalt der Veröffentlichungen sprechen aber entscheidend gegen die Darstellung der Antragsteller. Insbesondere der Artikel zur Eröffnung der Großen Kunstausstellung 1939 steht in keinem zeitlichen Zusammenhang zu den angeblichen Verfolgungsmaßnahmen aus dem Jahre 1934.

Im Ermittlungsverfahren der Hamburger Staatsanwaltschaft, das mit einer haarsträubenden Begründung eingestellt wurde, beteuerte NANNEN, er habe das mit dem »*einmal mit den Wölfen zu heulen*« ganz anders gemeint. Der Vorsitzende des OLG aber sagte in der Verhandlung mit sichtlicher Empörung, der Anwalt NANNENS habe die ursprünglich ergangene einstweilige Verfügung durch unwahre Behauptungen erschlichen, und die eidesstattlichen Erklärungen NANNENS seien offenbar ohne Wert, da sie mit den Tatsachen nicht übereinstimmten. Und der Vorsitzende wies ausdrücklich auf die zahlreichen Nazi-Artikel hin, die NANNEN geschrieben habe, und auf den Widerspruch dazu in seiner eidesstattlichen Erklärung und in den Schriftsätzen. Doch was kümmert die Staatsanwaltschaft in Hamburg bei der Untersuchung eines Verdachts auf Straftaten der SPIEGEL- und STERN-Prominenz die Feststellung eines OLG.

Dazu zitierte das OLG auf fünf engbeschriebenen Seiten Auszüge aus linientreuen Hymnen NANNENS auf HITLER und den Nationalsozialismus, einschließlich antisemitischer Äußerungen. Die jüdische Freundin hatte NANNEN inzwischen wohl vergessen. Es waren laut diesem Urteil bereits sechs Artikel zwischen 1937 und 1939, die Jubelkommentare im Rundfunk im Jahre 1936 gar nicht eingerechnet.

Aber auch diese Artikelzahlen waren nur die Eisbergspitze. Ich komme darauf zurück. Ich zitiere vorerst ohnedies nur in kleineren Auszügen, wie der STERN – Denunziant brauner Jugendsünden bei anderen – sich selbst geäußert hat und wie dies im Urteil des OLG München vom 22. Oktober 1964 zitiert ist. So das Gericht:

In der Juli-Ausgabe der gleichen Zeitschrift veröffentlichte der Antragsteller den Artikel »Über Lebenswert und Lebenswirkung der bildenden Kunst heute«, in dem er sich mit einem Erlaß des damaligen Reichsministers DR. GOEBBELS zur Kunstkritik auseinandersetzte. Unter der Überschrift »Wege zur Kunst« befaßte sich der Antragsteller mit Buchbesprechungen für DIE KUNST IM DRITTEN REICH. Auch in der Zeitschrift KUNST FÜR ALLE veröffentlichte der Antragsteller im Oktober 1937 einen Artikel über die Münchner Ausstellung 1937.

Im Jahre 1938 veröffentlichte der Antragsteller in der Zeitschrift DIE KUNST (Bruckmann Verlag München 39. Jahrgang) unter anderem folgendes:

»Zahlenmäßig wie qualitativ tritt weiterhin das Porträt hervor. Eine eigenartige Spannung entsteht durch die Hängung des Führerbildnisses von HEINRICH KNIRR und des Porträts Professor PAUL LUDWIG TROOST von PAUL ROLOFF. Der Schöpfer des Hauses und sein Bauherr blicken sich durch die geöffnete Ehrenhalle hindurch an; es ist wie die Symbolisierung der Kongenialität dieser beiden Männer. Politisch im Sinne einer Mahnung zum tätigen Dasein in unserer Zeit sehen uns die meisten Köpfe und Gestalten führender Männer aus Partei und Staat an. Die Art der Darstellung ist durchweg eindringlich und malerisch gepflegt (C. HOMMEL, München, Generalfeldmarschall von MACKENSEN und Reichsminister DR. SCHACHT, C. HORN, Bremen, Reichsminister HESS, FR. KIENMAYER, Leipzig, Generalfeldmarschall v. BLOMBERG« und andere). Der Führer selbst bezeichnete die Ausstellung als einen Anfang. Dieser Anfang ist notwendig und in keiner Weise entmutigend. Mögen sich die Künstler der großen Verantwortung bewußt sein, die unsere Zeit ihnen auferlegt, und das Wort des Führers beherzigen: »Wer von der Vorsehung ausersehen ist, die Seele eines Volkes der Mitwelt zu ent-

hüllen, sie in Tönen klingen oder in Steinen sprechen zu lassen, der leidet unter der Gewalt des allmächtigen ihn beherrschenden Zwanges – der wird seine Sprache reden, auch wenn die Mitwelt ihn nicht versteht oder verstehen will, wird lieber jede Not auf sich nehmen, als auch nur einmal dem Stern untreu zu werden, der ihn innerlich leitet.«

Auch 1939 ist der Antragsteller publizistisch hervorgetreten. In der Zeitschrift KUNST DEM VOLK (Verlag HEINRICH HOFFMANN, Wien, 10. Jahrgang – Folge 7, Juli 1939) schrieb er zur Eröffnung für die Große Deutsche Kunstausstellung 1939 unter anderem:

»Das ist auch der tiefere Grund, weshalb das 19. Jahrhundert, ein Zeitalter der Spezialisierung in Denken und Arbeit, zwar viele hervorragende Kunstwerke entstehen ließ, aber keine wahrhaft stilbildende Kraft hatte. Es fehlten ihm weder das Bedürfnis noch die Talente, was ihm fehlte, war der Glaube, die große verbindende Kraft, die Gemeinschaft im Denken und Tun. Und weil diese Kraft fehlte, weil schon das 19. Jahrhundert in seinen Bauten und Bildern Anleihen machen mußte bei allen möglichen Zeiten und Stilformen, deshalb konnte auch kein wirksamer Widerstand aufkommen, als Überfremdung und zersetzende Einflüsse bei uns einbrachen und das Gesicht unserer Kunst zur blöden Fratze verzerrten. Es ist das einmalige und in der gesamten Entwicklung der Kunst unseres Volkes leuchtend dastehende Verdienst unseres Führers, daß er erkannte, wie hier mit bloßen Säuberungsaktionen und mit der Förderung des Mäzens allein kein Wandel geschaffen werden konnte. Er wußte, und er hat es in vielen Reden immer wieder gesagt, daß Kunst und Volk, Kunst und Nation unauflöslich und unaufhebbar zusammengehören, und daß deshalb zuerst im Volke die Voraussetzungen geschaffen werden mußten, ohne die ein neuer Stil niemals entstanden wäre. Denn nicht die Künstler bringen den neuen Menschen hervor, sondern der neue deutsche Mensch schafft sich seine Künstler und in ihnen den Stil unserer Zeit. Die Erneuerung des deutschen Menschen aber ist das Werk des Führers, er hat ihm den neuen und doch ewig alten Glauben an sich selbst und an das Schicksal seines Volkes zurückgegeben, er allein hat sein Volk wieder zum Erleben und damit auch zur Darstellung seines eigenen Wesens geführt. Und wie der Führer aus unserer innersten Mitte gleichsam als Verdichtung unseres ganzen Volkes wunderhaft heraufgestiegen ist, so hat er

unser Volk wieder fest gegründet auf den unerschütterlichen Grund
der Herkunft des Blutes, aus dem letzten Endes auch die Kunst ihre
Nahrung empfängt.

Es ist kein Zufall, daß die Architektur als Führerin der Künste auf
diesem Wege voranging, aber es ist ein schönes Symbol für die innere
Zusammengehörigkeit der Künste, daß der erste Bau im neuen Rei-
che ein HAUS DER DEUTSCHEN KUNST war. Und es ist eine Verpflich-
tung für die Künstler zugleich, daß der Führer ihnen nicht nur den
Stoff einer neuen Zeit und eines neuen Volkes zur Gestaltung gab,
sondern daß er ihnen auch einen Wirkungsraum verschaffte in die-
sem Volk. Er übertrug den mitreißenden Schwung seiner großen
Liebe zur Kunst auf dieses Volk, so daß es heute in Deutschland
kaum einen Menschen gibt, der der Kunst gleichgültig und verständ-
nislos gegenüberstünde. Und da jede künstlerische Form ein Weg ist,
den der Künstler seinen Betrachter zu gehen zwingt, und da somit
die Kunst eines der wirksamsten Mittel der Menschenführung und
der Gemeinschaftsbildung bedeutet, tritt jede fruchtbare Wechsel-
wirkung zwischen Kunst und Leben ein, in der die Kunst aus der
Tiefe des Volkes erwächst, damit sich an ihr wiederum das Volk auf-
richte und stärke als an einem höheren Abbilde seiner selbst.

Als der Nationalsozialismus in Deutschland zur Macht gelangte, da
war die Vereinsamung der Kunst und ihre Entfremdung vom Leben
des Volkes auf dem Höhepunkt angelangt. Wäre dieser Zustand nur
eine Folge der jüdisch-bolschewistischen *Kunstzersetzung gewesen,*
so hätte er leicht geändert werden können, seine Ursachen lagen je-
doch viel tiefer ...

Unter den politischen Porträts ist jedoch an erster Stelle ein Bildnis
aufzuführen, das außerhalb dieses Raumes dem Eingangssaal des
Ostflügels seine besondere Weihe gibt. Es ist ein Führerbildnis von
FRITZ ERLER, das den Führer symbolhaft vor einem im Werden be-
griffenen Bauwerk zeigt, über dessen steinerner Größe im Hinter-
grund der Genius der Macht und der Stärke den Adler des Reiches
aufsteigen läßt ...

Soweit das Gericht zur Meinungsfreiheit für Kritiker an den Diktatoren des Meinungsmonopols. Daß NANNEN aber auch weiterhin
in besonders fanatischer Weise im Sinne der Nazis und vor allem für
den totalen Krieg eintrat, kam bei diesem Prozeß noch gar nicht zur
Sprache. Wenn NANNEN in seinem Jubelartikel auf die Führerbild-

nisse im HAUS DER KUNST davon spricht, man dürfe auch nicht »nur einmal dem STERN untreu werden«, der uns in HITLER voranleuchte, so scheint dieser Begriff des STERN für NANNEN schon immer eine magische Anziehungskraft ausgeübt zu haben. Im Krieg war der große Zampano der Redaktionsdiktatur nach 1945 in führender Position bei der Propagandakompanie »Südstern« in Italien, und nach 1945 wurde dann der STERN zum großen Geschäft seines Lebens.

Die Propagandakompanie »Südstern« unterstand der SS-Standarte KURT EGGERS und diente hauptsächlich der Flugblatt- und Lautsprecher-Propaganda gegen die inzwischen in Italien gelandeten Amerikaner. NANNENS dortige Tätigkeit war geprägt von seiner Beziehung zum Chef des Luftwaffenzuges »Südstern«, dem SS-Untersturmführer HANS WEIDEMANN. Er hatte – vorher war NANNEN als Kriegsberichter im Rußlandfeldzug eingesetzt – seinen Sitz in dem Schloß »Bevilacqua«.

Die Beziehung des SS-Führers WEIDEMANN zu NANNEN muß eng gewesen sein – oder sie brauchten gegenseitige Alibis für ihre Tätigkeit in Italien. Denn als NANNEN nach dem Krieg vom »Südstern« zum STERN umstieg, war WEIDEMANN wieder mit dabei. Den großen Nazi-Verfolger NANNEN störte es also nicht, einen Mann als seinen engsten Vertrauten in dem doch so superdemokratischen STERN zu beschäftigen, dessen braune Vergangenheit die fast aller seiner Verfolgungsopfer übertraf.

Vor dem Krieg war WEIDEMANN ein Spitzenfunktionär der NSDAP (Mitglied Nr. 97 362 seit 1926). Bereits 1932 wurde er stellvertretender Gauleiter im Gau Hessen, nach 1933 Referent im Propagandaministerium unter GOEBBELS, Reichsleiter der NSDAP und Vizepräsident der Reichsfilmkammer. Viel höher ging es kaum. Ausgerechnet ihm übertrug NANNEN die zu Reklamezwecken für den STERN äußerst wirksame Aktion »Jugend forscht«. Eine Forschungsaufgabe über die Vergangenheit WEIDEMANNS und NANNENS war damit allerdings nicht verbunden.

Der Schleier, den NANNEN über sein Tun in Rußland und Italien breitet, ist nur schwer zu lüften. Er war jedenfalls zusammen mit der SS, der unterstellt zu werden er heute als Folge seiner »Unbotmäßigkeit« zu erläutern versucht, dort ebenso linientreu wie vor dem Krieg. In einem seiner arroganten »Liebe-STERN-Leser«-Kommentare, in denen man NANNEN als politisches und moralisches

Chamäleon über Jahrzehnte hinweg geradezu beispielhaft beobachten kann, schrieb er einmal:

Es geht mir wie Ihnen, ich mag von den Verbrechen der Nazis nichts mehr hören. Dennoch bin ich dagegen, daß über die Vergangenheit einfach der Mantel des Vergessens gebreitet wird. Damit nicht unter dem Mantel ein Verwesungsgeruch hervordringt, der uns auf Jahre hinaus die Luft zum Atmen verpestet.

Er meinte nur nicht sich selbst damit.

Was hat NANNENS »Südstern« getan? Vor allem sollten Propagandaflugblätter den »Feind«, die Amerikaner, moralisch fertigmachen, zur Desertion zu überreden und ihren Kampfwillen schwächen. Dabei bediente man sich der gleichen Methoden, die dann, allerdings noch schamloser, der STERN gegenüber seinen Lesern und gegenüber unserem freiheitlichen Rechtsstaat praktizierte. Einmal waren es die bösen Kommunisten, die NANNEN »*mit der Peitsche*« bearbeiten wollte, dann wieder führende Persönlichkeiten der Unionsparteien und die »*kalten Krieger*«, die die plötzlich von ihm hofierten Kommunisten nicht als glaubwürdige Sicherheitspartner akzeptieren wollten. Wie in den Flugblättern des »Südstern« ging es dem STERN um die Zerstörung jeder Moral, um totale sexuelle Freiheit und Unterminierung unserer Demokratie, verbunden mit einem gigantischen Geschäft, das ihm seine Opfer finanzierten.

Besonders erbärmlich war die Verbreitung von Flugblättern im Postkartenformat, die in raffinierter Weise normale Bilder eines italienischen Soldaten mit einer Frau zeigten. Doch wenn man die Karten ins Licht hielt, war darunter ein nacktes Paar beim Beischlaf zu sehen. Offenbar hat der STERN dann die Tradition dieser Sexual-Polit-Pornographie übernommen. Doch nun wurde sie offen gezeigt.

Als weiteres Beispiel für die Verwandtschaft von »Südstern« und STERN gibt es zum Beispiel zwei Flugblätter, die damals in Farbe und Großauflagen zu den amerikanischen Soldaten hinübergeschossen oder über ihnen abgeworfen wurden. Der spätere STERN-Stil ist unverkennbar, wenn auch nicht ganz so schamlos und primitiv. Auf alle Fälle ist immer Sex und politische Gehirnwäsche im Spiel, so wie der STERN das heute betreibt. Der englische Text des einen Flugblattes mit der Überschrift »Diary of Death« (Tagebuch des Todes) heißt in deutscher Übersetzung:

Tagebuch des Todes.
Es gehörte einem Soldaten, dessen Regiment Teil der Alliierten in
Italien war.
Genau wie du.
In diesem Tagebuch schrieb er verschiedene Dinge auf, die für ihn
wichtig waren. Er schrieb auf, wann er das letzte Mal Wache hatte
und wann das letzte Paket mit Zigaretten ankam. Er machte eine
Eintragung über die Briefe, die er schrieb, und über die, die er von
seiner Mutter und seinem Vater und von seiner Allerliebsten Joyce
erhielt. – Denn, du siehst, diese Dinge bedeuteten ihm etwas.
Genau wie dir.
Dann, eines Tages, begab er sich auf seinen vorbestimmten Platz in
seinem Zug, und sie gingen in Aktion. – Kämpften in einem Krieg,
der von ein paar Juden und Geldraffern angezettelt wurde, die zu
dieser Zeit ein Luxusleben in friedlicher Umgebung, weit weg von
jeder Gefahr, führten.
Reingelegt von ihnen, marschierte er vorwärts.
Genau wie du.
Als er marschierte, war da ein plötzliches Schwirren, gefolgt von
einem ohrenbetäubenden Getöse, und ein Stück heißer, gezackter
Stahl schoß durch seinen Mantel, sein Tagebuch – und sein Herz!
Mit seinem Herzblut schrieb er seine letzten Zeilen, und gleichzeitig
wurden die zärtliche Liebe seiner Mutter und die Träume einer Ge-
liebten zerschmettert.
Und vergiß nicht, er war ein Soldat.
Genau wie du.
Im STERN von heute werden ähnliche Hetzparolen gegen demokra-
tische Politiker verbreitet. Besonders bezeichnend in diesem Flug-
blatt ist die antisemitische Propaganda. Außerdem pflegte
NANNEN, offenbar Arm in Arm mit seinem Kumpan WEIDEMANN,
gute Beziehungen zur faschistischen Prominenz. Vom kroatischen
Faschistenführer POGLAWNIK erhielt er einen Orden, mit dem faschistischen Staatssekretär MUSSOLINIS, Graf VANNI TEODORANI,
stand er offenbar auf vertrautem Fuß, und das riß – direkt oder über
SS-Führer WEIDEMANN – auch in NANNENS demokratischen Zeiten
nicht ab. Denn, wie der Pressedienst NPA am 28. August 1980 meldete, der Graf wies schon 1956 in einem Interview mit einem deutschen Journalisten »vielsagend lächelnd« darauf hin, daß Bevilacqua

an der Straße von Este und Legnano kaum 100 Kilometer von Gargnano am Gardasee entfernt war, »wo wir damals wohnten«.

1980 war der Graf prominenter Funktionär der italienischen Neo-Faschisten MSI und bekannte dem Journalisten, er kenne NANNEN aus der Zeit des »Südstern«, und NANNEN sei jetzt auch sein Kontaktmann in Deutschland. Ob das stimmt, kann wohl nur NANNEN aufklären. Oder spielte WEIDEMANN dabei eine Mittlerrolle? Über NANNENS von ihm behauptete widerspenstige Haltung im »Südstern« erklärte, ebenfalls nach NPA, Prof. HANS REIF, früher Unteroffizier in NANNENS Luftwaffenzug:

Wir waren WEIDEMANN ausgeliefert. Ein übler Kerl, Scharfmacher, sehr gefährlich. Er sagte: »Defätisten werden von uns persönlich erledigt!« NANNEN stellte sich gut mit WEIDEMANN.

Zu NANNENS Reinwaschungsversuchen in seinen wechselnden »Selbstbiographien«, das OKW (PR) habe seine Propagandatätigkeit als defätistisch beanstandet, und er sei deshalb durch das SS-Kommando überwacht worden, erklärte der Grafiker MICHAEL EBER, SS-Unterscharführer bei WEIDEMANN im »Südstern«:

Ich habe nie eine defätistische Äußerung von NANNEN gehört. Henri hat nichts als eine große Fresse. Wenn wir den Krieg gewonnen hätten, dann stünde er heute auch ganz groß da.

Nun, auch der verlorene Krieg änderte daran nichts. Was mag NANNEN den Engländern wohl erzählt haben, als sie trotz seiner braunen Vergangenheit ihm von 1946 bis 1947 zuerst die Herausgeberschaft und Chefredaktion der HANNOVERSCHEN NEUESTEN NACHRICHTEN, dann der ABENDPOST in Hannover und schließlich 1948 die Gründung und Chefredaktion des STERN anvertrauten? Wahrscheinlich waren es ähnliche, immer wieder wechselnde Legenden über seine Verfolgung, über die jüdische Freundin und nur einen einzigen NS-Artikel.

Inzwischen hat NANNEN sich übrigens nach dem verheerenden Urteil des Oberlandesgerichts in Hamburg, wo immer er den Mund aufmacht – im Fernsehen und in Interviews der Presse – auf drei NS-Artikel beschränkt, lügt also munter weiter, obwohl ihm schon die Hamburger Justiz, wie gesagt, allein zwischen 1936 und 1939 sechs solche NS-Artikel vorwarf. Es gibt natürlich viel mehr. Nachdem NANNEN 1939 Soldat geworden war, berichtete er – vor seiner Tätigkeit im »Südstern« – im VÖLKISCHEN BEOBACHTER, dem Zentra-

lorgan der NSDAP, vom 7. Juli 1941 als Kriegsberichter aus Rußland, in geradezu rassistischer Weise über die sowjetischen Untermenschen. Was für ein Alibi außerdem im Rahmen der jetzt erneut
aufgeflammten Diskussion darüber, ob HITLER nicht mit dem Einmarsch in die Sowjetunion einem Angriff STALINS zuvorgekommen
sei – NANNEN als »historischer Zeitzeuge«, wenn er damals schrieb:
*Als die Engländer, die bei Dünkirchen ans Meer getrieben wurden,
seinerzeit vom Londoner Bahnhof Charing Cross in den Krieg zogen, hatten sie an die Türen ihrer Eisenbahnwagen geschrieben ›At
Berlin‹. Bei den Franzosen und den größenwahnsinnigen Serben
war es nicht anders, und auch die Soldaten der glorreichen Arbeiter-
und Bauernarmee scheinen dem Schlachtruf ›Jeder einmal in Berlin‹
erlegen zu sein; denn gestern fanden wir auf dem Verschiebebahn-
hof in Minsk einen halb zerstörten Militärzug, dessen Verladeschild
unter Hammer und Sichel die Aufschrift trug ›Moskau – Berlin in
drei Tagen‹. Die Sowjetarmisten mögen diese Fahrt dank der metho-
dischen Verdammungstaktik ihrer politischen Kommissare für eine
billige Urlaubsreise gehalten haben. – Nun ist es ganz anders gekommen, und Zehntausende von ihnen haben einen unfreiwilligen
Zwischenaufenthalt in einem der vielen Gefangenenlager an der
Ostgrenze des Generalgouvernements nehmen müssen. Zerlumpt
und verdreckt. Die meisten ohne Mantel und ohne Schuhe. – So sind
sie hier eingerückt, und die deutsche Lagerleitung hat alle Hände zu
regen, um den immer neu hinzuströmenden Massen wenigstens eine
notdürftige Unterkunft zu schaffen. – Ab und zu taucht aus dem
bunten Völkergemisch von Mongolen, Kirgisen, Turkmenen, Samo-
jeden, Ukrainern ein Gesicht europäischer Prägung auf. Ein hell-
häutiger Bauer aus dem Kaukasus, in dessen Gesicht zwei klare was-
serblaue Augen stehen, erzählt uns von den Methoden der sowjetischen Kollektivwirtschaft und von seinen Erlebnissen in der Armee.*
NANNENS Gewährsmann schildert dann die katastrophale Mißwirt-
schaft in der Sowjetunion und kommt dann schließlich zu folgender
Feststellung:
*Über die Kriegsvorbereitungen der Sowjets an der deutschen Ost-
grenze befragt, erzählte er uns: ›Ich wurde, obwohl mein Jahrgang
noch nicht an der Reihe war, im März 1940 plötzlich ohne vorherige
Ankündigung zu einer Übung einberufen. Man verfrachtete uns in
die Gegend von Brest-Litowsk, und ich wurde mit mehreren ande-*

ren zur Festungsbesatzung kommandiert. Zweimal in der Woche wurden wir vom politischen Kommissar zu Belehrungen zusammengerufen. Die »Übung« schien gar kein Ende zu nehmen, man sagte uns zunächst, daß wir für die Dauer des Krieges die Grenzen der Sowjetunion schützen müßten. Im Januar 1941 war in einer solchen Belehrung zum ersten Mal von einem möglichen Krieg gegen Deutschland die Rede. Der Vertrag mit Deutschland, so sagte der Kommissar, sei nur ein vorläufiger Waffenstillstand zwischen Kommunismus und Faschismus, der Krieg gegen Deutschland müsse früher oder später kommen, um der weltrevolutionären Idee des Kommunismus den Weg nach Europa zu bahnen. Der Kampf selbst würde kaum große Schwierigkeiten machen, denn das vom Kriege gegen die Westmächte zermürbte Deutschland könnte von den gewaltigen Massen der Sowjetarmee in wenigen Tagen überrannt werden.‹ Die Illusion der Sowjetkommissare ist in den Morgenstunden des 22. Juni 1941 mit einem Schlag zerstört worden. Das deutsche Schwert hat mit seiner ganzen Schärfe zugeschlagen, und der Bestand der weltrevolutionären Idee des Kommunismus, die durch Deutschland eine Bresche nach Europa schlagen wollte, ist nur noch eine Frage kurzer Zeit.

Im STERN hatte es NANNEN dann wieder mit einem anderen Feindbild zu tun. *Wollt ihr den totalen Krieg?* überschrieb er einen seiner Hetzartikel an »Liebe-STERN-Leser« nach dem Muster des berüchtigten Appells seines Propaganda-Lehrmeisters GOEBBELS. Doch diesmal galt das nicht den einst von ihm verachteten Sowjetbürgern, sondern FRANZ JOSEF STRAUSS, dem er im Rahmen des damaligen Wahlkampfes unterstellte:

Und nach allem, was in der vergangenen Woche geschah, muß es nun wohl erlaubt sein, ihn ohne Umschweife einen Faschisten zu nennen, wenn man unter Faschisten Leute versteht, die den Kampf nicht mit Argumenten, sondern mit der brutalen Gewalt für sich entscheiden wollen.

Aber weil STRAUSS vor den Gefahren Moskaus und seiner militärischen Überlegenheit warnte, zweifelte NANNEN – inzwischen in seiner pro-kommunistischen Phase – daran, und er verkündete:

Wäre STRAUSS an der Macht gewesen und das Bündnis hätte funktioniert, dann hätte der Westen die Sowjetunion mit seinen stärkeren militärischen Mitteln kurzerhand aus Afghanistan hinausgeworfen.

Da in diesem Fall die Bundesrepublik zum Hauptkriegsschauplatz geworden wäre, könnte es uns ziemlich gleichgültig sein, wem am Ende der Sieg zugefallen wäre – wir hätten dieses Ende nicht mehr erlebt. Jedenfalls STRAUSS als Bundeskanzler, zum Kriege glaubhaft entschlossen und mit JIMMY CARTER intakt verbündet – das ist wahrhaftig eine Horrorvorstellung.

Und NANNEN schließt seine Infamie über STRAUSS:

Laßt ihn seinen totalen Krieg führen. Der Auftritt des JOSEPH GOEBBELS im Sportpalast folgte unmittelbar auf Stalingrad. Es spricht einiges dafür, daß Düsseldorf zum Stalingrad des FRANZ JOSEF STRAUSS geworden ist.

Verleumderischer ging es wohl nicht mehr. Dabei war NANNEN für den »totalen Krieg« des JOSEPH GOEBBELS ein besonderer Fachmann. Als dreieinhalb Monate nach dem Einmarsch HITLERS in die Sowjetunion die Offensive ins Stocken geriet, kündete HITLER am 3. Oktober 1941 auf einer Kundgebung im Sportpalast an, daß sich nunmehr das gewaltige Ereignis einer neu eingeleiteten Operation vollziehe.

Mit Datum vom 6. Oktober 1941 war auch der Kriegsberichter HENRI NANNEN wieder einer der ersten, die über die Verwirklichung der Pläne des »Führers« schrieben. Den Daheimgebliebenen erläuterte er das strategische Konzept:

Erster Tag der Offensive im Osten. Während der letzten beiden Wochen hatte die Vormarschbewegung hier vor einer natürlichen Verteidigungsstellung der Sowjets verhalten. Aber: Sie hatte verhalten, nicht weil die Stellung uneinnehmbar gewesen wäre, sondern um die Bildung eines Kessels an anderer Stelle zu ermöglichen ... diese in großen Räumen denkende strategische Überlegenheit ist die ordnende und führende Kraft im Kriegsgeschehen des Ostens. Das dramatische Moment seiner Bewährung aber ist der rasche Entschluß und das blitzschnelle Zupacken, und nun ist wieder ein solcher Moment des Zupackens gekommen.

Der damalige Unteroffizier HENRI NANNEN konnte daher beruhigt vom Beginn der Offensive schreiben:

Und jetzt bricht die ganze aufgestaute Kraft dieser geballten Energie los – mit einer Gewalt, daß den Bolschewisten da drüben hinter dem Fluß hören und sehen vergehen wird.

Vom »ersten Start unserer Stuka-Staffel« berichtet NANNEN:

Noch einmal und noch einmal stürzen wir, werfen Bomben und schießen, was aus den Rohren heraus will. Beim letzten Einsatz am Abend wird der Staffelkapitän zitiert: *Kinder, seid vorsichtig, werft nicht zu früh, denn wo ihr heute morgen geworfen habt, rollt jetzt schon der deutsche Nachschub.*

Einiges aus NANNENS wechselnder Legenden-Fabrikation, die ja auch die ständig wechselnden politischen Positionen des STERN charakterisiert, kann man nur noch mit Komik und satirisch bewältigen. Die Sprüche um Radio Eriwan bieten sich geradezu an ...

Frage an Radio Eriwan: Ist es richtig, was STERN-Chef HENRI NANNEN, am 20. April 1965 an die Hamburger Staatsanwaltschaft schrieb:

Bei einer Führung durch eine Münchner Ausstellung habe ich über Bilder gesprochen, die vor der Eröffnung auf Weisung des Gauleiters abgehängt worden waren, was sich zwei Gestapo-Leute notierten, die mich dann in meinem möblierten Zimmer in der Wohnung eines jüdischen Rechtsanwalts angetroffen hatten. Daher flüchtete ich am nächsten Tag nach Italien.

Im Prinzip: Ja. Aber es kann auch so sein, wie NANNEN am 9. April 1983 in einem Redaktionsgespräch, abgedruckt in der EMDER ZEITUNG, erklärt hat:

In München legte sich NANNEN dann mit einem Polizisten an, weil er mit dem Fahrrad über einen Bürgersteig gefahren war. Er sollte mit zur Wache, floh aber mit seinem Rad und wurde Minuten darauf wieder gefaßt. Die Folge: Anzeige wegen Widerstandes gegen die Staatsgewalt. Am nächsten Tag verließ er dann Deutschland und ging in die Schweiz.

Wer lügt, sollte zumindest ein gutes Gedächtnis haben ...

Oder weiter – Frage an Radio Eriwan: Ist es richtig, was NANNEN ebenfalls in seinem Schreiben an die Hamburger Staatsanwaltschaft feststellt, nachdem ihn die beiden Gestapo-Leute bedrohten:

Ich bin dann über die Schweiz nach Italien gegangen, wurde aber – weil ich mittellos war – am 2. Juni 1935 durch die italienischen Behörden ausgewiesen und an den Brenner transportiert.

Im Prinzip: Ja. Aber in der EMDER ZEITUNG vom 9. April 1983 hatte er in einem Gespräch erläutert, er sei nach seiner Flucht nach Florenz gegangen und habe dort im deutschen kulturhistorischen Seminar gearbeitet. Zu dieser Zeit habe Italien gerade mit dem Abessinien-Feldzug begonnen. Zusammen mit einem englischen Journalisten sei er – NANNEN – nach Neapel gereist und habe dort Fotos von dem Abschied der italienischen Soldaten gemacht. Eine dieser Aufnahmen sei veröffentlicht worden und habe seine Einreise in das afrikanische Djibouti verhindert. Die Italiener hätten den »unbequemen Journalisten« sofort wieder nach Europa zurückgeschickt und nach Österreich abgeschoben.

Doch wahr ist vielleicht auch, meint Radio Eriwan, daß NANNEN sich trotz seiner »Mittellosigkeit« und seines »Widerstandes gegen die Staatsgewalt« wegen des inzwischen gestohlenen Fahrrades eine Yacht gekauft und versucht hat, englische Kriegsschiffe zu versenken. Das ist zwar auch im Prinzip wahr, wenn auch viel später, und das hat er selbst bisher noch nicht behauptet. Aber eine Yacht kaufte er – als nicht mehr mittelloser STERN-Millionär.

Die Methoden NANNENS haben inzwischen auch auf die heutige Prominenz der STERN-Journalisten abgefärbt. Das aktuellste Beispiel:

Seit Jahren, vor allem im Zusammenhang mit dem NATO-Doppelbeschluß, seit RONALD REAGAN als Präsident in den USA amtiert, die Amerikaner für Patriotismus begeistert und auf rote Verbrecher-Regime (Grenada) oder auf Terroristen-Zentralen (Libyen) hart reagiert, betreibt der STERN die übelste Hetze gegen die USA und REAGAN. Er verleumdet, wie NANNEN dies mit STRAUSS tat, REAGAN als *Terroristen*. Doch plötzlich, seit einigen Wochen, ist das anders.

Seit am sowjetischen Himmel der Stern GORBATSCHOWS aufgegangen ist, kann die Gazette ganz ohne Tarnung die neue Moskauer Friedenspropaganda einschließlich ihrer meisterhaften Desinformationen im STERN ebenso bejubeln, wie man plötzlich REAGAN in den Himmel hebt. Jahrelang hat man HELMUT KOHL als treuen Vasallen REAGANS beschimpft. Doch jetzt, da er die Angebote GORBATSCHOWS für die Null-Lösung einfach und doppelt prüft, ohne dem Kreml gleich auf den Leim oder in eine mögliche Falle zu gehen, macht der STERN, wie so oft, eine totale Kehrtwendung. Plötzlich wird nun KOHL beschimpft, weil er aus deutscher und europäischer Sicht anders als REAGAN und seine Administration erst prüfen will, wie weit hier nicht gefährliche Pferdefüße im Spiel sind, die unsere Sicherheit und den bisher gewahrten Frieden gefährden können. Der STERN vertraut GORBATSCHOW plötzlich ebenso total wie NANNEN einst HITLER. Daß es sich um den Chef einer Gewaltdiktatur mit bis heute nicht aufgegebenen weltrevolutionären Zielen handelt, verdrängen die Schreiber des STERN. Jetzt verteufeln sie KOHL, weil er REAGAN nicht sofort gehorsam folgt und weil er nicht sofort alles tut, was GORBATSCHOW will – oder besser: redet.

Und so schreibt wiederum der Verharmloser der Moskauer Kommunisten, HEINER BREMER, mit der im STERN üblichen Gesinnungslosigkeit das Gegenteil:

Wenn die Christdemokraten zu dieser Einsicht nicht fähig sind, müssen wir unsere Hoffnungen auf einen Mann setzen, der die Sowjetunion noch vor kurzem als »Reich des Bösen« denunziert und jetzt als Friedensfürst in die Geschichte eingehen möchte – auf US-Präsident RONALD REAGAN. Er muß HELMUT KOHL so zur Ordnung rufen, wie es zu Beginn der allerersten Entspannungsversuche der junge KENNEDY mit dem halsstarrigen ADENAUER gemacht hat.

Für wie dumm halten diese Gesinnungsakrobaten des STERN eigentlich ihre Leser?

STERN-Spitzenstar HEINER BREMER ist auch sonst für Radio Eriwan interessant. Je nach Bedarf schreiben die politischen Abenteurer des STERN in ihrer ganzen verlogenen Unredlichkeit das genaue Gegenteil, wie das NANNEN seit Jahrzehnten nicht nur zur eigenen Reinwaschung, sondern auch im STERN praktiziert hat.

So HEINER BREMER im STERN-Leitartikel vom 12. März 1987 zum Thema »GORBATSCHOW beim Wort nehmen«:

Bliebe das konventionelle Übergewicht der Sowjets. Erste Vorgespräche über einen Abbau haben in Wien begonnen, aber der Weg zu einem Gleichgewicht ist noch weit. Doch die Chancen, auch auf diesem Feld zu akzeptablen Abkommen zu gelangen, stehen nicht schlecht. Schließlich muß Moskau für diese Hochrüstung einen hohen Preis zahlen – Summen, die für die dringend notwendige wirtschaftliche Erneuerung des Landes gebraucht werden. Warum sollen also die Sowjets nicht auch hier einlenken?

Und der gleiche BREMER, wiederum als Leitartikler, nur wenige Wochen später, am 29. April 1987, bei einer Attacke auf die »kalten Krieger«, die Angst vor der Abrüstung hätten:

Ebenso unbegründet ist die gebetsmühlenhaft wiederholte Furcht vor der konventionellen Überlegenheit des Warschauer Pakts. Ver-

zichtet man beim Kräftevergleich auf beliebte Taschenspielertricks, zum Beispiel darauf, selbst das sowjetische Kantinenpersonal zur kämpfenden Truppe zu zählen, dann steht Moskaus Überlegenheit nur noch auf NATO-Papieren. In Wirklichkeit wären für den von den West-Generälen ständig als Gefahr beschworenen sowjetischen Überraschungsangriff nur 33 Divisionen einsatzbereit, denen 24 kampfkräftige und stärker ausgerüstete NATO-Divisionen gegenüberstehen. So kann man nicht erfolgreich angreifen.

Noch drastischer betreibt der STERN das Moskauer Desinformationsgeschäft. In der gleichen Nummer wird uns gleich auf sechs Bildseiten dargelegt, wie dringend es notwendig ist, daß Bonn sich nicht querlegt, denn die Sicherheit der Bundesrepublik Deutschland und Europas interessiert den STERN nicht. Zwar bringt er sehr eindrucksvoll auf zwei Seiten das Bild sowjetischer Panzer bei einem Manöver des Warschauer Pakts in Polen mit der Schlagzeile: »Die Mär von der russischen Dampfwalze«, und dazu einen Text, der durchaus auch in der PRAWDA stehen könnte:

Um mindestens das Dreifache, so klagt die NATO, seien die konventionellen Kräfte des östlichen Bündnisses überlegen. Doch seriöse Untersuchungen stellten fest, daß beide Seiten etwa gleich stark und die Waffen des Westens moderner sind.

Diese seriösen Untersuchungen stammen wohl vom KGB.

Dazu nur ein paar Zahlen, die der STERN und HEINER BREMER natürlich kennen. Sie stammen – unbestritten – von amerikanischer und sowjetischer Seite, und sie betreffen das Kräfteverhältnis nur im konventionellen Bereich nach einer Mobilmachung:

	NATO	Ostblock
Gesamttruppenstärke	4,5 Mio.	6 Mio.
Divisionen	121	202
Kampfpanzer	24 250	49 000
Schwere Artillerie	18 350	41 000
Schützenpanzer	41 500	74 000
Abfangjäger	1170	3850
Bomber-Kampfflugzeuge	75	440

Der STERN desinformiert also vorsätzlich die Öffentlichkeit. Warum? Will er uns wehrlos machen? Die »friedliebende« Sowjetunion und die »kalten Krieger« bei uns – wie das Weltbild der STERN-Manipulatoren offenbar aussieht –, diese Vorstellung wird noch »glaubwürdiger«, wenn man andere Zahlen betrachtet.

Allein zwischen 1975 und 1985, während die SPD mit der Diktatur der Meinungsmacher gegen die Nachrüstung der NATO die Straße mobilisierte, also nicht etwa gegen die hemmungslose Aufrüstung der Sowjetunion, sondern gegen unsere Sicherheit und gegen die Verteidigungsbereitschaft der freien Welt – und dies trotz der Invasion und des Völkermordes in Afghanistan –, wurden die folgenden Waffensysteme neu in Dienst gestellt:

	USA	UdSSR
Interkontinentalraketen	700	3350
Mittelstreckenraketen	430	1000
Boden-Luft-Raketen f. Flugabwehr	1600	112 000
Lang- und Mittelstreckenbomber	2	345
Kampfflugzeuge	3500	7850
Hubschrauber	1500	5350
U-Boote	40	96
Panzer	7400	24 900

Was aber fordern STERN, SPD und »Grüne« wieder einmal? Beseitigung auch aller Atomraketen minderer Reichweite, die bisher die einzige Abschreckung in Europa gegen einen Angriff mit konventionellen Streitkräften und taktischen Atomwaffen waren. Wehrlos wie Afghanistan, das SPD, STERN und SPIEGEL bereits vergessen zu haben scheinen, wäre Deutschland dem Ansturm einer gewaltigen Übermacht an Panzern und anderen Angriffswaffen der Sowjetunion ausgeliefert.

Einst glaubten NANNEN und die freie Welt den Friedens-Schalmeien HITLERS. Die Folgen kennen wir. Man fragt sich unwillkürlich: Was will eigentlich der STERN? Vermutlich kann diese Frage niemand beantworten, weil er seine Parolen von Jahr zu Jahr ändert. Sei es aus totaler Gesinnungslosigkeit oder als skrupelloser Mitläufer eines vorgeblichen Zeitgeistes, sei es aus reiner Lust an Aggressivität und Zerstörungssucht. Vermutlich kann das nicht einmal ein Psychiater ergründen.

Doch noch einmal zurück zu HENRI NANNEN: Seine Leidenschaft, im Glanz großer Männer zu stehen, äußert sich auch in Wechselbädern. Hofberichte dieser Art sind im STERN Legion. Nach dem einstigen Jubel für seinen Führer ADOLF HITLER, der ihn wohl trotzdem nicht ernst genug nahm, waren zuerst der freie Westen und die später so bösen Vereinigten Staaten von Amerika seine Idole. Im STERN Nr. 30/67 konnte man lesen:

HENRI NANNEN: Wochenende bei den JOHNSONS – 8. Juli 1967. Bundeskanzler KIESINGER hat seinen Besuch in Washington absagen müssen, der Präsident ist auf seine Ranch in Texas geflogen. Er hat HENRI NANNEN eingeladen, ihn dort zu besuchen ...

Das Ergebnis, NANNEN:

Wir gehen einander entgegen, eine große sommersprossige Hand greift fest und herzlich zu. Was sagt man, wenn man dem mächtigsten Mann der westlichen Hemisphäre so plötzlich gegenübersteht? Daß wir froh sind über die Einladung und auch dankbar, Mr. President, weil wir nicht vergessen, daß Sie in einer der dunkelsten Stunden zu uns gekommen sind, damals, als in Berlin die Mauer gebaut wurde ... Ein Großbauer von Geblüt und ein Präsident, der sein Volk glücklich sehen möchte. Der unter dem Krieg in Vietnam leidet, wenngleich er keinen Weg weiß, ihn zu beenden. Ein Präsident auf der Höhe seiner Macht und – wie er zufrieden bemerkt – auf der Höhe seiner Popularität ... Als wir aussteigen, sagt THEO SOMMER: »Nun haben wir von Amerika gar nichts gesehen, bloß den Präsidenten.« Dann kommt es uns beiden wie aus einem Munde: »Aber dieser Mann ist Amerika.«

Da war man NANNEN im Osten böse. Die BERLINER ZEITUNG in Ost-Berlin beschimpfte ihn am 22. Juli 1967:

In Vietnam wütet die Furie des amerikanischen Krieges. JOHNSONS Krieges. Denn der Name des derzeitigen amerikanischen Präsidenten ist für alle, die das Grauen in Vietnam noch nicht völlig abgestumpft hat, zum Synonym für die schandhaften Verbrechen der Aggression geworden. Man wendet sich in der Welt ab von dem Mann, der all dies auf sein Gewissen nimmt. Da fiel dem Herausgeber der westdeutschen Illustrierten STERN, HENRI NANNEN, nichts Besseres ein, als diesem JOHNSON eine kosmetische Operation zu verpassen, ihm sein selbstzerstörtes Gesicht in kitschigen Farbtönen neu aufzubauen.

Der Kotau vor den »bösen Aggressoren«, die gegen die Invasion der

Kommunisten Nordvietnams dem verbündeten Südvietnam zu Hilfe kamen, wandelte sich im STERN, dem Zeitgeist und der weltweiten Medienhetze gegen die USA folgend, zu einer widerlichen Kampagne gegen den Vietnam-Einsatz der USA. NANNENS STERN wurde nun zum deutschen Zentralorgan der Diffamierung der Amerikaner und ihres Kampfes gegen die weltrevolutionäre Expansion der Moskauer Friedensengel in Südostasien. Das Ergebnis kennen wir. Eine Völkermord-Barbarei der kommunistischen Herrschaft in Vietnam und Kambodscha. Die Diktatur der Meinungsmacher hat das längst verdrängt und schweigt.

Solche Moskau-Hilfe des STERN mußte belohnt werden. Und so konnte NANNEN nach dem Jubel für HITLER und dem Händedruck bei JOHNSON nun auch zu BRESCHNEW kommen. Der erbärmliche Hofbericht darüber stand im STERN Nr. 21/73 und erinnert wirklich an die Jubelartikel für seinen einstigen Führer. Das großformatige Foto – NANNEN auf BRESCHNEWS Schreibtisch – war der Gipfel. Das gelang ihm nicht einmal bei HITLER. Nicht in der PRAWDA, sondern im STERN schrieb NANNEN:

Der 66jährige Kreml-Chef hat blaue Augen, ist immer elegant gekleidet und hat das unruhige Temperament eines Südländers ... In LEONID BRESCHNEWS Gesicht ist nichts von dem mürrischen, dem verschlossenen Ausdruck JOSEF STALINS. Die Sowjetunion ist offener geworden, zugänglicher – auch im Gesicht dieses Mannes, der als erster nach STALIN wieder die politische Macht ganz auf seine Person zu konzentrieren scheint. Auch dieses Gesicht ist offener, bewegter, der Mund kann verschmitzt lächeln und lauthals lachen – so lachte STALIN nie ... Lange, etwa drei Meter breite pastellgrün gestrichene hohe Flure. Die Fenster sind mit seidenen Wolkenstores verhängt, alles aufs sorgfältigste gepflegt, der Parkettboden weiß gescheuert, kostbare Läufer dämmen den Schritt. Nach zwei Biegungen – an jeder ein freundlich salutierender braunberockter Soldat ohne Waffen, dafür mit tellergroßer Mütze – betreten wir das Vorzimmer zur Sowjetmacht. An der Wand hängt das Bild WLADIMIR ILJITSCH LENINS, der uns fortan in jedem Zimmer wieder begegnet, mal mit Ballonmütze, mal ohne. Ein Kellner serviert Tee, Kaffee und Gebäck aus dem Bäckerei-Kombinat »Clara Zetkin« ...

Die Schnulzen-Romanschreiberin COURTHS-MAHLER müßte vor Neid erblassen.

Ein besonderes Kapitel zum Thema mißbrauchter Pressefreiheit ist die subversive Beziehung prominenter STERN-Redakteure zu den Geheimdiensten des Ostens. Die Skrupellosigkeit, mit der sich der STERN dieser trüben Fälscher- und Desinformationszentralen zu Verleumdungskampagnen gegen Persönlichkeiten der freien Welt und gegen die Opfer kommunistischer Diktaturen bedient, ist kaum noch zu überbieten. Dafür den Begriff »Pressefreiheit« zu verwenden, kann nur noch als pervers eingestuft werden. Auch über diese Seite des STERN – der ja auch glaubte, die gefälschten Tagebücher HITLERS kämen aus der »DDR«, was offenbar seine Kritikfähigkeit und Vorsicht minderte – könnten mehrere Bücher geschrieben werden. Ich muß mich auf die krassesten Fälle beschränken.

Wie eng die Beziehungen des STERN zum KGB sind, konnte kürzlich die Öffentlichkeit wieder einmal eindrucksvoll erleben. Ein Skandal, der eine skrupellose Geschäftemacherei entlarvt, die sogar dem STERN sonst so sehr verwandte Kumpane in den Medien (wie zum Beispiel die SÜDDEUTSCHE ZEITUNG) zu ironisch gefärbten Anklagen veranlaßt.

Unter dem Schutz des KGB, in dessen Gefängnissen und Lagern noch immer Hunderttausende unschuldiger Menschen einsitzen, welche die neue »Offenheit« GORBATSCHOWS genießen, ist der STERN in Moskau schon ebenso zu Hause wie in Hamburg.

Die Eltern von MATHIAS RUST, der mit seiner Cessna auf dem Roten Platz landete, ließen sich, wie es heißt, für 100.000 DM vom STERN für eine Exklusiv-Story einkaufen und machen so in trauriger Weise das Abenteuer ihres im KGB-Gefängnis einsitzenden Sohnes zum großen Geschäft ihres Lebens. Wie Hyänen fielen die STERN-Reporter über die Beteiligten her. Sogar anläßlich des Besuches der Eltern bei ihrem Sohn in Moskau zog der STERN eine Riesen-Show vor mehr als 100 Gästen ab: sowjetische Schriftsteller und Diplomaten, um die der in diesem Buch einige Seiten später entlarvte STERN-Lieferant VIKTOR LOUIS, KGB-Agent für Desinformation, herumwieselte, offenbar Organisator des neuen STERN-Coups. RUST wird nun als Vorreiter der GORBATSCHOW-Propaganda eingespannt und für die linke Friedensbewegung mißbraucht. Er sei deshalb nach Moskau geflogen, um GORBATSCHOW zu treffen, weil er dessen Friedenspolitik bewundere, wurde vom STERN auf dieser Show verkündet.

Der STERN und die westlichen Medien unterstützen so die schon von LENINS engem Mitarbeiter DIMITRIJ MANUILSKY prophezeite Strategie zur Beseitigung des Kapitalismus und zur Vollendung der Weltrevolution:

Der Krieg bis zum äußersten, der Kampf bis aufs Messer zwischen Kommunismus und Kapitalismus ist unvermeidlich. Gewiß, heute sind wir natürlich noch nicht stark genug, um anzugreifen. Um zu siegen, bedürfen wir eines Elements der Überraschung. Die Bourgeoisie muß eingeschläfert werden. Wir werden deshalb damit beginnen, die theatralischste Friedensbewegung in Szene zu setzen, die jemals existiert hat. Es wird erregende Vorschläge und außerordentliche Zugeständnisse geben. Die kapitalistischen Länder, einfältig und dekadent, wie sie sind, werden mit Vergnügen an ihrer eigenen Zerstörung mitarbeiten ... und sobald ihre Wachsamkeit nachläßt und sich ihr Schutzbild entblößt, werden wir sie mit geballter Faust zerschmettern.

Wie sich der STERN durch den KGB in Moskau exklusiv für seine RUST-Story betreuen ließ, offenbar als Dank für die jahrelange Unterstützung der KGB-Desinformationskampagnen, wurde in Moskau anschaulich demonstriert.

Zwar haben alle Presseorgane nach dem Grundgesetz das Recht auf eingehende und unbehinderte Information, aber was schert das den KGB und den STERN und auch das Auswärtige Amt, dessen Diplomaten offenbar die Weisung hatten, dem STERN ebenso exklusiv zu dienen. So fuhren die STERN-Reporter und die Vertreter der deutschen Botschaft gemeinsam mit den Eltern zum KGB-Gefängnis. Dort ist alles schon von KGB-Agenten abgesperrt. In gehörigem Abstand müssen Hunderte Journalisten und Fotografen hinter Gittern zusehen, wie allein der STERN Zugang zum KGB-Gefängnis erhält.

Mit Recht empört sich die WELT über diesen Skandal:

Die Vorgänge um den jugendlichen Abenteurer RUST werden immer bizarrer. Daß eine Illustrierte, die Auflagenverluste wegen gefälschter HITLER-Tagebücher auszugleichen hat, die Eltern kauft, ist trübe genug. Man versteht Eltern schwer, die sich in ein Geschäft einspannen lassen, während ihr Sohn in Gefahr schwebt – der Vorwurf des »Infantilismus«, der von sowjetischer Seite ins Gespräch gebracht wurde, ist alles andere als eine Kinderei für den, der den Um-

124

gang sowjetischer Irrenhäuser mit Mißliebigen kennt. Man erinnert sich mit Schaudern an eine komplizenhafte STERN-Reportage über den gefolterten General GRIGORENKO.

Obendrein bekommt die Affäre RUST eine neue Dimension, da die sowjetischen Behörden auch noch mit dem Bilderblatt kooperieren: Sein Auto erhält im Gefängnis Lefortowo Vortritt sogar vor dem Wagen der deutschen Botschaft, alle anderen Journalisten werden weggescheucht oder weggelockt. Die Eltern haben angeblich den STERN-Wagen bevorzugt – gewiß, dafür haben sie ihre STERN-Taler bekommen. Was das Sowjetregime sich von dem Blatt verspricht, mag sich jeder selbst denken.

Aber ein Skandal ist es, daß der Vertreter der Botschaft keine Auskunft gibt, nachdem er am Gespräch mit dem jugendlichen Häftling teilgenommen hat. Daß hier keine Haupt- und Staatsgeheimnisse besprochen werden, die zwar sowjetische KGB-Überwacher, nicht aber RUSTS Landsleute erfahren dürfen, ist wohl jedermann klar.

Es ist unmöglich, daß die deutsche Demokratie – anscheinend – aus Rücksicht auf die Geschäfte einer Illustrierten wichtige Auskünfte zurückhält und die Interessierten damit auf diese weder amtliche noch zuverlässige Quelle verweist. Das Auswärtige Amt ist aufgefordert, mit jedem Anschein eines Zusammenspiels Schluß zu machen und die Öffentlichkeit zu unterrichten.

Oder ist hier wieder einmal das Interesse von Außenminister GENSCHER an inniger Kooperation mit den Kommunisten größer als das liberale Selbstverständnis von Pressefreiheit für alle? GENSCHER, STERN und KGB Arm in Arm? In welchem Land leben wir eigentlich?

Daß sich ausgerechnet der SPIEGEL, weil ihm offenbar der Exklusiv-Einkauf für eine eigene RUST-Story entgangen ist, nicht nur in der üblichen Pose des Pharisäers über den STERN aufregt, gehört zu den schon oft erlebten Pseudo-Schlachten unter den Medien-Elefanten. Sein Soll an Niedertracht aber erfüllt der SPIEGEL auch in diesem Fall, indem er in kaum wiederzugebender Weise den Flieger RUST mit Schmutz bewirft, offenbar, weil er mit seinem Flug Moskau geschadet hat. Kaum noch zu glauben ist es allerdings, daß der STERN, nachdem er diesen neuen Skandal verursacht hat, wörtlich schreibt: *Während die Eltern von MATHIAS RUST in einem persönlichen Brief an GORBATSCHOW um die Freilassung ihres Sohnes bitten, treibt der Rummel um seinen Friedensflug seltsame Blüten.*

Selbstentlarvung oder Verlogenheit?

Wen der STERN bei seinen Rufmordkampagnen wirklich befragt, sind keineswegs seine Rufmord-Opfer, wie NANNEN immer wieder wahrheitswidrig behauptet, sondern meistens dubiose Zeugen und in vielen Fällen die Geheimdienste des Ostens. Der Staatssicherheitsdienst (»Stasi«) der »DDR« und die Agenten des KGB haben mit dem STERN ein hervorragendes Desinformationsorgan. Die Verbreitung von Fälschungen beschränkte sich ja keineswegs auf die Köpenickiade mit den Tagebüchern HITLERS, sondern gehört gewissermaßen zum Standard-Journalismus des STERN. Das Zusammenspiel mit ehemaliger Nazi-Prominenz (wie mit den angeblichen Beauftragten MARTIN BORMANNS, mit KLAUS BARBIE und vielen anderen) und zugleich mit kommunistischen Rufmord-Zentralen hat dem STERN seit Jahrzehnten das Material für seine dubiosen publizistischen Geschäfte verschafft. Einige Beispiele:

Als Nobelpreisträger ALEXANDER SOLSCHENIZYN noch unter schwerster Bedrohung in Rußland lebte, veröffentlichte der STERN übelste Beschimpfungen gegen ihn – angebliche Aussprüche einer entfernten Verwandten – und charakterisierte ihn als *»Flegel und Antisemiten«*. Dieses Pamphlet brachte der STERN-Reporter STEINER von einer UdSSR-Reise mit, bei der ihn – wie er im Zeugenstand erklärte – ein unbekannter Russe begleitete, den er *»zufällig«* in Moskau kennengelernt haben will und dessen Namen zu nennen er sich hartnäckig weigerte, als die fragwürdige Herkunft der mehr als dubiosen Story die Gerichte beschäftigte.

Als die Rebellen gegen das sowjetische Mord-System, ALEXANDER GINSBURG und JURIJ GALANSKOW, Herausgeber einer illegalen Literatur-Zeitschrift, verhaftet und in einem Lager ermordet wurden, brachte der STERN einen höhnischen Bericht über sie – nach Art einer Ganoven-Story. Die Herkunft dieser Hetze war eindeutig.

Als die STALIN-Tochter ALLILUJEWA in den Westen kam, erschien im STERN über ihre Memoiren ein Bericht, mit dem Moskau eine besondere Absicht verfolgte. Zur besseren Vermarktung und zur Verharmlosung des Massenmörders STALIN brachte der STERN das Ganze unter der Überschrift: »SWETLANA STALIN: Mein Vater war ein guter Mensch?« Die Absicht Moskaus, durch diese STERN-Story vorab den Verkauf und Erfolg der Memoiren, die weltweit gedruckt werden sollten, zu beeinträchtigen und diese ihrer Brisanz zu berauben, war eindeutig und wurde auch vom STERN anschließend weiter im Sinne Moskaus gespielt. Ganz offen bekannte NANNEN: *Die 307 engbeschriebenen Seiten wurden uns in Moskau zugespielt.* Wozu, das verschwieg er. Er wollte nur nicht durch den Abdruck der Memoiren »die Leser langweilen«, meinte er zu dem hinterhältigen Bericht. Was steckte dahinter?

Der berüchtigte Sowjet-Agent VIKTOR LOUIS, ständiger Kontaktmann des STERN, wird von JOHN BARRON in dessen Buch über den KGB wie folgt charakterisiert:

Der berühmteste KGB-Agent für Desinformation heißt VITALIJ JEWGENEWITSCH LUI, ein gerissener Nachrichtenverkäufer, der besser unter dem Namen VIKTOR LOUIS bekannt ist. Seine Artikel oder die der Abteilung für Desinformation, die unter seinem Namen verbreitet werden, sind in zahlreichen westlichen Zeitungen erschienen. Sein nachweislicher Job ist, Verwirrung zu stiften, Lügen auszustreuen, mit gefälschten oder gestohlenen Manuskripten hausieren zu gehen, die den Ruf oppositioneller sowjetischer Intellektueller wie SOLSCHENIZYN untergraben.

Unter diesem Aspekt erschien auch LOUIS beim STERN und brachte die Kopien der Memoiren der STALIN-Tochter samt zahlreichen Fotos aus der Privatsphäre STALINS und seiner Tochter mit. Inzwischen waren zwar die Vorabdruckrechte in aller Welt für viele Millionen verkauft. Doch die rechtswidrige Lieferung der wohl vom KGB beschlagnahmten Kopien der Memoiren, welche die STALIN-Tochter vermutlich bei Freunden in der Sowjetunion hinterlegt hatte, sollte das für Moskau peinliche Aufsehen und die weltweite Wirkung der Memoiren torpedieren. Das gelang zwar offenbar nicht ganz. Aber wenige Wochen später setzte der STERN seine Kampagne fort und verriet damit auch die Absicht seiner ersten Veröffentlichung. Über die inzwischen erschienene Buchausgabe schrieb der STERN, sie sei »so tot wie Abfall« und »die SWETLANA-Memoiren sind ein geschäftlicher Mißerfolg«.

Das untermauerte der STERN – wie in dem schon genannten Buch von WILFRIED AHRENS »Herrn NANNENS Gewerbe« ausführlich dokumentiert wird – auch noch durch eine Reihe von Lügen: Der STERN zitierte angebliche Äußerungen zahlreicher Buchhändler, was auch noch zu einem Prozeß des MOLDEN-Verlages, der die SWETLANA-Memoiren herausgebracht hatte, gegen den STERN führte. Durch eine einstweilige Verfügung stoppte MOLDEN das geschäftsschädigende Treiben des STERN. Das Blatt hatte zum Beispiel die Buchhandlung SCHROBSDORFF in Düsseldorf wörtlich zitiert:

Die Leute interessieren sich nicht für dieses Buch.

Der Inhaber dieser Buchhandlung, MEYER, erklärte dazu:

Weder ich noch ein leitender Angestellter wurden überhaupt vom STERN gefragt. Wir haben ca. 100 Exemplare verkauft.

Den Buchhändler PETER GERBER in Itzehoe zitierte der STERN:

Ich konnte nur sechs Stück verkaufen.

Dazu Buchhändler GERBER:

Das stimmt überhaupt nicht.«

Die Buchhandlung NIEDLICH in Stuttgart wurde zitiert:

Die Kunden finden das Buch stinklangweilig.

Dazu der Inhaber der Buchhandlung NIEDLICH:

Ich habe nicht mit dem STERN gesprochen, und das ist nicht meine Diktion.

Die Buchhandlung BLAZEK & BERGMANN in Frankfurt zitierte der STERN wie folgt:

Die größte Pleite des Jahrhunderts.

Dazu BERGMANN, Inhaber der Frankfurter Buchhandlung:

Weder er noch sein Prokurist seien gefragt worden, und er sei keineswegs mit dem Verkauf unzufrieden.

Dem »Prokuristen« des Hamburger »Grossisten« CHRISTIAN WEGNER unterstellte der STERN die Erklärung:

MOLDEN werde andere MOLDEN-Bücher für die unverkäuflichen SWETLANA-Bücher geben müssen, sonst nimmt kein Hund mehr einen Knochen von ihm.

Herr KUNZE, Teilhaber (nicht »Prokurist«) des Großhauses (nicht »Grossisten«) CHRISTIAN WEGNER, sagte, er habe zwar mit dem STERN gesprochen, doch den zitierten Ausspruch niemals gemacht.

Diese Art von Publizistik hält NANNEN offenbar für sauberen Journalismus.

Der KGB-Agent LOUIS lieferte 1970 wiederum Manuskripte aus Moskau – die von einem amerikanischen Blatt erworbenen CHRUSCHTSCHOW-Memoiren. In einer Art Selbstentlarvung schrieb der STERN, als er diesen Desinformationsexport aus der Sowjetunion seinen Lesern vorstellte:

Der Staatssicherheitsdienst – KGB – schmuggelte selbst Manuskripte ins Ausland, entweder um einen Autor in der Sowjetunion anklagereif zu schießen oder um einen im Ausland zu kompromittieren. Ein Beispiel dafür ist der SWETLANA-Fall. Als die STALIN-Tochter nach ihrer Flucht die Veröffentlichung ihrer Memoiren ausgerechnet zum 50. Jahrestag der Oktober-Revolution ankündigte, lancierte der Geheimdienst kurzentschlossen eine Kopie des Manuskripts in den Westen, um der Autorin ›die Schau zu stehlen‹ und Luft aus der Sensation zu lassen.

Man sieht, der STERN betreibt also nach diesem Selbstbekenntnis die Geschäfte des KGB in voller Kenntnis der damit verbundenen Absicht. Es sei denn, er habe bereits sein Treiben drei Jahre vorher vergessen. Im übrigen nicht der einzige Fall von redaktionellem Gedächtnisschwund. Ich komme darauf zurück.

Noch schamloser besorgte der STERN die Geschäfte Moskaus, als er in der Nummer vom 31. Oktober 1973 eine Story unter der Überschrift »Patient oder Gefangener« über den einstigen General der Roten Armee, PJOTR GRIGORINKO, veröffentlichte, den Führer der russischen Bürgerrechtsbewegung, der zu dieser Zeit bereits fünf Jahre als politischer Gefangener in psychiatrischen Anstalten saß und für dessen Freilassung eine weltweite Bewegung in Gang kam. In seinem Buch »Erinnerungen« schildert GRIGORINKO, nachdem er endlich im Westen in Freiheit lebte, wie dieser Hetzartikel des STERN unter Aufsicht des KGB zustande kam. Die Sowjets hatten eine gefälschte Krankengeschichte fabriziert, die den angesehenen General und Wissenschaftler als geistesgestört hinstellen sollte. GRIGORINKO dazu:

Auch einem Reporter des STERN gab man diese Krankengeschichte zu lesen nebst Fotos von mir, die der Illustrierten zur Veröffentlichung freigegeben wurden. Sie referierte sie im Detail, und die sowjetische Menschenrechtsbewegung konnte sie aufgrund der Materialien meiner Frau sofort widerlegen.

Das Fazit zog der STERN mit der Veröffentlichung wörtlicher Auszüge aus dieser besonders frechen Fälschung so:

Ausgeprägte paranoide Züge und cerebrale Sklerose ... Beim Generalstaatsanwalt der UdSSR protestierten prominente Persönlichkei-

ten gegen die Einweisung GRIGORINKOS in die Heilanstalt, aber wissen sie, ob GRIGORINKO gesund oder krank ist? Es ist verwunderlich, wenn Psychiater dieses Landes sein Verhalten krankhaft deuten.

Kann man eigentlich noch infamer Verleumdungskampagnen Moskaus spielen? Dazu NANNENS entlarvendes Selbstbekenntnis:

Der Berliner Psychologe, Professor OTTO HASELOFF, der sich über den STERN einen Wälzer von 995 Seiten abgequält hat, meint denn auch, diese Redaktion steht den westlichen Demokratien offenbar kritischer gegenüber als den Staaten der sozialistischen Prägung. Recht hat er.

Nun, der STERN stand kommunistischen Gewaltdiktaturen angesichts der Entspannungseuphorie der sozialliberalen Koalition nicht nur nicht kritisch gegenüber, sondern er besorgte immer wieder deren Desinformations- und Verleumdungsgeschäfte. Ein klassischer Fall dafür war das Treiben des STERN in Sachen Chile. 200 Millionen Dollar steckte Moskau in die weltweite Hetz-Kampagne gegen Chile nach dem Sturz des Linksextremisten ALLENDE – der STERN half dabei mit, sicherlich kostenlos.

Als FRANZ JOSEF STRAUSS zur 150-Jahr-Feier der deutschen Einwanderung in Chile nach Santiago flog und dabei auch Präsident PINOCHET traf, tobte der STERN in Kumpanei mit fast allen Medien über die Ungeheuerlichkeit, daß er durch seine Begegnung den Diktator aufwerte. Reisen darf man nur zu kommunistischen und schwarzafrikanischen Diktatoren, wie NANNEN. Diese Art von doppelter Moral gehört zu den geheiligten Prinzipien unserer Medien-Diktatur. PINOCHET hatte immerhin im Auftrag der überwältigenden Mehrheit des Parlaments, wie es der chilenischen Armee in der Verfassung vorgeschrieben ist, das verfassungswidrige Treiben ALLENDES beendet, der mit 10 000 eingeschleusten Kubanern für Mitte September 1973 eine Revolution vorbereitet hatte, die nach den vorgefundenen Plänen Tausende Offiziere und die gesamte Führungsschicht Chiles ausrotten sollte. Als das Militär dies verhinderte, beging ALLENDE Selbstmord mit der ihm von FIDEL CASTRO verehrten Maschinenpistole. Dies wurde bei der Obduktion einwandfrei festgestellt und auch vom damaligen Sicherheitsbeamten ALLENDES bestätigt.

Sogar die Witwe ALLENDES, die später als »Märtyrerin« durch die westliche Welt reiste und sich ihre Auftritte in harten Dollars bezahlen ließ, hat den Selbstmord ausdrücklich bestätigt. Sie hatte im übrigen den sexuellen Wüstling ALLENDE schon Jahre zuvor verlassen, und als sie nach dem Sturz ALLENDES in Mexiko eintraf, erklärte sie den wartenden Journalisten, ihr Mann habe einwandfrei Selbstmord begangen. Wenige Wochen später wurde sie von den Kommunisten umgedreht und beteuerte nun, ihr Mann sei ermordet worden. Erst vor wenigen Wochen, als der STERN über eine Nichte ALLENDES schrieb, die inzwischen ihre Geschäfte mit Romanen macht, belog der STERN wieder mit der Behauptung über den »ermordeten« ALLENDE die Öffentlichkeit. Die gleiche Lüge verbreitet auch grundsätzlich inzwischen die gesamte Diktatur der Meinungsmacher, und sogar WILLY BRANDT schließt sich dieser Legende an.

Über die Glaubwürdigkeit des STERN gibt es gerade in Sachen Chile bezeichnende Beispiele. Mit Schaum vor dem Mund verkündete er, als Opfer des »Putsches« gegen ALLENDE seien im September 1973 rund 2000 Leichen im durch Santiago fließenden Rio Maipo geschwommen. Jeder in Chile und jeder Besucher weiß, daß der Maipo im September überhaupt kein Wasser führt oder höchstens ein wenige Zentimeter tiefes Rinnsal ist, weil die Schneeschmelze in den Anden noch nicht begonnen hat. In Chile ist bekanntlich Winter, wenn bei uns Sommer ist. Diese freche Lüge des STERN wurde dann von den anderen Meinungsmachern weltweit übernommen.

Und was der STERN von der Pressefreiheit seiner Korrespondenten hält, wenn deren Berichte nicht die gewünschten Legenden enthalten, beweist folgende Geschichte:

Beim Chef der deutschen Lufthansa in Santiago verkehrte längere Zeit der STERN-Korrespondent HERRO BUSS. Als er eines Tages wieder im Lufthansa-Büro erschien, wies ihn die Sekretärin hinaus. Auf die Frage nach dem Grund der Abweisung wies man auf einen Chile-Bericht im STERN aus seiner Feder hin, der von Verleumdungen nur so strotzte. BUSS holte darauf das Original-Manuskript, wie er es dem STERN geschickt hatte. Sein Bericht war von der Redaktion ins Negative verändert worden. Pressefreiheit à la NANNEN & Co.

Ganz gleich, ob Chile, Südafrika, Namibia, Nicaragua: Der STERN ist immer auf seiten der Kommunisten und deren Handlanger sowie deren Terroristen in aller Welt, die er uns als »Freiheitskämpfer« verkauft.

Völlig skrupellos aber benützt er die östlichen Geheimdienste zur Diffamierung prominenter Bürger des eigenen Landes, die seinem Linksdrall nicht passen. Am schlimmsten trieb er es bei seiner Hetz-Kampagne gegen Bundespräsident HEINRICH LÜBKE, wie so oft Arm in Arm mit den Herostraten vom SPIEGEL. Mit vermutlich gefälschten Dokumenten des »DDR«-Staatssicherheitsdienstes verleumdete er LÜBKE als »KZ-Bauer« und forderte seinen Rücktritt. In ähnlicher Weise verbreitete er im Rahmen der vom Osten gesteuerten Verleumdungskampagne gegen den Vertriebenenminister THEODOR OBERLÄNDER die Lügen der Kommunisten.

Zu welcher doppelten Moral der STERN fähig ist, bewies auch wieder die unverfrorene und verleumderische Kolumne des schon einschlägig bekannten HEINER BREMER im STERN vom 29. Juli 1987 unter dem Titel: *Klammheimliche Sympathie mit Diktaturen?* Diese Unverschämtheit gegenüber Bundesminister ZIMMERMANN und FRANZ JOSEF STRAUSS, die sich in der grotesken Auseinandersetzung um den Import von 14 radikal-kommunistischen Terroristen die Frage stellten, ob man nicht in jedem Einzelfall entscheiden müsse, ob man Gewalttätern und Mördern Asyl in der Bundesrepublik gewähren müsse, wozu übrigens nach Beschluß des gesamten Bundeskabinetts kein Handlungsbedarf bestand, weil keiner der 14 bisher rechtskräftig verurteilt wurde, erlaubt sich BREMER mit der für die Männer des 20. Juli beleidigenden Unterstellung, es handele sich wie bei diesen Männern und ihrem Attentat auf HITLER um die gleichen Widerstandskämpfer wie die Terroristen in Chile, die ja kein demokratisches System, sondern eine Diktatur nach dem Muster Kubas anstreben. Mit dem Begriff der Folter, die auch durch NORBERT BLÜMS Chile-Reise im Gegensatz zu den Feststellungen der deutschen Botschaft in Chile keineswegs erwiesen ist, da BLÜM sich lediglich auf die höchst fragwürdigen Behauptungen der Angehörigen der Terroristen stützte, betreibt BREMER einen besonderen semantischen Betrug, indem er STRAUSS und ZIMMERMANN unterstellt, sie wären Sympathisanten dieser Methoden. In der gleichen Nummer mit dieser frechen Beschimpfung, nur neun Seiten weiter, bringt der STERN ein großes Interview mit dem iranischen Außenminister ALI AKBAR VELAYATI und dazu einen großen Artikel über den Golf-Krieg und den Iran, in dem mit keinem Wort die ungeheuren Verbrechen und Folterungen des KHOMEINI-Regimes auch nur erwähnt werden, wo man allein in den letzten Jahren mehr als 70 000 Menschen, die sich dem Regime widersetzten, hingerichtet hat. Von einer Rettungsaktion des Herrn GENSCHER, der den iranischen Außenminister mit allen Ehren in Bonn empfing, ist mir nichts bekannt. Im Gegenteil: Der STERN macht, wie mit anderen Potentaten von Gewaltregimen, daraus eine Verniedlichungs-Show für den verehrten KHOMEINI. Das sieht so aus:

STERN: *Exzellenz, wie geht es Revolutionsführer KHOMEINI?*

VELAYATI: *Gut, sehr gut!*

STERN: *Wie hält der Ayatollah sich fit?*

VELAYATI: *Er arbeitet viel, er geht viel spazieren.*

STERN: *Wo denn?*

VELAYATI: *In seinem Garten bei seinem Haus in Teheran. Täglich unternimmt er lange Spaziergänge ...*

STERN: *Wie lange läuft er?*

VELAYATI: *Jeden Tag mehrere Kilometer. Das ist auch der Grund, warum es ihm gesundheitlich besser geht als vielen anderen, zum Beispiel viel besser als mir.*

STERN: *Nimmt er noch direkt Einfluß auf die Politik?*

VELAYATI: *Ja, selbstverständlich!*

STERN: *Wie oft sehen Sie KHOMEINI, beraten Sie sich mit ihm?*

VELAYATI: *Das hängt von seiner und von meiner Arbeit ab, wieviel er zu tun hat. Aber mindestens alle 14 Tage bin ich bei ihm.*

STERN: *Wann haben Sie ihn zuletzt gesehen?*

VELAYATI: *Ein paar Tage vor meiner Abreise nach Bonn.*

Diese devote Anbiederung an die Massenmörder im Iran erweckt, um mit BREMERS Chile-Artikel zu sprechen, »den Vorwurf der klammheimlichen Sympathie für ein faschistisches Mord-Regime«. Über Jahre hinweg bedienten sich die STERN-Reporter THOMAS WALDE, GERHARD HEIDEMANN und andere in subversiver Weise der Agenten des »Stasi«. Jeden Normalbürger hätte solches Treiben wegen des Verdachts nachrichtendienstlicher Beziehungen vor Gericht gebracht. Die STERN-Kumpane des »Stasi« besorgten sich jedoch ein seltsames Alibi. Ihre ständigen Geheimtreffs mit kommunistischen Agenten in Ost-Berlin und der »DDR« sprachen sie mit einem Beamten des Hamburger Verfassungsschutzes ab, der sie gewissermaßen betreute, allerdings ohne seine Vorgesetzten oder gar den Bundesverfassungsschutz zu informieren. Ob er dies aus Angebersucht, aus James-Bond-Gesinnung oder als linker Kumpan der STERN-Redakteure tat, war nicht festzustellen. Jedenfalls mußte er aus dem Amt ausscheiden, als die »Betreuung« dieser subversiven Nachrichtenbeziehungen der STERN-Redakteure durch Recherchen von Bundesnachrichtendienst und Generalbundesanwalt bekannt wurde. Die Berichte dieser Behörden sprechen Bände über das Treiben des STERN.

Sogar der berüchtigte »Stasi«-Chef MARKUS WOLF ließ dem STERN sein Lob dafür übermitteln, daß die Gazette die verleumderischen Behauptungen der als »DDR«-Spionin entlarvten und in die »DDR« geflüchteten Sekretärin des CDU-Bundestagsabgeordneten DR. WERNER MARX in einem Interview mit der Agentin verbreitet hatte. Als in Bayern der SPD-Landtagsabgeordnete CRAMER sich in Skandinavien in ähnlicher Weise wie die STERN-Redakteure mit prominenten »DDR«-Agenten traf, wurde er zu einer mehrjährigen Gefängnisstrafe verurteilt, worauf die Medien und die SPD ein wahres Jammergeheul über dieses »schreckliche« Urteil anstimmten. Das ist nicht erstaunlich, wenn man einen weiteren STERN-Skandal kennt, der jetzt bereits im zehnten Jahr die Gerichte beschäftigt:

Der STERN bekam über zwei bisher nicht namentlich festgestellte SPD-Bundestagsabgeordnete den Hinweis, er möge eine Einreisegenehmigung in die »DDR« beantragen, um beim Staatssicherheitsdienst vorzusprechen. Man hätte dort Material über den Chefredakteur der QUICK, HEINZ VON NOUHUYS, der als »Doppelagent« für die »DDR« und den Bundesnachrichtendienst tätig sei. Als dem STERN trotzdem Einreise und Einladung verweigert wurden, meldete sich ein dritter SPD-Bundestagsabgeordneter, der dem STERN mitteilte, man solle es nochmals versuchen. Die erste Zurückweisung sei wohl eine Panne oder ein Irrtum gewesen. Und tatsächlich klappte es nun, und die STERN-Redakteure, die offenbar aufgrund besonders guter »Beziehungen« von drei SPD-Bundestagsabgeordneten zum »Stasi«, der Agentenzentrale der »DDR«, reisen durften, erhielten dort Berge – allerdings nur »Fotokopien« – von sogenannten Dokumenten, die den »Beweis« für die Rolle des Doppelagenten NOUHUYS liefern sollten. Zwar leitete der Generalbundesanwalt gegen die drei unbekannten SPD-Bundestagsabgeordneten ein

Ermittlungsverfahren wegen des Verdachts des Landesverrats und der subversiven Beziehungen zu ausländischen Nachrichtendiensten ein, aber da sich der STERN unter dem berüchtigten Motto des Informantenschutzes weigerte, ihre Namen preiszugeben, blieben die Ermittlungen ohne Erfolg. Immerhin scheint mir hier ein Akt der Selbstreinigung innerhalb der SPD dringend geboten.

Der Hintergrund der ganzen Geschichte war eindeutig. Das böse STERN-Konkurrenzblatt QUICK, das allerdings nicht die Karte Moskaus, sondern der freien Welt spielt, hatte die fragwürdigen Moskau-Papiere EGON BAHRS, im Zusammenhang mit der neuen Ostpolitik von BRANDT und SCHEEL, veröffentlicht und damit die Leichtfertigkeit aufgedeckt, mit der die SPD im Zusammenspiel mit Moskau und den tschechischen und italienischen Kommunisten deutsche Interessen preisgab. Teils aus Konkurrenzgründen, teils aus Wut über die Störung der Beziehungen der SPD-Regierung zu Moskau schlug NANNENS STERN nun zu. In einem geradezu kriminellen Zusammenspiel mit der damaligen Bundesregierung, dem Kanzleramt und dem von ihm damals gesteuerten BND begann der Rachefeldzug gegen den QUICK-Chefredakteur NOUHUYS. Ohne Skrupel wurde dieser aufgrund der offensichtlich gefälschten Fotokopien des »Stasi« als »Doppelagent« verleumdet, der sowohl für den BND wie für den »Stasi« gegen die Zahlung gewaltiger Geldsummen gearbeitet habe. Die, wie gesagt, kriminellen Einzelheiten dieser Kumpanei zwischen Regierung und STERN enthüllte der Prozeß, den der BAUER-Verlag der QUICK gegen die Hamburger Rufmord-Gazette führte.

In diesem Spionage-Thriller des STERN spielten die Bundesregierung und vor allem die SPD-Genossen HORST GRABERT, Chef des Kanzleramtes, und dessen Parteifreund DIETER BLÖTZ, Vizepräsident des Bundesnachrichtendienstes, eine maßgebende Rolle. Sie übernahmen »Prüfungs«- und Handlangerdienste für die Verleumdungskampagne des STERN in einem Umfang, der auch als grober Mißbrauch von Steuergeldern bezeichnet werden kann. Die zur Veröffentlichung bestimmten Artikel des STERN wurden sowohl von GRABERT wie auch von BLÖTZ und seinem Ministerialrat HEINRICH RIECK – mittels Flügen von München nach Hamburg und Bonn – eingehend geprüft und zur »Veröffentlichung freigegeben«, so als sei der STERN eine Art von Regierungsorgan.

Der in der letzten Instanz immer noch nicht entschiedene Prozeß erwies sich schon bisher als eine Entlarvung der STERN-Methoden, die mit anständigem Journalismus kaum noch etwas zu tun haben. Allein die Aussagen der Beamten des Bundesnachrichtendienstes und des Vertreters des Generalbundesanwalts ergaben, daß NOUHUYS niemals als Agent für den BND tätig war, und die kläglichen Versuche des STERN, die Fälschungen des östlichen Geheimdienstes als echt zu verkaufen, erwiesen sich als ähnlicher Skandal, wie der um die Hetzkampagne gegen Bundespräsident LÜBKE oder die Verbreitung der gefälschten Tagebücher HITLERS.

Die Andeutung und Vermutung eines ehemaligen Sekretärs des Schriftstellers HANS HABE genügte für den STERN, um eine Schnüffel-Großaktion gegen den verhaßten Schriftsteller und gegen den CDU-Bundestagsabgeordneten DR. HERBERT HUPKA zu starten, wobei der damalige Kanzleramtsminister HORST EHMKE eine besonders fragwürdige Rolle spielte. Dieser ließ den besagten, aus dem kriminellen Bereich kommenden Sekretär FRANZ J. DIESLER nach Bonn einfliegen und dort auf Staatskosten betreuen, in der Hoffnung, den erbitterten Gegnern der Ostverträge eins auswischen zu können. DIESLER behauptete dann allerdings nur äußerst vage, er habe auf HANS HABES Schreibtisch Papiere gesehen, von denen er »vermutete«, sie seien die BAHR-Papiere und sie seien HABE von HUPKA zugespielt worden. HABE soll sie dann an AXEL SPRINGER und andere weitergeleitet haben.

Kein verantwortungsbewußtes Presseorgan, geschweige denn ein Bundesminister, könnte aufgrund dieser völlig vagen Vermutung von DIESLER das Ganze als Tatsachenbericht verkaufen – und tatsächlich fiel ja NANNENS Rufmord-Gazette auch dabei wieder völlig auf den Bauch. Das Gericht verurteilte den STERN zum Widerruf und zu Schmerzensgeldzahlungen von insgesamt 50.000 DM an HABE und HUPKA. Nun, der STERN kann es sich leisten, denn die deutsche Wirtschaft honoriert ihm sein Treiben mit 200 Millionen Mark für Anzeigen im Jahr. So ein Schmerzensgeld ist daher für den STERN nicht mehr als ein Trinkgeld.

DR. JOSEF AUGSTEIN, der angesehene, leider zu früh verstorbene Anwalt (der allerdings, im Gegensatz zu seinem Bruder, dem SPIEGEL-Herausgeber RUDOLF AUGSTEIN, ein Vorkämpfer politischer und publizistischer Moral war), qualifizierte das Treiben des

STERN und der damaligen Bundesregierung in der BILD-Zeitung so: *Vor acht Jahren warf der STERN dem verstorbenen Bundespräsidenten LÜBKE vor, KZ-Lager mitgebaut zu haben. Der STERN berief sich auf Material aus der ›DDR‹. LÜBKE bestritt. Viel später gab der STERN zu: Die Unterlagen seien gefälscht.* (Seit neuestem bestreitet der STERN das mit Hilfe von Gutachten, denen das Bundeskriminalamt widerspricht.) *Jetzt hat der STERN wieder Material aus Ost-Berlin. Schlimmer aber ist diesmal: Sogar drei Bundestagsabgeordnete sollen dem STERN die Türen zum Staatssicherheitsdienst der ›DDR‹ geöffnet und Staatssekretär GRABERT vom Kanzleramt sogar die Veröffentlichung der Vorwürfe gegen den früheren QUICK-Chef VAN NOUHUYS abgesegnet haben. Machen STERN, Bundestagsabgeordnete und ein Staatssekretär mit dem SSD und der ›DDR‹ gemeinsame Sache, um politisch Andersdenkende zu diffamieren und auszuschalten? Es sind unverzüglich politische und juristische Konsequenzen zu ziehen.*

Doch Konsequenzen wurden nicht gezogen. Der Chef des Bundeskanzleramtes, HORST GRABERT, fand bei Außenminister GENSCHER eine Zuflucht. Er wurde Botschafter in Wien und Belgrad; dort trieb er es dann weiter ähnlich wie in Bonn.

Ausgerechnet der STERN, der seit Jahr und Tag in der übelsten Weise alle Sicherheitsdienste und -behörden der Bundesrepublik Deutschland verunglimpft, verdächtigt und wegen angeblicher Rechtsverstöße denunziert, bediente sich nun selbst dieser Organisationen, um unliebsame Konkurrenz-Publizisten auszuschnüffeln und in den Schmutz zu ziehen.

Trotz des laufenden Prozesses und der totalen Blamage und obwohl das Landgericht München bereits am 24. Juli 1975 dem STERN durch eine einstweilige Verfügung verboten hatte, weiterhin die Lüge über den »Doppelagenten« der QUICK zu verbreiten, brüstete sich NANNEN in einer seiner berüchtigten »Lieber-STERN-Leser«-Kolumnen mit Beweisen, die man im weiteren Verlauf der Prozesse vorlegen würde. Seiner Frechheit setzte er die Krone auf mit der Behauptung, der Kampf der QUICK gegen die Ostverträge könne nur von einem ehemaligen »DDR«-Agenten inszeniert worden sein, weil sie der schärfste Gegner einer Normalisierung zwischen Bonn und Moskau sei. Als NANNEN dies schrieb, war noch nicht gerichtsnotorisch, daß er das gesamte Hetzmaterial gegen den QUICK-

Chefredakteur von eben jenem Staatssicherheitsdienst der »DDR« erhalten hatte. Daher schrieb er auch mit der bei ihm üblichen verlogenen Heuchelei:

Einfacher wäre es für den STERN gewesen, wenn er seine Informanten preisgegeben hätte. Aber ein Journalist, der etwas auf sich hält, nennt seine Informanten nicht, auch wenn er selbst dadurch Nachteile in Kauf nehmen muß. Das ist nicht nur eine Frage der Moral, sondern auch der Intelligenz ...

Was für eine Moral, wenn man seine Kumpane beim »Stasi« als »Informanten« schützen muß.

Trotz der schamlosen Mitwirkung des Bundeskanzleramtes an diesem Rufmord-Skandal mußte dann der damalige Chef des Bundeskanzleramtes, Staatssekretär MANFRED SCHÜLER, von dem das Oberlandesgericht München eine amtliche Auskunft einholte, schlicht feststellen:

Dem Bundeskanzleramt liegen keine Erkenntnisse vor, daß VAN NOUHUYS ein Doppelagent gewesen ist.

Auch der Generalbundesanwalt hat kein Ermittlungsverfahren eingeleitet, da auch der Bundesnachrichtendienst und der Präsident des Bundesverfassungsschutzes dem Gericht als Zeugen die gleiche Auskunft gaben.

Seine Hetzartikel gegen den Kollegen VAN NOUHUYS verkaufte NANNEN unter der Überschrift: »Eine zwielichtige Figur«. Darüber stand selbstentlarvend NANNENS Bild. Eine treffende Selbstcharakterisierung. In ähnlichen Überschriften sind die STERN-Macher übrigens groß. Sie charakterisierten sich nicht nur in diesem Fall selbst. Der Hauptagitator für die »Echtheit« der Tagebücher HITLERS, Chefredakteur PETER KOCH, beschimpfte im Editorial des STERN vom 5. Mai 1983 die schon vor dem geplatzten Fälscherskandal auftretenden Kritiker, angesehene Professoren und Publizisten, mit der Überschrift »Die Fälscher«. Und als die wirklichen Fälscher dann entlarvt waren, stieg NANNEN selbst wiederum auf die Barrikaden mit einem eigenen Foto und der Überschrift *»Hochkonjunktur für Scheinheilige«*. Was für eine treffende Selbsteinschätzung!

Soweit der STERN nicht mit kommunistischen Geheimdiensten beschäftigt ist oder unter SPD-Regierungen sich deutscher Nachrichtendienste bedient, so als seien sie seine selbstverständlichen Hand-

138

langer, liefert er im Bedarfsfall durch Preisgabe geheimer Akten oder erfundene Schauergeschichten über eben diese Geheimdienste dem Osten Material für dessen Kampf gegen die Bundesrepublik Deutschland. Oder der STERN bezieht seine Informationen durch angebliche Beauftragte von Nazi-Verbrechern, wie MARTIN BORMANN und KLAUS BARBIE, über den er sich heute mit Schaum vor dem Mund entrüstet.

Die Hintergründe für den größten publizistischen Skandal der Nachkriegszeit, die Veröffentlichung gefälschter Tagebücher HITLERS, mit der der STERN ein Millionengeschäft machen wollte, das ihn – abgesehen vom Verlust jeglicher Glaubwürdigkeit, falls er je welche hatte – mehr als 20 Millionen DM kostete und mit den Abfindungen (eingeschlossen Schweigegelder) an die Chefredakteure KOCH und SCHMIDT mindestens weitere sechs Millionen DM, sind der Öffentlichkeit weitgehend bekannt. Ich kann das heute noch um einige trübe Lichter aus der Giftküche des STERN ergänzen.

Nach dem ersten Schrecken hatte NANNEN in einer Art negativer Heldenpose verkündet, man würde alle Hintergründe rücksichtslos aufdecken. Damit begann der STERN sogar in einer neuen Serie und verwies auf einen installierten Redaktions-Ausschuß (unter dem Vorsitz des früheren Hamburger Justizsenators Professor ULRICH KLUG), in dem die hausinternen Vorgänge um diesen Skandal geklärt werden sollten. Diese Serie im STERN endete abrupt. Die Ergebnisse des großspurig angekündigten Untersuchungsausschusses wurden plötzlich zur Geheimsache erklärt. In dem Prozeß gegen den Fälscher KONRAD KUJAU und NANNENS Lieblingsreporter GERHARD HEIDEMANN weigerten sich Verlag und Redaktion des STERN, diesen Untersuchungsbericht als Beweismittel dem Gericht vorzulegen. Erst ein Beschlagnahmebeschluß des Gerichts zwang sie dazu.

Die Vorgänge bei diesem Prozeß lieferten übrigens einen erneuten erstaunlichen Beweis für die Schutzfunktion, welche die Hamburger Staatsanwaltschaft für den STERN als ihre Aufgabe ansieht. Schon die damalige Justizsenatorin EVA LEITHÄUSER warnte öffentlich davor, einen »Schauprozeß« zu führen – so als ob deutsche Gerichte in die Gefahr gerieten, Schauprozesse nach dem Muster totalitärer Staaten zu inszenieren. Die Sorge um den STERN war wohl größer als die Achtung vor den Gerichten. Es ging ihr nur darum,

Ungemach von ihren publizistischen Freunden vom STERN fernzu-
halten. Das praktizierten auch, ob auf Weisung oder Eigeninitiative
ist unbekannt, die Staatsanwälte, die sich nicht nur mit Händen und
Füßen gegen den Beschlagnahmebeschluß wehrten, sondern auch
alles taten, um den GRUNER + JAHR-Verlag und dessen Bosse sowie
die STERN-Redakteure als arme unschuldige Opfer zweier Betrüger
hinzustellen – ein an Begünstigung der eigentlich Schuldigen gren-
zender Mißbrauch der staatsanwaltschaftlichen Funktion als objek-
tives Organ der Rechtspflege. Die Verteidiger von KUJAU und HEI-
DEMANN warfen das den Staatsanwälten bei der Verhandlung massiv
vor.
Besonders drastisch drückte der Vorsitzende des Gerichts im Prozeß das Treiben der STERN-Verlagsbosse aus, als er dem Hauptverantwortlichen für den Kauf der Tagebuchfälschungen, GRUNER +
JAHR-Verlagsleiter GERD SCHULTE-HILLEN, der skrupellos für Millionen Dollar in der ganzen Welt die Urheber- und Lizenzrechte der
Tagebücher zu verkaufen suchte, empört entgegenhielt:
*Geklaute Bücher? Herr SCHULTE-HILLEN, Fledderer holen Bücher
aus einem Flugzeugwrack, und Sie verscherbeln das!*
Immerhin hatte der STERN bereits für viele Millionen Mark Lizenzen zum Abdruck der Fälschungen in der ganzen Welt verkauft
oder angeboten, obwohl er wußte, daß er weder Eigentümer noch
Inhaber der Urheberrechte war, was den Anwalt KUJAUS zur Frage
veranlaßte, ob der Verlag nicht selbst ein »betrogener Betrüger«
war.
Der zuerst lauthals als Selbstreinigungsinstrument vom STERN verkündete und eingesetzte Untersuchungsausschuß, dem dann plötzlich strengste Geheimhaltung auferlegt wurde, hat einen 260-Sei-
ten-Bericht erstellt. Er liegt mir ebenso vor wie die wütenden und
mit Androhung juristischer Schritte versehenen Stellungnahmen
von HENRI NANNEN und seiner hauptverantwortlichen STERN-Redakteure, die sich jetzt plötzlich gegenseitig der Lügen und Verleumdungen bezichtigen.
Ein hemmungsloser Bruderkrieg im Stil ertappter Mafia-Bosse, was
ebenso erheiternd wie erschütternd ist, wenn man bedenkt, in welchem Umfang auf diese Gazette nicht nur Millionen Leser herein-
fallen, sondern mit welcher Leidenschaft die SPD-Kanzler HELMUT
SCHMIDT und WILLY BRANDT und fast die gesamte linksgedrallte In-

telligentia sich hinter diese Herren stellten, mit welchem finanziellen Aufwand Industrie und Wirtschaft das Blatt durch ihre Anzeigen-Plantagen am Leben erhalten und wie viele Unionspolitiker sich zu Interviews im STERN verführen lassen, der ihre Regierung und ihre Partei seit Jahr und Tag mit Schmutz bewirft und in der niederträchtigsten Weise diffamiert. Obwohl Bundeskanzler HELMUT KOHL hier ein unüberhörbares Signal gesetzt hat, da er sich jedem Interview und jeder Zusammenarbeit mit den Hamburger Rufmord-Gazetten STERN und SPIEGEL verweigert, macht das leider keine Schule. Ein unbegreiflicher Akt von Masochismus, denn das fördert nicht nur eine falsche Glaubwürdigkeit dieser Gazetten, sondern mindert auch die eigene. Warum handelt nur HELMUT KOHL danach?

In dem Untersuchungsbericht heißt es zum Beispiel auf Seite 13 über die Methoden des STERN:

Kein Wunder also, daß die Journalisten im STERN in eine Knüller-Mentalität verfallen. Vermeintliche Sensationen werden oft als »toll ins Blatt passend« akzeptiert, ohne daß ihr Wahrheitsgehalt kritisch geprüft wird. Den Kern des Knüllers zu »verifizieren« wird dadurch oft zur Methode, wobei notfalls gelegentlich auch Geld hilft, um eine Story mit den »Facts« auszustatten, die zur »wirklichen« Sensation noch fehlen ... Da große Geschichten ... auflagenträchtig sind und um die Anzeigenkunden bei der Stange zu halten, ist jede Sensation willkommen. Die Jagd nach dem Scoop, nach dem Erfolg, ist also nicht Selbstzweck.

Dagegen wettert NANNEN in einem empörten Brief vom 30. August 1983 an den Redaktionsbeirat unter Zitierung dieser Äußerungen:

Das bedeutet nicht weniger, als daß die STERN-Redaktion bewußt fälscht, um sensationelle Stoffe zu veröffentlichen, und daß sie Geld allein zum Zweck der scheinbaren »Verifizierung« solcher Fälschungen ausgibt. Ich weiß nicht, wie tief die Selbstachtung der Redaktion gesunken sein muß, daß Ausschußmitglieder glauben, ihr diese Unverschämtheit zumuten zu können. Da ich als Chefredakteur für das verantwortlich war, was in der Redaktion nach Meinung des Ausschusses offenbar »üblich war«, werde ich nicht zögern, den Ausschuß für diese Verleumdung vor einem ordentlichen Gericht zur Rechenschaft zu ziehen.

Zwar ist von diesem Rechenschafts-Prozeß bisher noch nichts bekannt geworden, aber warum sollten wir dieser Feststellung eines unabhängigen Ausschusses der eigenen Redaktion widersprechen? Doch der so moralisch empörte NANNEN liefert in diesem Schreiben noch mehrere komische Widersprüche. Im Untersuchungsbericht heißt es hinsichtlich der Unklarheit der Funktion des Herausgebers NANNEN, er lasse gelegentlich durchblicken, daß er »als Grüß-August kaum mehr etwas, als Vorstandsmitglied doch noch einiges bewegen« könne.

In seinem Schreiben an den Redaktionsbeirat hat NANNEN erklärt: *Dieser Satz ist in Anführungszeichen gesetzt, er erweckt also den Eindruck, als handele es sich um ein Zitat von mir. Ich habe diesen Satz nicht nur nicht gesagt, sondern ich habe das Gegenteil gesagt und bewiesen.*

Andererseits aber hat NANNEN als Zeuge im Prozeß gegen KUJAU und HEIDEMANN auf die Frage des Vorsitzenden, wie man sich die Funktion eines Herausgebers vorzustellen habe, wörtlich erklärt: *Wissen Sie, was in einem Speiserestaurant ein Grüß-August ist, der herumgeht und fragt: »Hat's geschmeckt?« Das ist ungefähr die Position eines Herausgebers. Mehr nicht. Der Grüß-August muß auch in die Küche gucken, ob alles sauber ist. Das habe ich wohl versäumt.* (Zitiert nach dem Buch von UWE BAHNSEN, Der STERN-Prozeß).

Im Untersuchungsbericht heißt es über die erste Reportage HEIDEMANNS, die seinen Einstieg als Spitzenreporter des STERN bedeutete: *So entwickelte er aus der Aufdeckung, daß ein chinesischer Student 1923 in Göttingen ein Kind gezeugt hat, die (falsche) Geschichte vom »deutschen Sohn TSCHOU EN LAIS«.*

Dazu NANNEN in seinem Brief an den Redaktionsbeirat:
Aber ich weiß aus eigener Kenntnis, daß sich die auf Blatt 16 geschilderte Geschichte vom angeblichen Sohn TSCHOU EN LAIS nicht so zugetragen hat, wie sie hier dargestellt wird. HEIDEMANN hat mir, völlig freiwillig, eines Tages geschildert, wie er hier einer Personenverwechslung aufgesessen ist. Wer den Hergang kennt, kann kaum daran zweifeln, daß HEIDEMANN guten Glaubens war, als er die Reportage schrieb.

Hingegen HEIDEMANN in dem Prozeß gegen ihn und KUJAU:
Seinen ersten Auftrag von der Illustrierten habe er 1954 erhalten, als die Redaktion ihn zu einer Recherche nach Göttingen schickte. Dort habe er herausfinden sollen, ob der damalige chinesische Mini-

sterpräsident Tschou En Lai 1923 als Student eine Liebesbeziehung zu einem Zimmermädchen namens Kunigunde Staufenbiel unterhalten und mit ihr einen Sohn gezeugt habe. Er habe diese Sache an Ort und Stelle recherchiert und sehr schnell herausbekommen, daß es sich nicht um Tschou En Lai gehandelt habe, sondern um einen Chinesen namens Tschu Ling-gui. Nach Hamburg zurückgekehrt, habe er das in der Redaktion auch klipp und klar so berichtet. Der damalige Chefredakteur Henri Nannen aber habe kurz und bündig erklärt: *Tschou ist Tschu,* und kurze Zeit darauf sei die Story unter der Überschrift *»Tschou En Lais Sohn fiel für Deutschland«* in der Illustrierten erschienen.

Noch 14 Jahre später verbreitete der Stern die Lüge immer noch. In großen Werbeanzeigen, in denen er seine Mitarbeiter vorstellte, erhielt Heidemann unter der Überschrift »Detektiv« folgende Qualifikation:

Er entdeckte die verlassene Geliebte Tschou En Lais, deren Sohn später als deutscher Gefreiter in Ostpreußen fiel.

Vergeblich wartet die Öffentlichkeit darauf, daß der deutsche Presserat diese unglaubliche Häufung von Fälschungen und Lügen öffentlich anprangert.

Doch bedienen wir uns weiter des Untersuchungsberichtes. Besondere Empörung löste auch in der Öffentlichkeit die groteske Erklärung des Stern aus, aufgrund seiner Hitler-Tagebücher müsse die Geschichte des Dritten Reiches teilweise umgeschrieben werden. Im Untersuchungsbericht wird Nannen vorgeworfen, er hätte in seinem Stern-Editorial »Echt oder unecht« den Satz von der Notwendigkeit, die Geschichte teilweise umzuschreiben, dem britischen Historiker Trevor-Roper zugeordnet, den der Stern in seine Echtheitsbemühungen hineinmanipuliert hatte. Dazu Nannen in seinem Brief:

Diese Behauptung ist falsch. Peter Koch hatte mir ... versichert, dieser Satz stamme von Trevor-Roper. Ich hatte keinen Grund, daran zu zweifeln.

Peter Koch aber erklärte in einem empörten Schreiben seines Rechtsanwalts Jörg Soehring vom 15. September 1983 an den Redaktionsbeirat, zahlreiche Behauptungen seiner diversen Kollegen im Stern in dem Untersuchungsbericht seien unwahr, und er forderte unter Androhung eines Prozesses Unterlassungserklärungen.

Darunter auch über die Behauptung:

Herr KOCH habe den Satz von der »Notwendigkeit der Umschrei-bung der Geschichte« aufgrund der HITLER-Tagebücher gegenüber Herrn NANNEN als Zitat TREVOR-ROPERS ausgegeben.

Diese redaktionsinternen Prozeßandrohungen erreichen langsam das Niveau einer Satire. Der arme Ausschuß saß zwischen allen Stühlen.

Das ganze Lügengewebe ist so undurchdringlich und damit offenbar genauso »glaubwürdig«, wie das NANNEN und der STERN immer von sich behaupten. Man schwankt zwischen Lachen und Weinen, wenn man hört, welche Bedeutung für Pressefreiheit und Demokratie der STERN hat und welches tiefe Verständnis die ganze linke Schickeria, Politiker, Literaten, Pfarrer, Presse, Wirtschaft und Professoren, diesen Geschäftemachern und Sittenrichtern als Vorkämpfer politischer Moral entgegenbringen. In Wirklichkeit offenbarten uns allein dieser Untersuchungsbericht, der Fälscherprozeß und die Reaktionen darauf ein Maß an intellektueller und publizistischer Korruption, die eine Schande für Deutschland ist.

Im ZEIT-Magazin vom Mai 1982 – einem Blatt, das im übrigen in vielen Bereichen durchaus dem STERN geistesverwandte Züge zeigt – wurde über das angebliche journalistische Ethos von HENRI NANNEN wie folgt fabuliert: Er habe einmal bekundet, er wolle sich morgens beim Rasieren stets guten Gewissens im Spiegel ins Auge blicken.

Ob es sich um einen Zerrspiegel handelt oder um AUGSTEINS SPIEGEL ist nicht vermerkt. Wie dieses Gewissen aussieht, soll nachstehend an einigen weiteren Beispielen aufgezeigt werden – aber auch, wie die gelehrigen Schüler und Nachfolger NANNENS an den Prinzipien journalistischer Fälscher- und Verleumdungsmethoden festhalten. Methoden, die immer wieder zu zahlreichen gerichtlichen Verboten gegen den STERN führten, ohne daß der Deutsche Presserat als selbsternanntes Kontrollorgan sich darüber empört hätte.

Schon in den 60er Jahren bot NANNEN seinen »Lieben-STERN-Lesern« einen ständigen Kolumnisten dar, dessen Hauptanliegen Rufmord an politisch Andersdenkenden und Hetze gegen die Bundesrepublik und deren politische Parteien war: SEBASTIAN HAFFNER. Aus Hunderten von Hetzartikeln ähnlicher »Qualität« sei nur aus einem zitiert, den HAFFNER gegen die von der Großen Koalition da-

Unfreiwillige Selbstentlarvung: Henri Nannen, »Stern« vom 24.7.75

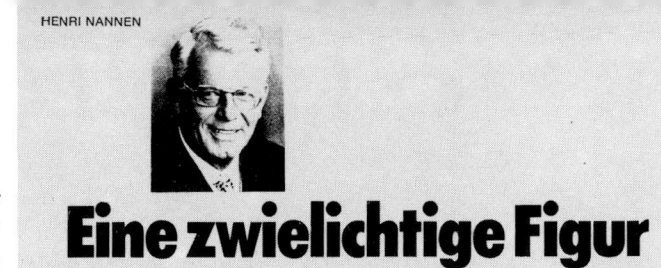

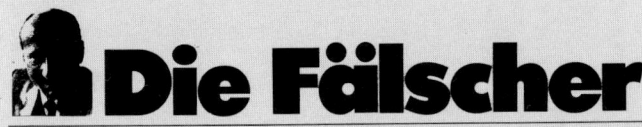

HENRI NANNEN

Eine zwielichtige Figur

Unfreiwillige Selbstentlarvung: Peter Koch im »Stern« vom 5.5.83

Die Fälscher

s Hillgruber aus Köln
ll. das Attentat vom 20.
's rechte Hand so schwer

weise seriös und zahlreich. Durch Gerd Hei
demann ist endlich die Absturzstelle jene
Maschine gefunden worden, in der sich di

Die Sorgfalt des STERN hätte den Archiv-
Ayatollahs in früheren Jahren gut angestan-
den. Professor Jäckel wäre dann die Peinlich-

tag" an der richtigen Adresse, wo sie – ähnlich wie Jäckel – mit Fälschungen wedeln, die
ihnen untergekommen sind.
Maser ist der publizistische Ziehvater von

überschwen
ter?"
Der Schw

Unfreiwillige Selbstentlarvung: Henri Nannen, »Stern« vom 19.5.83

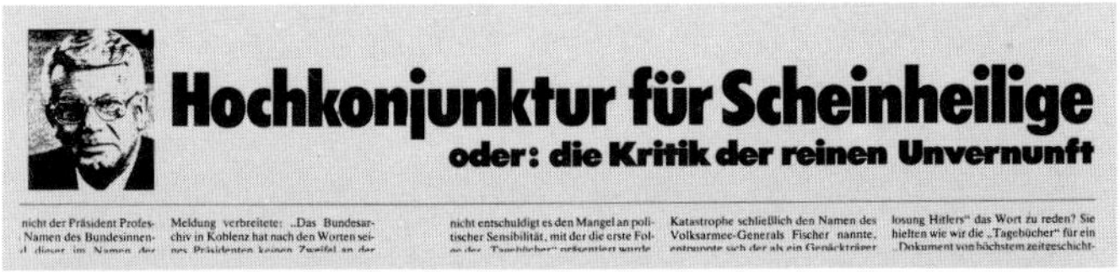
Hochkonjunktur für Scheinheilige
oder: die Kritik der reinen Unvernunft

nicht der Präsident Profes-
Namen des Bundesinnen-

Meldung verbreitete: „Das Bundesar-
chiv in Koblenz hat nach den Worten sei-

nicht entschuldigt es den Mangel an politischer Sensibilität, mit der die erste Fol-

Katastrophe schließlich den Namen des
Volksarmee-Generals Fischer nannte,

losung Hitlers" das Wort zu reden? Sie
hielten wie wir die „Tagebücher" für ein

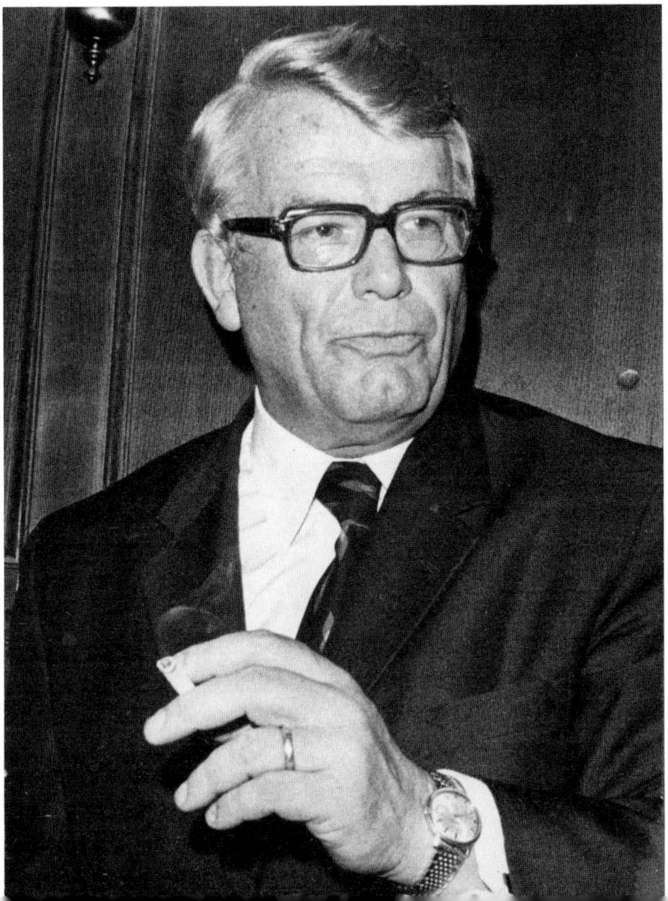

Gesinnung gewechselt wie ein schmutziges Hemd: »Stern«-Gründer Henri Nannen schrieb sich einst für Hitler die Finger wund

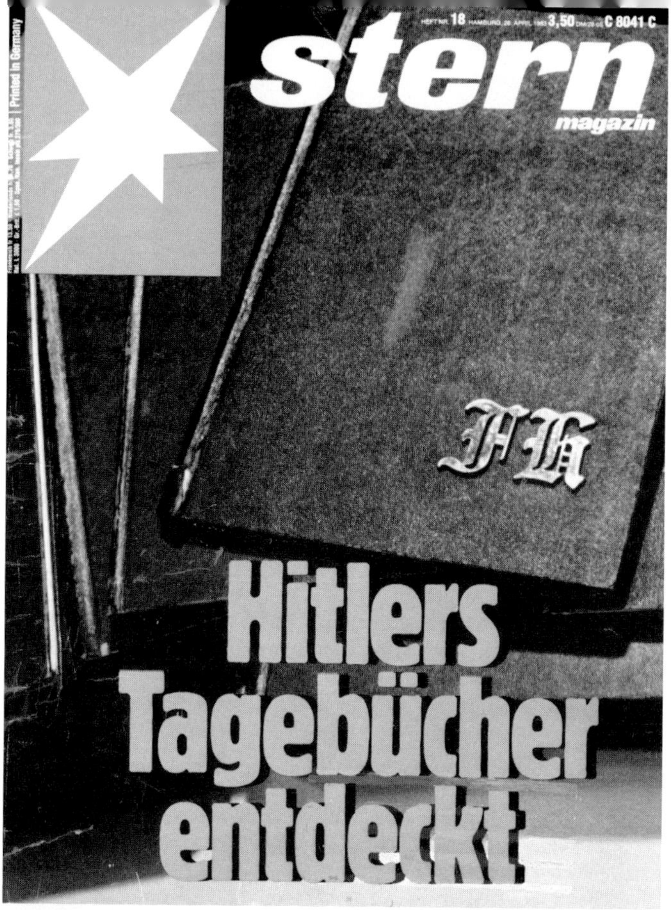

HEFT NR. 18 HAMBURG, 28. APRIL 1983 3,50 DM/28 öS C 8041 C

stern
magazin

Hitlers Tagebücher entdeckt

Hauptbeschuldigte im »Stern«-Hitler-Skandal: Kujau, Heidemann

 +  =

Nannens »Sensations«-Gleichung: Am Ende blieb, wie oft, nichts

Diary of Death

It belonged to a soldier whose regiment was part of the Allied armies in Italy

just like you

In this diary he used to record the various things which were of importance to him. He wrote down when he was last on guard and when the last parcel of cigarettes arrived. He made a record of the letters he wrote and also of the ones he received from his mother and father and from his sweetheart »Joyce«. — Because, you see, that sort of things mattered to him

just like you

Then, one day, he took his appointed place in the platoon and they went into action. — Went to fight a war promoted by a few Jews and money-grabbers who, at that very time, were living a life of luxury in peaceful surroundings far away from any danger.

Hoaxed by them he went forward

just like you

As he marched onward there came a sudden swish, followed by a nerve-shattering roar and a piece of hot jagged steel tore through his coat, his diary, — and his heart!

With his life blood he wrote his last record and simultaneously were dashed a Mothers fond love and a sweethearts dreams.

And dont forget, he was a soldier —

just like you

397 / 12 44

Tagebücher im »Südstern« und »Stern«
Tagebücher spielten im journalistischen Leben des Henri Nannen schon immer eine Rolle: Als er beim »Südstern« diente, entstand das »Tagebuch des Todes«, später beim »Stern« folgten die »Tagebücher Hitlers«

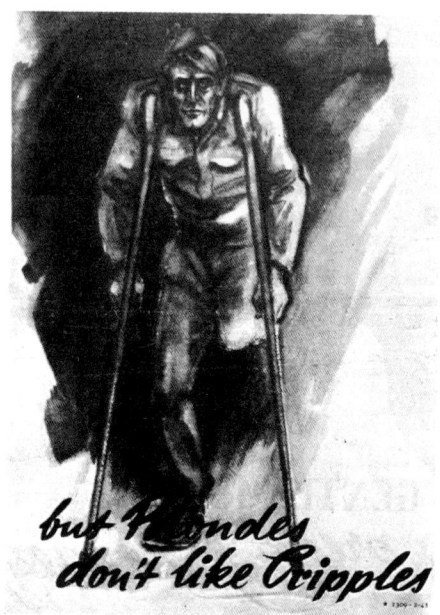

Zwischen Politik und Porno

Den unverkennbaren Stil der Propaganda-Kompanie »Südstern« hat Nannen stets beibehalten – die raffinierte Mischung aus Sex und politischer Gehirnwäsche prägt auch heute noch den »Stern«

... nicht weit vom Stamm: Frank'sche Barbarei als »Abrechnung«

Bundeswehr zur »Nazi-Truppe« umgelogen: »Stern«, 26.10.1983

Haß auf Katholiken: Der »Stern« in der Tradition einer SS-Postille?

»Anpassung an den niederträchtigen Geschmack ...«: Nicht-linke Politiker werden im »Stern« systematisch ver-höhnt und verleumdet

Gleich zweimal nahm sich »Zeit«-Chefredakteur Müller-Marein der Franzosen an: 1941 bejubelte er den deutschen Angriff, zwei Jahrzehnte später schrieb er das genaue Gegenteil. Und bis dahin war – außer ihm selbst – noch niemand aufgefallen, daß die »Hölle über Frankreich« in Wirklichkeit ein »Dokument des inneren Widerstands« war.

Steuerte die »Zeit« auf linken Kurs: Verleger Gerd Bucerius

»Zeit«-gemäß: M. Gräfin Dönhoff

Auf »Zeit«-Niveau: Theo Sommer

Heuss-Preis '66: Hamm-Brüchers (li) Gefälligkeit für M. Dönhoff

Er steht voll hinter der »Zeit«: Mit-Herausgeber
Helmut Schmidt

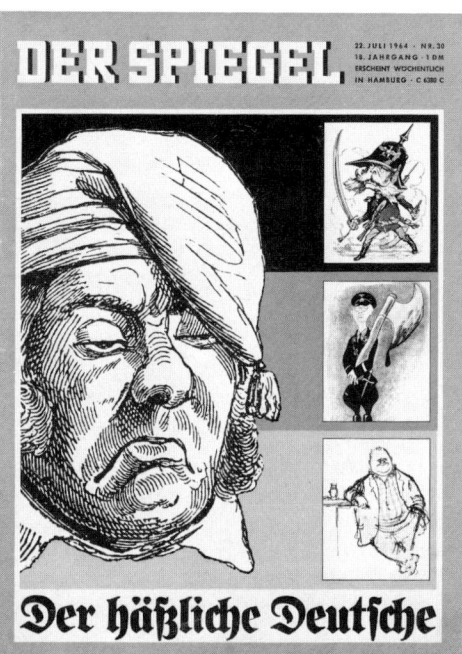

Häßlich und voller Haß

Kaum ein Titel war so entlarvend wie dieser – Autor der haßerfüllten Schimpfkanonade auf alles, was deutsch, aber nicht links ist, war ausgerechnet Georg Wolff – als ehemaliger Mitarbeiter des SD kannte er sich hier wohl bestens aus ...

Links schreiben, rechts leben: »Spiegel«-Chef Augstein spannte den linken Zeitgeist vor seinen Karren – und wurde damit zum Multimillionär

DER SPIEGEL

C 7007 C
Nr. 52
40. Jahrgang · DM 4,–
22. Dezember 1986

Die Wiederkehr des Teufels

DER SPIEGEL

C 7007 C
Nr. 46
40. Jahrgang · DM 4,–
10. November 1986

Der Gorbatschow-
Goebbels-Vergleich

KOHLS AUSFALL

SPIEGEL-UMFRAGE
90 Prozent: Kohl
handelte falsch

DER SPIEGEL

C 7007 C
Nr. 9
40. Jahrgang · 5
24. Februar 198

Parteispenden: Kanzlers „Blackout"

Verstrickt

Eberhard von Brauchitsch · Helmut Kohl · Juliane Weber

**Vier Jahrzehnte
nur Hetze
und Destruktion**

*Seit ihrer Gründung hat die
Hamburger Polit-Gazette das
Geschäft mit Angst und Destruktion betrieben. Seit der
Wende von 1982 steht Helmut
Kohl im Mittelpunkt einer
Dauer-Hetzkampagne. Die
vielen gegen ihn und seine
engsten Mitarbeiter gerichteten Titelbilder belegen, daß
Augstein lieber mit solchen
persönlichen Verunglimpfun-
gen als mit politischen Argumenten kämpft.*

**Faschisten-
jagd als
Lustprinzip**
*Hans Heigert, der langjährige SZ-
Chefredakteur, stellte hehre
Grundsätze für »zivilisierte politische Auseinandersetzungen« auf –
doch für wen diese Grundsätze
gelten und für wen nicht, das bestimmt selbstherrlich und elitär
die linke Diktatur der Meinungsmacher.*

Der „Verein Deutschland-Stiftung e. V." lädt wieder ein

Zum zweiten Akt ein Staats-Theater
Für Deutschlands Nationale bilden Amts- und Würdenträger die Staffage / Vier Reizworte lockten das Establishment

Wirbel um die Deutschland-Stiftung
Ministerpräsident Goppel wünscht Verschiebung der Verleihung der Adenauer-Preise und Klärung der
Vorwürfe gegen Franzel und Thieß / Stiftung beharrt auf dem Termin am Samstag im Nationaltheater

. . . Amoral . . . Materialismus . . . Anarchie . . .
Mit der Verleihung des Adenauer-Preises in München soll dem „Abbau verpflichtender Sittengesetze" entgegengetreten werden

Verfolgt, totgeschwiegen — das Image der Konservativen
In der „Deutschland-Stiftung , die „Adenauer-Preise" verleiht, wird eine institutionalisierte Rechte sichtbar

Für die gehobene Rechte von Prozeß zu Prozeß
Mit Klagen, Verfügungen und einer Streitschrift zieht der „Verein Deutschland-Stiftung e. V." gegen seine Kritiker zu Felde

*Hetzkampagne gegen die Deutschland-Stiftung e. V.: Schlagzeilen aus der
»Süddeutschen Zeitung«*

mals beschlossenen Notstandsgesetze schrieb. In Übereinstim-
mung mit dem Aufstand aller Linksextremisten und Kommunisten
schrieb HAFFNER am 6. Juni 1965 im STERN unter der Überschrift
»1932« unter anderem:

*Wird die große Notstands-Koalition, die uns in Zukunft oppositions-
los und diktatorisch regieren soll, schon eine Regierung* BARZEL/ER-
LER *sein? Dürfen* ERHARD *und* BRANDT *noch eine Weile mitspielen
oder werden sie bei dieser Gelegenheit gleich ausgebootet? Von solchen Erwägungen hängt es ab, ob die Demokratie in der Bundesrepublik noch diesen Sommer überlebt oder nicht ...*

*Wann hat man denn das schon einmal erlebt, daß die Galgenfrist für
einen Rest persönlicher Freiheit in Deutschland völlig von den obs-
kuren Intrigen abhängt, die hinter verschlossenen Türen zwischen
einem halben Dutzend Männern gesponnen wurden?*

Richtig, natürlich, das war 1932. Damals hießen die Akteure VON
PAPEN, SCHLEICHER, OSKAR VON HINDENBURG, KAAS, HUGEN-
BERG, GREGOR STRASSER; *und draußen antichambrierten* HITLER
und GÖRING. *Ob die Deutschnationalen oder das Zentrum das große Geschäft der Notstands-Koalition mit den Nazis machten, ob*
VON PAPEN *oder* SCHLEICHER *jeweils Generalvollmacht vom
Reichspräsidenten bekamen, ob man die Nazis ›einmauern‹ oder
spalten könnte oder sollte – an solchen Fragen hing damals das Leben
und die Freiheit von Millionen Deutschen, der staatsrechtliche Charakter der deutschen Republik und der Friede der Welt. Heute heißen die Akteure* BARZEL *und* ERLER, VON KÜHLMANN-STUMM, *vielleicht noch* BRANDT *und* ERHARD, WEHNER *und* MENDE *werden
wohl, ehe alles vorbei ist, noch ein bißchen mitmischen ...*

*Daran hängt wieder das Leben und die Freiheit von Millionen
Deutschen, der staatsrechtliche Charakter der Bundesrepublik und
wohl auch wieder der Friede. Denn man verwandelt ja nicht ein
Land zu Friedenszwecken in ein totalitäres Heerlager mit Kriegs-
wirtschaft, Bunkerbauten, Zivildienstpflicht der Männer und Frau-
en bis zum Greisenalter und Erkennungsmarkenzwang für Kinder
ab drei Jahren ...*

*Was jetzt vor sich geht, bedeutet das Ende der Demokratie in der
Bundesrepublik ... Die Professoren und die Gewerkschaften mögen
eisern protestieren, dafür haben unsere neuen* VON PAPENS *und*
SCHLEICHERS *nur noch ein sattes Lächeln. Das Parlament, die Län-*

der, selbst die Partei- und Funktionärsmitglieder sind verstummt, sie haben abgedankt ... Der Bundesbürger ist wieder ein reines Objekt geworden, mit dem verfahren wird, wie Börsenmakler mit einem Aktienpaket verfahren. Wer ihn morgen regieren wird – und zwar schrankenlos und diktatorisch regieren wird –, hängt nicht mehr von ihm ab, sondern von Konspiration und Intrigen eines winzigen Klüngels, in die er keinen Einblick und auf die er keinen Einfluß hat. Es ist wieder wie 1932.

Diese infame Staatsverleumdung, die schon durch die – laut STERN-Prophezeiung – seit 27 Jahren praktizierte »Diktatur« als solche gekennzeichnet ist, spiegelt die ganze Verlogenheit dieser Ehrabschneider. Heute betreiben sie das gleiche, ob es Volkszählung, NATO-Beschluß oder Atomenergie betrifft: Frei erfundene Horrorberichte, ständige Vergleiche der Demokratie mit dem Dritten Reich und der demokratischen Politiker von heute mit den Diktatoren von damals.

Auch der Autor dieser Horrorgeschichte, SEBASTIAN HAFFNER, der sich ständig als Propagandist der Interessen der »DDR« und der Sowjets in der Bundesrepublik im STERN annahm, gehört zu jenen Vergangenheitsbewältigern, die unentwegt die Teilung Deutschlands und den Verlust der deutschen Ostgebiete an die kommunistischen Gewaltregime als selbstverständliche Folge des NS-Systems anprangerten. Seine eigene Vergangenheit ist ebenso dubios wie die NANNENS und anderer Meinungsmacher. Er pflegt sich gerne als Engländer hinzustellen, der 1938 vor den bösen Nazis emigrieren mußte. Ähnlich wie WILLY BRANDT bedient er sich eines »Künstlernamens«. Er heißt in Wirklichkeit RAIMUND PRETZEL. Sein »Abscheu vor den Nazis« läßt sich wie folgt dokumentieren:

Vor mir liegt HAFFNERS Antrag vom 7. Dezember 1933 zur Aufnahme in den Reichsverband deutscher Schriftsteller, was zugleich der Aufnahme in die Reichsschrifttumskammer entsprach. HAFFNER, alias PRETZEL, versicherte damals:

Ich erkläre hiermit meinen Eintritt in den Reichsverband deutscher Schriftsteller e. V., Berlin. Ich bin arischer Abstammung. Ich bin preußischer Staatsangehöriger. Ich erkläre mich vorbehaltlos bereit, jederzeit für das deutsche Schrifttum im Sinne der nationalen Regierung einzutreten und den Anordnungen des Reichsführers des R.D.S. in allen den R.D.S. betreffenden Angelegenheiten Folge zu leisten.

Im Rahmen der Überführung in die Reichsschrifttumskammer verlangte der Präsident der Reichsschrifttumskammer mit Schreiben vom 21.1.1939 einige Unterlagen von HAFFNER, alias PRETZEL. Sein Bruder, Dr. ULRICH PRETZEL, schrieb am 13.2.39 deswegen an den Präsidenten der Reichsschrifttumskammer:

... teile ich auf das an meinen Bruder gesandte Schreiben ergebenst mit, daß mein Bruder im Herbst vorigen Jahres mit einem Auftrag des Deutschen Verlages für ein Jahr nach England beurlaubt worden ist. Soviel ich weiß, hatte er seinerzeit alle Fragebogen ausgefüllt der Reichsschrifttumskammer eingereicht.

Der Deutsche Verlag gehörte dem Zentralverlag der NSDAP in München, und die Emigration entpuppt sich also jetzt als Auftrag dieses Verlages in England.

Wie sehr freilich der STERN berechtigt ist, unseren Staat und seine führenden Politiker durch Vergleiche mit dem NS-Regime und dessen Potentaten zu diffamieren, beweisen seine vielen intimen Beziehungen zu einstigen Größen des Dritten Reiches.

Ich habe schon den Skandal um MARTIN BORMANN geschildert, dem NANNEN und seine Redakteure und Reporter mit hängender Zunge nachliefen. Wir kennen den fanatischen Eifer des STERN, Memoiren einstiger Nazi-Prominenz einzukaufen. Wir wissen, welche Rolle der stellvertretende Gauleiter, Reichsleiter und SS-Führer WEIDEMANN als Kumpan NANNENS im STERN spielte und wie GERD HEIDEMANN, 30 Jahre lang NANNENS Lieblingsreporter und Einkäufer der HITLER-Tagebücher, sich in einer wahren nazistischen Nostalgie-Neurose mit der Aura von Nazi-Insignien und Nazi-Prominenz umgab. Er kaufte sich die einstige Yacht HERMANN GÖRINGS, die zum Treffpunkt von SS-Generälen und NSDAP-Größen wurde, wobei sich die angeblichen Anti-Nazis in diesem braunen Sumpf als Gäste so wohl fühlten, daß zum Beispiel NANNENS Star-Autor ERICH KUBY in HEIDEMANNS Gästebuch auf der GÖRING-Yacht schrieb – (was von STERN-Redakteur THOMAS WALDE in seinem Protestschreiben an den Redaktions-Untersuchungsrat enthüllt wurde):

Auf diesem stillen Meer, wenn man die Elbe hier schon so bezeichnen kann, haben wir mit General WOLFF das herrliche Dritte Reich wieder auferstehen lassen.

Dazu paßt auch folgende Geschichte, bei der die Kumpanei des

STERN mit Kriegsverbrechern und Massenmördern eine wahrhaft makabre Note erreicht: Erst jüngst wurde KLAUS BARBIE, einst Gestapo-Chef in Lyon, dank seines dortigen Prozesses wieder zum aktuellen Aufhänger für den STERN. Der durch seine scheinheiligen Leitartikel berüchtigte neue Chefredakteur im Dreier-Kollegium, MICHAEL JÜRGS, entblödete sich nicht, in einem Artikel mit der Überschrift »BARBIE, FRANK, WALDHEIM und die Hölle in uns« die Massenmörder BARBIE und den ehemaligen Generalgouverneur in Polen, HANS FRANK, in einem Atemzug mit dem österreichischen Bundespräsidenten zu nennen, der nicht das geringste mit Kriegsverbrechen oder mit Nazi-Propaganda, wie sie die STERN-Prominenz betrieb, zu tun hat. Seine Humanität dokumentiert JÜRGS dabei mit der zynischen Bemerkung:

Meinetwegen soll HESS in Spandau in Ruhe sterben dürfen, aber in Spandau und nicht in Freiheit; denn Freiheit für HESS wäre eine Verhöhnung der Opfer jenes Systems, dem er lange, zu lange, an hervorragender Stelle gedient hat.

Man betrachte demgegenüber das Geschrei im STERN wegen harter Gefängnisstrafen für Terroristen und Mörder, die ja im Grunde nur die »Opfer unseres schrecklichen demokratischen Systems« sind.

Nun, was KLAUS BARBIE betrifft, der unter dem Namen KLAUS ALTMANN in Bolivien lebte: Er lohnte dem STERN schon vor Jahren einen Großeinsatz durch GERD HEIDEMANN. Die Spesen dafür betrugen fast 30.000 DM, die HEIDEMANN auf seiner Reise, Arm in Arm mit dem SS-General WOLFF, verbrauchte. Die Reise führte zu einer Art von intimer Freundschaft zu dem Kriegsverbrecher BARBIE, alias ALTMANN, und dessen Familie. Als der STERN die Tonbänder, die HEIDEMANN von seinen Gesprächen mitgebracht hatte, auswertete und berichtete, was BARBIE dem Reporter erzählt hatte, erschien das HEIDEMANN offensichtlich zu unfreundlich. Und so schrieb er an BARBIE-ALTMANN einen demütigen Brief:

Sehr geehrter Herr ALTMANN, lange habe ich gebraucht, bis ich es schaffte, Ihnen diesen Brief zu schreiben. Zuerst einmal möchten meine Frau und ich Ihnen und Ihrer Gattin unser herzliches Beileid zum Tode Ihres Sohnes aussprechen. Es tut mir sehr leid, daß auch ich Ihnen Kummer verursacht habe. Vielleicht werden Sie mich und meine damalige Situation etwas verstehen, wenn ich Ihnen die STERN-Geschichte kurz erkläre. Für die Südamerika-Reise mit Ge-

neral WOLFF hatte ich mir einen zusätzlichen Spesenvorschuß vom
STERN-Buch-Verlag geben lassen, der dafür ein Manuskript über
MUSSOLINI (wie Sie sich erinnern werden, besuchten wir deshalb
einige frühere SS-Führer, die in Italien eingesetzt waren) oder über
die Flucht der NS-Genossen nach Südamerika erwartete. Nach der
Reise schrieb ich zwar einige Tonbandinterviews und meine Tage-
buchnotizen ab, lieferte aber nicht die verlangten Manuskripte. Ich
hoffte, die Geschichte würde in Vergessenheit geraten, und ich
könnte den Vorschuß zurückzahlen. Als nun aber Ihr Name im Zusammenhang mit dem Militärputsch in Bolivien durch die Presse
ging und die Bundesregierung erklärte, ihr lägen keine Informationen über Ihren Aufenthalt in Bolivien vor, verlangte die Chefredaktion die Herausgabe meiner Aufzeichnungen über Bolivien von
mir und berief sich auf den Buch-Vertrag. Auch meine Kündigung
half nichts, ich mußte meine Aufzeichnungen herausrücken, die nun
von einem Kollegen benutzt wurden, um daraus eine Geschichte mit
einer ganz anderen Tendenz zu machen. Natürlich versuchte ich
noch mit allen mir zur Verfügung stehenden Mitteln eine Veröffentlichung zu verhindern, leider vergeblich. Mir war die Sache unend-
lich peinlich, und meine Frau machte mir deshalb monatelang Vorwürfe. Wenn sie mein Dilemma schon nicht verstehen konnte, kann
ich natürlich noch weniger von Ihnen und Ihrer Gattin Verständnis
dafür erwarten. Ich kann nur um Verzeihung bitten. Ich bedaure
sehr, durch diese dumme Geschichte Ihre Freundschaft verloren zu
haben – zumal ich gerade Ihnen eine wichtige Sache anvertrauen
möchte und dazu eventuell Ihren Rat benötige.
Es ist mir gelungen, den Großteil von HITLERS Besitz sicherzustellen
– hochinteressante Aufzeichnungen, Aquarelle und Ölbilder aus seiner Hand, die Pistole, mit der sich der Führer im Bunker das Leben
genommen hat (ein handschriftlicher Brief BORMANNS verbürgt
das), Kisten mit Akten aus der Reichskanzlei und dann vor allem die
Blutfahne. Sie befindet sich noch in dem Originalkoffer mit der Mes-
singtafel, auf der die Gefallenen von 1923 aufgeführt sind. Meiner
Ansicht nach müßte zumindest diese Reliquie der nationalsozialistischen Bewegung an einem sicheren Ort von zuverlässigen Männern
aufbewahrt werden. Daß ich die Fahne nicht allzu lange in Deutschland lagern möchte, werden Sie verstehen. Hier werden die betreffenden Gesetze und Bestimmungen immer strenger ausgelegt, und

es finden sehr oft Hausdurchsuchungen nach NS-Orden etc. statt. Vielleicht können Sie mir raten, wohin man diese Reliquie in Sicherheit bringen könnte.

In der Hoffnung, daß Sie überhaupt noch etwas mit mir zu tun haben wollen, erwarte ich Ihre Antwort und werde Ihnen dann nähere Einzelheiten über meinen Fund mitteilen.

Seien Sie und Ihre Gattin von meiner Frau und mir herzlichst gegrüßt

Ihr GERD HEIDEMANN

P. S. Anbei einige handschriftliche Notizen HITLERS.

Der Brief stammt vom 22. August 1981, zu einem Zeitpunkt, als HEIDEMANN schon die ersten gefälschten HITLER-Tagebücher beschafft hatte und von der ganzen STERN-Redaktion samt Verlag als Star gefeiert wurde.

In diesem Zusammenhang auch ein Fall einer besonders grotesken Fälschung. Nach HEIDEMANNS Rückkehr aus Bolivien brachte der STERN am 9. Oktober 1980 einen Bericht aus den genannten Tonbandaufnahmen. Darin heißt es, 1942 sei BARBIE im besetzten Südfrankreich mit einem 120 Mann starken SS-Jagd-Kommando betraut worden, um Mitglieder der französischen Resistance aufzuspüren und auszuschalten. Wie das gemacht wurde, dazu steht im STERN:

ALTMANN-BARBIE *erzählt: »Ich kann mich an einen ganz typischen Fall erinnern. Wir fahren mit einer Kolonne Soldaten durch ein Dorf. Plötzlich kommt von oben aus einem Haus heißer Teer und heißes Wasser! Wissen Sie, was das heißt? Heißer Teer auf die Soldaten! Diese Schreie – nie im Leben werde ich das vergessen. – Was habe ich also gemacht? Oben das Dorf abgeriegelt. Die Panzer umgedreht und dann von hinten ran an den versteckten Feind. Dann über den Bürgersteig rüber und die Wände der Häuser eingedrückt, bis alles, was drin war, zusammenfiel oder zermalmt wurde. Das war mir völlig wurscht. Dann haben wir von der anderen Seite Brandmunition reingeschossen. – Die haben keinen Teer mehr geschmissen, das kann ich Ihnen sagen.«*

Zweieinhalb Jahre später, im Februar 1983, als Bolivien KLAUS BARBIE an Frankreich ausgeliefert hatte, brachte der STERN erneut einen Bericht über HEIDEMANNS Begegnung mit KLAUS BARBIE. Dabei verfälschte man die seinerzeitige Tonband-Aussage, deren

Erzählung in Frankreich spielte, zu einer neuen Fassung, verlegte die Geschichte ein Jahr zurück und wechselte den Ort. Jetzt hieß es im STERN zu dem gleichen Fall, der nun angeblich in Rußland statt-fand:

Im Juni 1941 begann der deutsche Überfall auf Rußland, der »Fall Barbarossa«. KLAUS BARBIE, damals SS-Untersturmführer, wurde an die Ostfront versetzt zur ›Bandenbekämpfung‹. Unter dieser Be-zeichnung liefen die Aktionen der SD-Einsatzkommandos hinter der Front der Wehrmachtsverbände. Zu den Banden zählte alles, was die Nazis ausrotten wollten – jüdische Bürger, Hühnerdiebe, Partisanen.

Ich kann mich an einen typischen Fall erinnern: Man fährt mit der Kolonne durch ein Dorf, Infanterie auf Panzer aufgesessen. Plötz-lich kommt von oben Teer mit heißem Wasser! Wissen Sie, was das heißt? Heißgekochter Teer auf die Soldaten! Diese Schreie. Nie in meinem Leben werde ich das vergessen. Was habe ich gemacht? Oben das Dorf abgeriegelt, unten abgeriegelt, die Panzer umge-dreht, Kanone rum, und dann von hinten ran! Nicht geschossen. Von hinten ran, über den Bürgersteig, alles, was da drin war, fiel zu-sammen. Alles, was drin war, das war mir wurscht. Und von der an-deren Seite, dann Brandmunition rein! Die haben keinen Teer mehr gegossen!

Einmal spielt die Geschichte also in Frankreich – einmal in Ruß-land. Offenbar ist das Gedächtnis der STERN-Redaktion durch die vielen Lügen und Fälschungen so geschwächt, daß man nicht einmal mehr weiß, was man zweieinhalb Jahre vorher gedruckt hat.

Von HEIDEMANN selbst aber erfahren wir aus seinem ausführlichen Bericht für den Redaktions-Untersuchungsausschuß in Sachen der gefälschten HITLER-Tagebücher, wie schamlos man beim STERN auch mit Fotos Fälschungen betreibt. Anläßlich des Lyoner Prozes-ses brachte der STERN eine Serie über BARBIE aus der Feder von KAI HERMANN. Dazu HEIDEMANN:

Zu einem Foto, das ich von BARBIE in einem Restaurant am Stadt-rand von La Paz (Bolivien) während eines Tonband-Interviews mit ihm aufgenommen habe und das so vorher in ähnlicher Form schon einmal mit einer anderen Bildunterschrift in meiner BARBIE-Repor-tage veröffentlicht war, heißt es jetzt (im STERN Nr. 20/84), »BARBIE genoß nach dem Putsch den Höhepunkt seiner Macht. In

Nobelrestaurants am Titicaca-See tafelte er mit Führern der faschistischen Dachorganisation BLOCK INTERNATIONAL *und mit seinen Geschäftsfreunden vom österreichischen Waffenkonzern Steyr-Daimler-Puch.« Das Foto ist im Sommer 1979 aufgenommen worden, also ein Jahr vor dem Putsch, was dem* STERN *bekannt sein muß. Bei diesem Essen waren seine und meine Ehefrau anwesend. Meine Frau machte bei dieser Gelegenheit auch einige Aufnahmen von uns. Ein zweites Foto, das ich ebenfalls 1979 von* KLAUS BARBIE *machte, ist auf Seite 78 der Nummer 25/84 des* STERN *abgebildet. Es zeigt* BARBIE, *wie er mir ein Taxi auf einer Hauptstraße von La Paz heranruft, und zwar ein »Zwei-Personen-Taxi«. Das sind Taxis, die ständig eine bestimmte Strecke fahren, die jeden, solange der Platz reicht, mitnehmen und dafür zwei Pesos kassieren. Deshalb hält* BARBIE *die Hand mit zwei gespreizten Fingern hoch. In der Bildunterschrift aber heißt es: »Kollege* KLAUS BARBIE *beim Neo-Nazi-Gruß in La Paz«.*

Dies sind, wie gesagt, die Methoden einer Gazette, die sich als Sittenrichterin über alles und jeden aufspielt.

Auch das Fälschen und Erfinden von Zitaten zählt zu den Methoden des STERN. Dazu nur ein besonders krasses Beispiel:

In der Sitzung des Bundestages vom 12. September 1984 hielt Bundeskanzler HELMUT KOHL aufgrund der Angriffe der SPD wegen der angeblichen mangelnden Versöhnungsbereitschaft der CDU gegenüber dem Osten WILLY BRANDT ironisch vor, er habe doch zum Schlesier-Treffen 1963 die massive Parole geprägt:

Das Recht auf Heimat kann man nicht für ein Linsengericht verhökern.

Im STERN vom 6. Dezember 1984 wurde dieses BRANDT-Zitat mit einem Foto von KOHL zu einem Ausspruch des Bundeskanzlers – gewissermaßen als Beispiel für dessen »Revanchismus«.

Neben der Hetze gegen die derzeitige Bundesregierung ist die Bundeswehr ein ständiges Verleumdungsziel des STERN. Da wurde beispielsweise bereits 1968 die Bundesmarine »fertiggemacht«. Dazu schrieb der Fregattenkapitän SIEVERT seinerzeit an NANNEN:

Der Artikel »Die Seemacht im Aquarium« enthält Halbwahrheiten, Unwissenheit, logische Fehlschlüsse und hämische Polemik. Angehende Publizisten können ihn sich hinter den Spiegel stecken als Musterbeispiel schlechter Arbeit.

Und Vizeadmiral FRIEDRICH RUGE qualifizierte das Pamphlet in einem Brief an NANNEN:

Sie haben eine respektable Leistung im Verdrehen, Unterlassen und falscher Information vollbracht.

Am 26. Oktober 1978 schlug der STERN wieder zu: »*Bundeswehr 1978 – rechts schwenkt marsch*« nannte STERN-Redakteur WOLF PERDELWITZ seinen Hetzartikel, in dem die Bundeswehr zu einer »Nazi-Truppe« umgelogen wurde. Der gleiche Ehrabschneider log in einem weiteren Artikel vom 9. Februar 1978 (»Kein Dank von Kameraden«) über die Brigadegeneräle HEINZ KARST und WOLFGANG SCHALL sie seien nach ihrer Pensionierung »offen zur CDU übergelaufen«. Für Generäle, die unter SPD-Verteidigungsminister GEORG LEBER dienten, ist es offenbar Pflicht, SPD-Mitglied zu sein, und Undank, wenn man zur CDU geht. Abgesehen von dieser grotesken Kameradschaftsvorstellung, die doch sonst von den Medien als beinahe faschistisch hingestellt wird, der Tatbestand: General KARST ist schon als aktiver Offizier 1968 in die Union eingetreten, General SCHALL schon 1957. Im gleichen Artikel werden der Bundeswehr Putschgelüste unterstellt, eine besonders infame Verleumdung, die dann genüßlich in Ostblock-Gazetten zitiert wurde. Die Geschäfte der Kommunisten werden im STERN immer wieder besorgt. Unter der selbstentlarvenden Überschrift »Ein Lump, wer da noch heuchelt« erklärte NANNEN den »Lieben STERN-Lesern«, Leute, die sich über das Verbot der Gewerkschaft SOLIDARITÄT und die Errichtung der Militärdiktatur JARUZELSKIS in Polen empörten, seien »Heuchler und Lumpen«. Das Geschrei im Westen sei eine würdelose Inszenierung machthungriger kalter Krieger, und die Begeisterung für den Freiheitskampf der polnischen Arbeiter sei Heuchelei, weil die gleichen Leute bei uns jeden Arbeitskampf als ein »Verbrechen gegen die freiheitliche Grundordnung« verurteilten. Zugleich rühmte er JARUZELSKI und seinen Stellvertreter RAKOWSKI als glaubwürdige Kronzeugen für die Harmlosigkeit der polnischen Diktatur.

Den LENIN-Orden hat NANNEN erstaunlicherweise noch nicht bekommen, dafür aber für die geschilderten Skandale, Verleumdungen und Lügen auf Vorschlag des sozialdemokratischen Hamburger Senatspräsidenten das Bundesverdienstkreuz Erster Klasse mit der Begründung, die keineswegs ironisch gemeint war:

Für den Wiederaufbau eines liberalen und mutigen Journalismus nach dem Zweiten Weltkrieg Deutschlands.

Nun wissen wir also, was liberaler und mutiger Journalismus aus der Sicht von Sozialdemokraten ist.

NANNEN war auch bemüht, sich einen Nachfolger als Chefredakteur heranzuziehen, der seiner Gesinnung und seinem Charakter entsprach. Und er fand ihn in MANFRED BISSINGER, der dann fast zu NANNENS Unstern wurde und eine ähnliche Krise im STERN verursachte wie die Affäre mit den gefälschten Tagebüchern HITLERS. BISSINGER, linksradikal geschult in der berüchtigten Magazin-Sendung PANORAMA des Norddeutschen Rundfunks, kam bereits 1967 zum STERN, mußte 1978 als stellvertretender Chefredakteur und NANNENS Liebling ausscheiden, wurde kurzfristig Pressesprecher des Hamburger Senats – und schließlich nach dem spektakulären Abgang seines Gönners, Bürgermeister HANS-ULRICH KLOSE, 1982 Chefredakteur des linksradikalen und prokommunistischen Hetzblattes KONKRET, wo einst ULRIKE MEINHOF als Chefin wirkte. In den zehn Jahren, in denen BISSINGER, von NANNEN gefördert und in allem geduldet, das Bild des STERN prägte, geriet das Blatt auf ein Niveau, das kaum noch zu unterbieten war. BISSINGER selbst, immer mit Spitzengehältern bedacht, von Abfindung zu Abfindung lavierend und so zum Millionär aufsteigend, war zugleich von einer antikapitalistischen Neurose befallen, die angesichts des kapitalistischen Hintergrundes der Geschäftemacher des STERN zu geradezu schizophrenen Exzessen führte. Da der Verlag sich weigerte, BISSINGER als Nachfolger NANNENS zu installieren (er wurde nur einer von drei stellvertretenden Chefredakteuren), drohte NANNEN in aller Öffentlichkeit dem Verlag mit seinem Rücktritt, was Bundeskanzler HELMUT SCHMIDT – ein grober Amtsmißbrauch! – 1976 zu folgendem Telegramm veranlaßte:

Lieber Herr NANNEN, Gerüchte, von denen ich höre, lassen befürchten, daß die Presselandschaft an Farbigkeit und Vielfalt verlieren könnte. Es ist wichtig, daß Sie aushalten. Ihr HELMUT SCHMIDT.

Und NANNENS großartige Antwort:

Ich danke Ihnen für Ihr Telegramm. Ich werde aushalten, solange der liebe Gott und meine Selbstachtung es zulassen.

Doch das Kuckucksei BISSINGER wurde 1977 dann doch aus dem STERN-Nest geworfen, wobei es zu einem Aufstand der linken Redaktions-Mafia kam, die auch auf NANNEN einschlug, als dieser sich endlich von BISSINGER zu distanzieren begann.

Die laut HELMUT SCHMIDT, dem großen Wirtschaftsfachmann und Kapitalistenberater, »*farbige Presselandschaft*« hatte von BISSINGER eine besonders rote Farbe bekommen, die den Verlag auf die Barrikaden trieb. Die »Landschaft« stand plötzlich in Flammen. Das große Anzeigengeschäft geriet in Gefahr. Der Masochismus, mit dem Industrie und Wirtschaft den antikapitalistischen STERN finanzieren, drohte an seine Grenzen zu stoßen. Mit einem ebenso obszönen wie gemeinen Titelbild waren im Dezember 1977 zwei Pamphlete aus BISSINGERS Feder unter den Titeln »Deutsche Chefs – Ferkel im Betrieb?« sowie ein weiterer Artikel »... und morgen die ganze Welt?« erschienen. Der Inhalt entsprach zwar der Gesinnung der meisten Redakteure des STERN, aber nicht der der Geschäftemacher des Verlages. STERN-Teilhaber JOHN JAHR wetterte in einem Brief an NANNEN:

Die letzten Ausgaben des STERN haben mich wieder sehr schockiert und in die Wirklichkeit zurückgeführt. Das Titelblatt des STERN mit der Überschrift »Deutsche Chefs – Ferkel im Betrieb?« war ordinär und geschmacklos, aber immerhin nicht bösartig. Vielleicht war es auch nur journalistische Unfähigkeit. Aber was sich die STERN-Redaktion oder das dafür zuständige Ressort in der neuesten Ausgabe Nummer 53 unter der Überschrift »... und morgen die ganze Welt?« erlaubt hat, ist infam, niederträchtig und erlogen. Der Artikel charakterisiert die deutschen Unternehmer als Steuerflüchtlinge, als faschistisch Rechtsstehende und als treibende Kräfte zur Vernichtung von Arbeitsplätzen in Deutschland und wirft Privatiers mit volkswirtschaftlich völlig unbedeutenden Investitionen (zum Beispiel ARNDT VON BOHLEN mit einer Villa in Marrakesch) in einen Topf mit dem Aufbau von Tochtergesellschaften durch deutsche Konzerne ... Wenn Sie, was ich fast vermute, die STERN-Redaktion nicht mehr in Ihrem Sinne steuern können, sollten Sie sich auf die Herausgeber-Position zurückziehen. Vielleicht übersieht die Redaktion nicht mehr, welchen ungeheuren Schaden sie dem guten Namen des STERN und des Verlages GRUNER + JAHR zufügt, wenn etwa 50 Personen, darunter bedeutende und fähige Wirtschaftsführer, in einer so unqualifizierten Form herabgesetzt werden. Dieser Beitrag nimmt mir die Hoffnung, daß Sie noch zu einer Kooperation,

die auch die Interessen des Verlages berücksichtigt, fähig sind.
Übrigens gehört auch der Verleger JOHN JAHR, ursprünglich Verleger des SPIEGEL, dann Teilhaber des GRUNER + JAHR-Verlags, in dem STERN und ZEIT erscheinen, zu den bemerkenswerten Mitstreitern HITLERS, obwohl er bis 1933 im MÜNZENBERG-Konzern in Hamburg in der kommunistischen ROTEN FAHNE beschäftigt war. Nach 1933 schlug er sich so rasch auf die braune Seite, daß er eine maßgebliche Rolle in der HJ-Zeitschrift DIE FANFARE spielte und schließlich von seinem Bayreuther Gönner, dem Leiter des NS-Gau-Verlages, SCHEMM, führender Funktionär der Nazis, mit der Leitung der DEUTSCHEN HEIMBÜCHEREI beauftragt wurde, einer Art von Großbuchgemeinschaft und Großbuchvertrieb für die Hitler-Jugend, durch welche die deutsche Jugend geistig und literarisch nazistisch ausgerichtet wurde. Insoweit waren also auch verlegerisch »die demokratischen Grundlagen« personell für STERN, SPIEGEL und ZEIT gelegt und der moralische Anspruch für unentwegte Vergangenheitsbewältigung gegenüber anderen.
Und Hauptaktionär REINHARD MOHN, Chef des BERTELSMANN-Konzerns, schrieb an NANNEN:
Ich mußte den Artikel »Deutsche Chefs – Ferkel im Betrieb?« als jämmerlich primitiv charakterisieren. Sie konnten dem nicht widersprechen ... Die heutige Ausgabe des STERN Nr. 53 mit dem Artikel »... und morgen die ganze Welt?« verblüfft mich. Die Primitivität setzt sich fort! In dieser naiven und unterschwellig demagogischen Art sollten Themen unter der Rubrik »Wirtschaft« im STERN besser nicht abgehandelt werden.
Dabei hatte der STERN in seine übliche Lügenproduktion ausgerechnet auch einen der Namensgeber des STERN-Verlages (GRUNER + JAHR), RICHARD GRUNER, hineinmanipuliert. In dem Artikel »... und morgen die ganze Welt?« war eine Villa in Ascona abgebildet, die angeblich GRUNER gehören sollte und in deren Keller er laut STERN Gold gehortet hatte, bis dessen Preis dreimal so hoch war. Zu dieser freien Erfindung erklärte GRUNER zum wiederholten Male, er wünsche, daß sein Name aus der Verlagsbezeichnung beseitigt werde:
Die Vorstellung, mit dieser Art Presse auch nur versehentlich identifiziert zu werden, ist mir unerträglich.
Da MANFRED BISSINGER auf stur schaltete und sogar erklärte: *So et-*

156

was gehört so immer wieder in den STERN, wurde ihm gekündigt. Eine Millionen-Abfindung minderte sicher den Schmerz. Denn links agieren und rechts kassieren gehört ja zu den Grundprinzipien der Sittenapostel unserer Meinungsdiktatur.

Interessant auch, was die linken Herren beim STERN verdienen, die uns ständig mit ihren Jammerartikeln über die Armut und den entsetzlichen sozialen Verfall unserer Republik zu empören versuchen. Beim Prozeß um die gefälschten HITLER-Tagebücher wollte der Gerichtsvorsitzende von Chefredakteur PETER KOCH als Zeugen wissen, was er beim STERN verdient habe und wie hoch die Abfindung gewesen sei (ehe er dann übrigens gleich wieder im SPRINGER-Konzern als Chefredakteur der inzwischen eingestellten Illustrierten JA engagiert wurde, die ebenfalls zum Millionen-Flop wurde). KOCHS Aussage: Als Abfindung habe er drei Millionen DM erhalten, und das sei auch zum Teil eine Art von Schweigegeld gewesen. Sein Gehalt beim STERN habe 35.000 DM im Monat betragen, zuzüglich einer jährlichen Tantieme von mindestens 50.000 DM. Das sind zusammen mit dem 13. und 14. Monatsgehalt annähernd 500.000 DM jährlich – in etwa doppelt soviel wie das Gehalt des Bundeskanzlers. Man sieht, daß sich Fälschen, Rufmord und Ehrabschneidung lohnen.

Eine schizophrene Moral ist auch in anderen Bereichen das besondere Merkmal für das Treiben der Meinungsmacher. Der Datenschutz zum Beispiel, vor allem, wenn er Terroristen und Kriminellen dient, wird zur heiligen Kuh erklärt. Die harmlosen Fragen für die Volkszählung, die man Finanzämtern, Krankenkassen, Gewerbeaufsicht usw. schon seit Jahrzehnten beantworten muß, werden dagegen zu einer ungeheuren »Ausforschung des wehrlosen Bürgers« manipuliert. Die Sammlung von Unterlagen gegen Staatsfeinde und Extremisten, soweit sie links sind (Rechtsextremisten sind selbstverständlich diesbezüglich Freiwild), ist in der Sicht der Meinungsmacher Verfassungsbruch und verletzt den Datenschutz. Sie selbst aber kennen keinerlei Datenschutz. Aus illegal erschlichenen Akten, aus alten Fragebögen wird bis in die intimsten Einzelheiten hinein bei politischen Gegnern, bei Andersdenkenden, bei nicht gefügigen Politikern, Wirtschaftsbossen, Publizisten und Behördenvertretern alles öffentlich ausgebreitet, was man sonst unter dem Stichwort Datenschutz als total geheim einstuft. Da wird aus privaten Briefen und Telefongesprächen zitiert, werden Geheimdokumente auf den Markt getragen, werden erfundene oder erschnüffelte sexuelle Beziehungen ausgeplaudert. Der »Gläserne Mensch«, den man dem Staat als Ziel unterstellt, wird in STERN, SPIEGEL und anderen Gazetten total nackt präsentiert, wenn es der politischen Zielsetzung paßt. Während die Herrschaften gegen den Schnüffelstaat polemisieren, sind sie selbst Meisterschnüffler in allen Bereichen.

Auch Erpressung ist da nicht selten im Spiel. So veröffentlichte die BUNTE ILLUSTRIERTE am 13. Mai 1982 ein Interview mit dem Bundesminister a. D. und ehemaligen FDP-Vorsitzenden ERICH MENDE, in dem dieser in Einzelheiten schildert, wie HENRI NANNEN mit an Nötigung und Erpressung grenzenden Methoden versucht hat, ihn im Zusammenspiel mit SPIEGEL-Chef RUDOLF AUGSTEIN, der ARD Hamburg, der ZEIT, der SÜDDEUTSCHEN ZEITUNG und der FRANKFURTER RUNDSCHAU zu zwingen, die damalige Politik der FDP aufzugeben und unter Mißachtung des Grundgesetzes für die Anerkennung der »DDR« als zweiten deutschen Staat und der Oder-Neiße-Linie als endgültige polnische Westgrenze einzutreten, um zusammen mit der SPD eine totale Wendung der deutschen Politik herbeizuführen. Da MENDE sich weigerte, drohte ihm NANNEN, er werde dafür sorgen, daß er den Parteivorsitz räumen müsse. Dies geschah dann auch mit übelsten Hetzartikeln gegen MENDE im STERN und im SPIEGEL.

Der besondere Haß des STERN gilt der KATHOLISCHEN KIRCHE. Wenn man die vielen Pamphlete gegen sie, gegen ihre christlichen Bräuche und erst unlängst gegen den Papst liest, wird man an die antikatholischen Hetzartikel in der SS-Wochenzeitschrift SCHWARZES KORPS erinnert.

Da schleicht sich zum Beispiel ein STERN-Redakteur nach der Methode WALLRAFFS in Beichtstühle ein und veröffentlicht dann die Fragen, die er in provokanter Art (vor allem im sexuellen Bereich) gestellt hat, und die Antworten des Priesters. Das Beichtgeheimnis ist für den STERN nur eine lächerliche Farce.

Und als der Papst kürzlich wieder Deutschland besuchte, begann der STERN mit einer Serie über angebliche »Geheime Sünden des Vatikan«. Auf dem Titelbild war ein schwarzgewandeter betender Kardinal zu sehen, mit über dem Schoß weit geöffnetem Rock, wo dann in knalligem Rot Bilder des Papstes, einer nackten Frau und einer Hand mit gebündelten Geldscheinen einkopiert waren. Diese Verleumdungsserie, wie üblich mit pornographisch obszönen Vergleichen, verkaufte der STERN unter dem Motto *»Kaputte Finanzen, böse Intrigen, lockere Moral«*. Damit charakterisiert er nicht etwa das STERN-Milieu, sondern den Vatikan und seine Priester.

Diese Hintertreppen-Story, in deren Zentrum der von Millionen Menschen verehrte polnische Papst steht, ist das Produkt einer ebenso verkommenen wie antichristlichen Gesinnung. Die STERN-Reporter EBELSEDER und JUPPENLATZ behaupten in ebenso größenwahnsinniger wie verlogener Anmaßung, »dem Gebieter der katholischen Welt bei der Arbeit über die Schulter zu sehen – wem gelingt das schon?« Natürlich dem STERN. Er hat ja seine geheimen Schnüffler im Vatikan. Oder tut er nur so? Nun, der STERN weiß, »wie herrisch der Papst regiert« und daß ein Kardinal ihn als »Kerl« tituliert. Der Papst wird als »jettender Hirte« verhöhnt oder als »König Karol, der von polnischen Zuträgern umgeben ist«, und als »Machthaber seine Würdenträger herunterputzt«. Natürlich namenlos wird ein »Monsignore« erfunden, der den Papst angeblich wie folgt charakterisiert:

Er ist so schrecklich oberflächlich. Nie sieht man an ihm eine wirklich persönliche, eine wirklich bewegende Geste. Nie, daß er einmal anhält bei seiner Hetze von Stadt zu Stadt und von Land zu Land, weil er von einem besonderen Schicksal gehört hat. Für ihn sind alle gleich, alles anonyme Gesichter, für ihn ist die Masse eine Droge. Aber hier findet er sie nicht mehr. Auch deswegen sucht er sich überall in der Welt immer neues Publikum.

In der gleichen Nummer vom 15. April 1987 begann der STERN auch die Serie »Schriftsteller über das Deutschland von heute«. Darin darf die in Israel lebende LEA FLEISCHMANN – wohl weil sie Jüdin ist, was allerdings keinen Freibrief für jede Verleumdung des heutigen Deutschland darstellt – verkünden:

In Stammheim haben die Deutschen einen Teil ihrer Intellektuellen eingekerkert, gequält und umgebracht.

Dies druckt der STERN in Großbuchstaben mit Ausrufungszeichen auf einer ganzen Spalte. Im Kleinstdruck kann man am Schluß der Seite die Anmerkung der Redaktion finden (die kaum jemand sieht und liest), daß die Terroristen einem internationalen Untersuchungsausschuß zufolge eindeutig Selbstmord begangen haben. Warum also druckt man diese schamlose Lüge?

Die Autorin vergleicht das Gefängnis in Stammheim mit Dachau. Und für sie ist Deutschland wie »Sodom und Gomorrha«. Die vermummten Demonstranten, die Steine werfen und randalieren, sind in ihrer Sicht »keine Chaoten«:

Das sind Menschen, die die verhängnisvolle Entwicklung erkannt haben und die sich nicht anders wehren können als mit einem Stein. Aber es waren immer so wenige, daß man die führenden Köpfe einsperren konnte und die anderen eingeschüchtert wurden.

Die STERN-Autorin beklagt, daß todbringende Waffen auf deutschem Boden stationiert werden. Von der sowjetischen Überrüstung und Aggressionsgefahr spricht sie nicht, obwohl sie aus Israel kommt, einem Land, das ebenso um sein Überleben und um seine Freiheit kämpft und bekanntlich von Waffen starrt. Hat nur Israel ein Überlebensrecht und ein Recht auf Verteidigung? Sind todbringende Waffen dort gut und in Deutschland schlecht?

Wenn es nicht gegen Deutschland oder gegen die Wiedervereinigung und die Selbstbestimmung für alle Deutschen geht, dann steigt der STERN immer wieder für totale sexuelle Freiheit, für Aussteiger, für Drogensüchtige, für AIDS-Infizierte, für Abtreibung, für Homosexuelle und Prostituierte auf die Barrikaden. Da bringt er zum Beispiel – Schamlosigkeit ist dafür ein zu schwaches Wort – ein Propaganda-Heft für die Abtreibung heraus. Über viele Seiten hinweg werden Frauen – auch Prominente – mit Foto, Namen und Text vorgestellt, die sich offen dazu bekennen, abgetrieben zu haben, und die die Tötung ihres ungeborenen Kindes mit dem Bekenntnis »Mein Bauch gehört mir!« Millionen STERN-Lesern als neue Moral verkünden – und dies zu einem Zeitpunkt, als diese grenzenlose Abtreibung noch eindeutig strafbar war. Ähnlich verfuhr der STERN auch mit dem Bekenntnis: *»Wir sind Homosexuelle«* (sogar STERN-Redakteure waren dabei). So, als ob das eine ganz natürliche, höchst ehren- und beachtenswerte sexuelle Alternative wäre.

Wie sagte SIGMUND FREUD einmal:

Der Verlust von Scham ist das erste Zeichen von Schwachsinn.

Oder ist es beim STERN mehr die perverse Lust an der Zerstörung aller Wertvorstellungen und das Bekenntnis zur sittlichen Anarchie? Und selbst die Vermarktung von AIDS – jener schrecklichen Seu-

160

che, die der STERN mit seinen pornographischen Exzessen und der Propaganda für totale sexuelle Freiheit natürlich nicht mitverschuldet hat – benutzt er noch zu einer besonders pornographischen Schweinerei. Da zeigt er auf fast einer ganzen Seite in Großaufnahme gleich ein halbes Dutzend erigierte Penisse mit halb übergezogenen Kondomen, die er – mit dem STERN-Zeichen versehen – durch eine Agentur verbreiten lassen will. Es kann einem übel werden, wenn man daran denkt, daß in Lesezirkeln, die auch für Kinder zugänglich sind, mehr als 100 000 Exemplare dieses obszönen STERN-Produktes verbreitet werden.

Nach NANNEN kam übrigens ein Mann namens ROLF WINTER als Chefredakteur zum STERN, der sich durch Häme und Hetze so auszeichnete, daß er nach kurzer Zeit selbst für die Verlagsmanager nicht mehr tragbar war und gehen mußte. Zum Tod AXEL SPRINGERS schrieb er einen »Nachruf«, der an Gemeinheit und Haß gegen einen Toten nicht mehr zu überbieten war. Die Amerikaner verunglimpfte er mit manipulierten statistischen Zahlen zu einer Nation von Gewalttätern und Schießwütigen, ein Fall schlimmster Volksverhetzung. Die Deutschen bezichtigte er in ähnlicher Weise, ein Volk von Antisemiten zu sein, was selbst den Vorsitzenden der Berliner Jüdischen Gemeinde, HEINZ GALINSKI, veranlaßte, dem STERN vorzuwerfen, in »unverantwortlicher Weise mit diesen hinterhältigen Fragen den Antisemitismus geradezu herauszufordern«.

Den Tod HEINRICH BÖLLS vermarktete der STERN in einer Art und Weise, die die FRANKFURTER ALLGEMEINE ZEITUNG zu einer höhnischen Glosse veranlaßte, in der es hieß:

Der STERN bleibt wohl das Kreuz, das der deutsche Journalismus zu tragen hat.

Mit Schaum vor dem Mund verteidigte und begleitete der STERN den Aufstieg der »Grünen«. Bei der SPD findet nur noch der äußerste linke Flügel Gnade. Den Umweltschutz manipuliert er zum Kampfinstrument gegen die Unionsparteien. Die Wahrheit bei seinen dauernden Unterstellungen spielt keine Rolle. Umweltminister WALTER WALLMANN wurde von dem sattsam bekannten MICHAEL JÜRGS aus dem Dreier-Gespann der Chefredakteure als »Graf Molke« geschmäht, so als habe WALLMANN Tschernobyl zu verantworten. Daß diese Molke dank der Katastrophen-Hysterie der Medien und der »Grünen« noch immer ungenützt abgestellt ist, erweist sich aufgrund der Erkenntnisse aller seriösen Fachleute übrigens als grotesker Schildbürgerstreich, da sie so gut wie keine Gefahr darstellt. Doch für JÜRGS liegt hier die »Tragödie einer gigantischen Umweltkatastrophe«, obwohl es mehr eine seines Verstandes sein dürfte.

Wie hier gelogen wird, beweist eine weitere Fälschung, die in Hamburg zur Hysterie bis in den Senat führte. *»Hochgefährliche Giftstoffe«*, so die STERN-Story, seien *»bei einem Großfeuer im Hamburger Hafen im letzten Augenblick abtransportiert«* worden. Es habe sich um 100 Behälter gehandelt, in denen nach Berechnung von Chemikern mindestens 500 kg Seveso-Dioxin enthalten gewesen seien, *»eine unvorstellbare Gefahr für die Menschen in der Millionenstadt«*. Nach bundesweiten Schreckensreaktionen mußte der STERN dann eingestehen, daß er zwei Nullen dazuphantasiert hatte. Es waren in Wirklichkeit knapp 5 kg. Die genaue Nachrechnung ergab sogar, daß am Ende nur noch 300 mg übrigblieben – das Hamburger Landesparlament mußte es beschämt eingestehen.

Spitzenleistungen bei seinem Rufmordgeschäft erbringt der STERN durch zügellose Verdächtigungen gegenüber Politikern, die seine rot-grünen Ambitionen stören. Ob es sich um die Anklage der Bonner Staatsanwaltschaft und des dem SPD-Justizminister in Düsseldorf weisungsgebunden unterstellten Generalstaatsanwalts gegen OTTO GRAF LAMBSDORFF wegen Bestechung handelte oder um das ebenso unhaltbare Ermittlungsverfahren gegen Bundeskanzler HELMUT KOHL wegen angeblicher Falschaussage – immer ging es gegen die Akteure der Wende 1982. Für den STERN und seine publizistischen Kumpane war es ein Racheakt für die Ablösung ihrer sozialliberalen Wunschregierung. Bei der medialen Vorverurteilung spielten STERN und SPIEGEL eine Vorreiterrolle. Während man jeden Terroristen, selbst wenn er auf frischer Tat ertappt wurde, bis zu einem rechtskräftigen Endurteil als »mutmaßlichen« Terroristen bezeichnet, gab es dies bei KOHL und LAMBSDORFF natürlich nicht. Sie waren von vornherein schuldig.

Auch nach dem Freispruch setzte der in seiner doppelzüngigen Pharisäerrolle ständig einschlägig tätige Chefredakteur HEINZ BREMER unter dem Titel »Zuviel Gnade für den Grafen« LAMBSDORFF auch weiterhin einer hemmungslosen Schimpfkanonade aus. Ausgerechnet der Chefredakteur der Rufmord- und Fälschergazette spricht in seinem Artikel von »politischer Hygiene« und »verletzter Rechtstreue«. Begriffe, die ja sonst für den STERN Fremdwörter sind. Solche Art von Ehrabschneidung als politische Berufsaufgabe ist ein grober Mißbrauch der Pressefreiheit.

Daß der STERN auch bei der verfassungswidrigen Propaganda gegen die Wiedervereinigung eine Führungsrolle spielt, ist angesichts seiner Kumpanei mit den östlichen Gewaltdiktaturen keine Überraschung mehr. Doch seine erbärmliche Gesinnung dokumentiert einer seiner jüngsten Exzesse, dessen Schamlosigkeit kaum noch zu überbieten ist.

Ausgerechnet als Kulturredakteur beschäftigt der STERN den Sohn des in Nürnberg hingerichteten ehemaligen Gouverneurs in Polen, HANS FRANK. Diesem NIKLAS FRANK gibt der STERN die Möglichkeit, den eigenen Vater und die eigene Mutter in einer Weise in den Schmutz zu ziehen, die bei jedem normalen Menschen nur noch Ekel hervorrufen muß. Daß er sich dabei in Stil und Gesinnung als würdiger Sohn des väterlichen Naziverbrechers entlarvt, scheint weder ihm noch dem STERN bewußt zu sein. Daß der angesehene BERTELSMANN-Verlag sich nicht schämt, dieses Machwerk auch noch als Buch herauszubringen, ist skandalös.

Die verbale Inhumanität dieser Serie entspricht haargenau dem Stil der einstigen Nazipresse, und ich kann von der Hamburger Gazette und ihrem menschenverachtenden Treiben nicht besser Abschied nehmen als mit einem Zitat aus dem moralisch und publizistisch ansonsten durchaus verwandten Schwesterblatt DIE ZEIT, die zu der STERN-Serie »Mein Vater, der Nazi-Mörder« unter anderem schreibt:

Wer aber schützt den Leser einer Zeitschrift, wenn sich darin vorwarnungslos ein Journalist zum ödipalen Helden aufwirft und sein Seelengekröse mit haßverseuchtem Gefasel aller Welt kundtat? Und wer bewahrt den Offenbarer davor, sich zu entseelen? Es bedarf dazu lediglich eines Redakteurs, der seinem Kollegen psychosozialen Beistand leistet und der die Leserschaft nicht als geistigen Abfalleimer mißachtet.

Im STERN scheint sich solch ein Mann an verantwortlicher Stelle nicht zu finden. Indes plagt das Blatt das HITLERsche Tagebuch-Syndrom, der nachgerade krankhafte Zwang, den bösen Geist brauner Dämonen heraufzubeschwören, als handle es sich dabei um ein vertrautes Hausgespenst. Einmal war man dem schelmischen

Schriftführer KONRAD KUJAU auf den Leim gegangen; nun versicherte man sich des nachweislichen Sohnes einer Nazi-Größe, um mit aller geziemenden Sensationsgier neuerlich ein diesmal hoffentlich authentisches Horrormärchen aufzutischen. Die Moral: Man spart mit Ekel nicht.

Schon am ersten Satz würgt der – noch – ahnungslose Leser der großen aufgeblasenen STERN-Serie »Mein Vater der Nazi-Mörder«; er besagt, daß der Vater zwar zeugen, nicht aber die Mutter befriedigen konnte. Eine »gnadenlose Abrechnung« nennt sich das?, fragt insgeheim der nach wenigen Worten bereits skeptische Leser.

Nun, Injurie um Injurie, versinkt der Bericht tiefer in die infernalisch gequälte Seele des Erzählers; wird ekelhaft und immer ekelhafter. Ödipus ist perplex: Nekrophile Sexualphantasien steigen ihm hoch, ein ums andere Mal wird die übermächtige Vaterfigur gemordet, gemeuchelt und mit orgiastischer Lust hingerichtet. »... den Strick um den Hals und ab in die Ewigkeit. Dafür krieg ich den Orgasmus«, so gesteht der Sohn, daß er sich an der Vorstellung seines gehenkten Vaters aufgegeilt habe. Dem Leser schwinden die Sinne. Kann sich denn dieser Mann tatsächlich keinen Analytiker leisten?, denkt er mit letzter Kraft.

»BARBIE, FRANK, WALDHEIM und die Hölle in uns« (im STERN?) – ein moribunder Rechtfertigungsversuch soll über die Hintergedanken der Blattmacher hinwegtäuschen. Aufgebrachte STERN-Redakteure hatten ihrer Chefredaktion dieses Editorial abgetrotzt. MICHAEL JÜRGS, einer aus dem Triumvirat der Zeitschrift, ergänzte daraufhin das Widerliche um das Peinliche: Er schreibt, er halte »diese Sprache, diese Gnadenlosigkeit« – gemeint ist die Triebabfuhr im Allerweltsdeutsch des Autors – für die »einzig adäquate Antwort auf das unaussprechliche Grauen«. et cetera, blahblah.

Augenblick, wie bitte? Adäquate Antwort? Auf das Unaussprechliche? Wenn NIKLAS FRANK beispielsweise schreibt: »Ich fühle deine Todesangst, wie sie hochsteigt, mir zur Lust wird ...«

Die Frage der ZEIT, wer den Leser vor einer solchen Zeitschrift schützt, könnte sie sich zwar auch selbst stellen, aber für den STERN kann man die Frage nach einem Akt der Selbstreinigung und der publizistischen Hygiene vor allem an jene richten, die ihm seine Existenz garantieren: Politiker, Anzeigengeber und Leser. Die deutsche Demokratie hat den STERN nicht verdient. Oder doch?

»DIE ZEIT«, Organ des Rufmords und der Manipulationen

> *Sophistik, die Kunst der Wortverdrehung,*
> *kann hervorragend gemacht, geistvoll*
> *formuliert, hinreißend geschrieben,*
> *dargestellt, inszeniert oder verfilmt*
> *sein, und dennoch kann es zugleich falsch,*
> *schlecht, minderwertig und unheilvoll*
> *sein.* JOSEPH PIEPER

Die Darstellung der Methoden der ZEIT in dem beschränkten Raum dieses Buches kann man mit Recht auch als Psychogramm dieser Gazette bezeichnen, die in der Kumpanei der Hamburger Pressediktatoren SPIEGEL und STERN eine besondere Rolle spielt. Die ZEIT war es ja, wie ich bei der Darstellung der SÜDDEUTSCHEN ZEITUNG erläutern werde, die sich durch einen fragwürdigen Psychotherapeuten ein sogenanntes »Psychogramm über FRANZ JOSEF STRAUSS« leistete, dessen menschenverachtende Gemeinheit kaum zu überbieten war. Obwohl ich auch in dieser Dokumentation letztlich nur – angesichts des mehr als 40jährigen Wirkens der ZEIT – die Spitze des Eisberges ihrer Einwirkung auf die öffentliche Meinung sichtbar machen kann, läßt sie doch einen Blick unter die Oberfläche des »Zeit«-Geistes tun, auf dessen Wogen sie, ihn mitprägend, schwimmt. Die Hamburger Wochenzeitung genießt ein erhebliches Ansehen und übertrifft durch ihre intellektuelle Qualität die meisten Medienprodukte, die unseren Markt überschwemmen. Gerade deshalb ist auch ihr Einfluß, vor allem auf Bildungsbürger und auf bildungshungrige junge Menschen, erheblich, zugleich aber, wenn man die Tendenz des Blattes bedenkt, noch viel gefährlicher als der des nur von Häme und Enthüllung lebenden SPIEGEL, gar nicht zu reden von dem armseligen Produkt STERN. Auch gegenüber dem mehr flüchtigen, wenn auch dauernden Einfluß des Monopols im Bereich der Tageszeitungen hat eine Wochenzeitung tiefere Wirkung. Sie wird nicht nur als aktuell-politische, sondern auch als geistige Nahrung verstanden, deren Wirkung selbst auf kritische Leser oder auf solche, die sich dafür halten, oft den Charakter einer stetigen Gehirnwäsche hat, die nur schwer zu beseitigen ist. Dennoch fügt sich die ZEIT, wenn auch auf anderer Ebene, nicht nur nahtlos in die Diktatur der Meinungsmacher ein, sondern sie prägt vielfach bei ihrem gewissermaßen gehobenen Leserkreis, weit über die anderen Medien hinausgehend, dessen politisches, geistiges und kulturelles Weltbild. Ihre Einseitigkeit wird vielfach gar nicht mehr wahrgenommen. Manipulation, in Qualität verpackt, ist viel gefährlicher, besonders gegenüber Menschen, die man zu den sogenannten Eliten zählen kann. Auf diese Manipulationen fallen selbst Menschen herein, die zu kritischem Denken fähig sind. Man kann sich einfach nicht vorstellen, daß ein Blatt dieses Ranges nicht der ungeteilten Wahrheit und redlicher Information dient. Bei SPIEGEL und STERN setzt man das meistens gar nicht voraus.

Dabei sehen in der ZEIT der moralische Anspruch, die personelle Integrität und die politische Zielsetzung nicht anders aus als in den anderen Gazetten, die ich schon vorgestellt habe. Auch die ZEIT lebt in der Durchsetzung ihrer politischen Ziele, die grundsätzlich dem linken Zeitgeist unterworfen sind, von Manipulationen und Desinformationen, ganz abgesehen von dem ständigen Rufmord an Andersdenkenden.

Ich bin dem Professor für politische Wissenschaft der Bayreuther Universität, DR. KONRAD LÖW, außerordentlich dankbar, daß er mir für dieses Buch einen Beitrag zur Verfügung gestellt hat, der besondere Aktualität besitzt. Es handelt sich um eine Analyse der Mitwirkung der ZEIT an der Kampagne gegen Chile, die seit Jahren ganz im Sinne der Moskauer Propaganda von unseren Medien undifferenziert und verlogen betrieben wird. Angesichts des Sommer-Theaters um Chile im Jahre 1987 hat dieser Beitrag von Professor Löw besondere Aktualität und entlarvt drastisch, was die ZEIT unter redlichem Journalismus versteht. Ich gebe Professor Löw das Wort:

MARTIN KRIELE sprach auf einer Tagung zum Thema »Der Bildschirm und das Auslandsbild«. Zu Beginn äußerte er: *Lassen Sie mich nur einen Sektor herausgreifen: das Beispiel Nicaragua, weil mich das gerade speziell beschäftigt hat und ich das persönlich erfahren habe ... Im November gab es in Nicaragua Wahlen, und Sie erinnern sich alle, daß es Diskussionen darüber gab, ob diese Wahlen echt waren. Aber zur entscheidenden Frage, auf die es bei diesen*

166

Wahlen angekommen ist, kann ich mich nicht entsinnen, irgend et-
was gehört und gelesen zu haben, nämlich, daß bei diesen Wahlen
die Machthaber in Nicaragua gar nicht zur Wahl standen. Die
Machthaber in Nicaragua sind die neun Kommandanten. Die sind
gleichzeitig Legislative ..., Chefs der Exekutive, einschließlich Poli-
zei, Gefängniswesen, geheimer Staatspolizei, Armee, und drittens
Chefs der Partei mit ihren Unterorganisationen ... Sie standen über-
haupt nicht zur Wahl. Wenn jemand im Saal ist, der dies im Fernse-
hen gehört hat, den bitte ich, mal die Hand zu heben. Ist irgend je-
mand da? Offenbar niemand.

Ähnlich würde es ihm ergehen, würde er zum Thema Chile sprechen, freilich, da dort die Marxisten in der Opposition sind, mit
umgekehrtem Vorzeichen.

Als Kuratoriumsmitglied der Internationalen Gesellschaft für Menschenrechte bereiste ich für knapp vier Wochen Chile, nachdem ich
mich vorher mit der Geschichte des Landes und seinen Problemen
einigermaßen vertraut gemacht hatte. Wie KRIELE mußte auch ich
feststellen, daß Tatsachen, die für die eigene Urteilsbildung von entscheidender Bedeutung sind, von den Medien vielfach unterschlagen werden. DIE ZEIT aber geht noch weiter. Sie versteht es sogar,
die Wirklichkeit auf den Kopf zu stellen und dergestalt glaubhaft zu
machen. Dafür je ein Beispiel aus den Bereichen der Politik, der
Wirtschaft und der Menschenrechte.

In nahezu allen Gesprächen über Chiles politische Zukunft, die
nicht hier, sondern im fernen Andenstaat geführt werden, tauchen
die Jahre 1970 bis 1973 auf. Die Vorgänge dieser Jahre haben für die
Bürger dieses Landes ein kaum zu überschätzendes Gewicht. In einer »Länderaufzeichnung« der deutschen Botschaft in Santiago de
Chile steht zu lesen:

Das gegenwärtige Regime kam am 11.9.1973 durch den Putsch der
Streitkräfte gegen die »Volksfront«-Regierung ALLENDES an die
Macht. Die Legitimation zu diesem Eingriff leitete das Militär dar-
aus her, daß Parlament und Oberster Gerichtshof zuvor das Vorge-
hen der Regierung ALLENDES als verfassungswidrig bezeichnet hat-
ten und daß ein Parlamentsbeschluß vom 22. August 1973 die Streit-
kräfte praktisch aufforderte, diesem Zustand ein Ende zu bereiten.

In der Resolution der Abgeordnetenkammer vom 22. August 1973
heißt es unter anderem:

Es ist erwiesene Tatsache, daß die gegenwärtige Regierung von allem Anfang an auf die Eroberung der totalen Macht ausgegangen ist in der offenkundigen Absicht, die gesamte Bevölkerung der rigorosesten politischen und wirtschaftlichen Kontrolle durch den Staat zu unterwerfen und auf diesem Weg ein Regime zu errichten, welches dem System der repräsentativen Demokratie, wie die Verfassung sie vorsieht, diametral entgegengesetzt ist. Um dieses Ziel zu erreichen, hat die Regierung nicht nur in vereinzelten Fällen gegen Gesetz und Verfassung verstoßen, sondern aus diesen Verstößen ein Dauersystem ihres Verhaltens gemacht ... Auf diese Weise hat die Regierung wesentliche Elemente der Rechtsstaatlichkeit und Verfassungsmäßigkeit vernichtet.

Auch der Oberste Gerichtshof hat sich am 28. Mai 1973 in diesem Sinne an ALLENDE gewandt:

Der Oberste Gerichtshof sieht sich zum x-ten Male veranlaßt, Sie auf das illegale Verhalten der Exekutive bei der unstatthaften Einmischung in Rechtsangelegenheiten ... aufmerksam zu machen ... Dieses Vorgehen bedeutet eine hartnäckige Auflehnung gegen gerichtliche Entscheide ..., es stellt darüber hinaus schon nicht mehr nur den Ausdruck der Krise des Rechtsstaates dar ..., sondern den des unmittelbar bevorstehenden Zusammenbruchs der Rechtsstaatlichkeit in diesem Lande.

Voll Bitterkeit fragt der Oberste Gerichtshof an, ob ALLENDE erwarte, *daß die Gerichtshöfe das Gesetz vergessen, alle ihre Grundsätze aufgeben und im Namen einer gesetzlosen, willkürlichen, anpasserischen und sogar kriminellen Gesellschaftsjustiz* urteilen.

Auch die KATHOLISCHE KIRCHE hat damals das Militär unmißverständlich gedrängt, dem Treiben ALLENDES ein Ende zu setzen. PINOCHET war nicht ein machtlüsterner Obrist, sondern der von ALLENDE selbst berufene Oberbefehlshaber des Heeres. Die Oberbefehlshaber der Kriegsmarine und der Luftwaffe sowie der Generaldirektor des Polizeikorps haben sich gleichfalls dem Aufruf der vorhin genannten Institutionen nicht versagt. Nur die wenigsten Europäer wissen, daß gerade die Angehörigen der chilenischen Streitkräfte immer als weitgehend unpolitisch galten, und selbst politische Gegner bescheinigen, daß die Militärs erst zum Sturz ALLENDES gedrängt werden mußten.

Am Tage des Umsturzes äußerte der Vorsitzende des BISCHÖFLICHEN BUNDES, Kardinal SILVA HENRIQUEZ:

*Wir vertrauen dem Patriotismus und der Selbstlosigkeit der Männer,
die jetzt die schwere Aufgabe auf sich genommen haben, die Ordnung der staatlichen Institutionen und der Wirtschaft des Landes
wiederherzustellen, die alle so ernstlich beeinträchtigt waren ... Die
Vernunft und der Patriotismus der Chilenen und die demokratische
und humanistische Tradition unserer Wehrmacht werden Chile sehr
bald zu seinem normalen staatlichen Institutionswesen zurückfüh-
ren ...*

Die dramatischen Vorgänge jener Tage, in denen Chile von den
Marxisten schon an den Rand des totalitären Abgrundes gedrängt
worden war, erscheinen in der Zeit in einem gänzlich anderen
Licht. Unter der bezeichnenden Überschrift »Stur gegen die Zeichen der Zeit« wird ausgeführt:

*Das stockkonservative Militär begründete sein Eingreifen 1973 mit
der Gefährdung von Recht, Ordnung und nationaler Sicherheit.
Diese Güter sieht er auch heute noch von allen Seiten bedroht. Überall vermutet* Pinochet *Kommunisten, Extremisten und Verräter
am Werk ...*

Ziemlich genau ein Jahr später, am 26. September 1986, krönt Die
Zeit ihre Berichterstattung mit dem Satz:

Die Kommunisten waren bis zu Pinochets *heiligem Krieg gegen
den Kommunismus in die chilenische Gesellschaft integriert und
zählten in der* Unidad Popular *zum legalistischen, rechten Flügel,
der den friedlichen, demokratischen Übergang zum Sozialismus
versuchte.*

Es steht zu befürchten, daß Die Zeit heute weit freundlicher über
Chile berichten würde, hätte Allende das Land auf Dauer in den
Totalitarismus gestürzt.

Der Zeit-Artikel beginnt mit: Pinochet *... führt einen gnadenlo-
sen Krieg gegen ... Demokratie ...!* Wie nach dem bereits Erwähnten
gar nicht anders zu erwarten, kein Wort über den Inhalt der 1980
verabschiedeten Verfassung, die eine Rückkehr zur vollen Demokratie vorsieht, und zwar allerspätestens im Jahre 1997, mit wichti-
gen Zwischenetappen, nämlich freien Parlamentswahlen, schon
1989.

Auch die Christdemokraten, ja wohl alle, die nicht zur äußersten
Linken zählen, also über 85 Prozent, haben den Sturz Allendes
begrüßt. Die Christdemokraten – und nicht nur sie – hofften je-

doch, dem Sturz der Kommunisten würde die Reaktivierung der Parteien auf dem Fuße folgen. 16 oder gar 24 Jahre sind wohl nach Auffassung der meisten, auch gutartigen Kritiker eine zu lange Buß- und Besinnungsperiode. Aber ist es andererseits geboten und ratsam, sofort nach erfolgreicher Ausübung des Widerstandsrechts die demokratischen Spielregeln voll zur Geltung zu bringen. Gesetzt den Fall, die deutschen Militärs hätten 1933 Hitler gestürzt …

Der letztzitierte Zeit-Artikel äußert sich auch zur wirtschaftlichen Lage. Die Feststellungen münden in die Worte:

Nach einem kurzzeitigen Aufschwung, den Optimisten schon als »chilenisches Wirtschaftswunder« begrüßten, kam die große Krise. 1982 meldeten knapp 500 große traditionsreiche Firmen Konkurs an, mehr als 100 000 Arbeitsplätze gingen verloren, und die Arbeitslosigkeit schnellte auf 35 Prozent.

Der Leser kann sich kaum des Eindrucks erwehren, daß sich an diesem Desaster in den folgenden vier Jahren nichts geändert habe, da dieser Zeitraum mit keinem Wort angesprochen wird, aber doch angesprochen werden müßte, wenn nicht alles beim alten geblieben wäre. Die Tendenz des ganzen Artikels läßt keinen Zweifel, warum: Weil nicht sein kann, was nicht sein darf.

Die Situation hat sich in der Zwischenzeit jedoch augenfällig zum Besseren gewendet. Den Tatsachen wesentlich näher und frühere Berichte revidierend schreibt Die Welt praktisch zeitgleich, nämlich am 25.9.1986:

Dem »Boom auf Pump« folgte »Wachstum in Austerität« – die chilenische Wirtschaft floriert – hohe Wachstumsrate … Viele Beobachter glauben sogar, daß dieser Staat über die stabilsten wirtschaftlichen Strukturen der Region verfügt und die besten Zukunftsaussichten hat … Chile verbuchte 1984 mit 6,8 Prozent die höchste Wachstumsrate Lateinamerikas. In diesem Jahr werden 5 Prozent erwartet, obgleich man die überhitzte Konjunktur gebremst hatte. Der Handelsbilanzüberschuß betrug 1985 fast 299 Millionen Dollar, eine Zahl, die bereits in diesem Jahr übertroffen wurde. Die Inflation: ungefähr 15 Prozent in diesem Jahr. Die Arbeitslosigkeit: 11 Prozent nach offiziellen Schätzungen.

Auch die Frankfurter Allgemeine äußert sich zur gleichen Zeit (29.9.1986) im gleichen Sinne:

Chile ist damit das einzige lateinamerikanische Land, das außer pünktlichen Tilgungen der Zinsen seine derzeit bei noch 20 Milliarden Dollar liegenden Auslandsschulden abbaut.

Von alledem weiß die ZEIT-Berichterstattung nichts. Für sie ist die Zeit stehengeblieben. Daß die Feststellungen der WELT und der FRANKFURTER ALLGEMEINEN richtig waren, ist zwischenzeitlich auch im PARLAMENT (28.2./7.3.87) nachzulesen:

Es gelang allerdings, die (offizielle) Arbeitslosenquote auf 9,7 Prozent abzusenken. Erstmals seit 4 Jahren stiegen die Reallöhne wieder um rund 2,4 Prozent. Die Inflation lag bei 17,4 Prozent und erreichte damit die niedrigste Rate der letzten 20 Jahre, von 1981 abgesehen. Die ausländischen Investitionen nahmen um 170 Prozent gegenüber 1985 zu.

Der Sonderberichterstatter der UNO über die Menschenrechtslage in Chile, FERNANDO VOLIO JIMÉNEZ, betonte in einem Interview: *Die Haltung der (chilenischen) Regierung war sehr konstruktiv. Sie hat meine Arbeit nicht behindert, und ich stelle fest, es gibt nicht viele Regierungen, die so handeln, wenn sie vor Ort einen Besuch empfangen, der die Einhaltung der Menschenrechte betrifft.* Andererseits betonte er: *... that the Human Rights-Situation in Chile is very disturbing ...!* Das ist auch meine Ansicht. Die Regierung behauptete, sie würde keinerlei Menschenrechtsverletzungen dulden, geschweige denn anordnen. Im Gegenteil – die Vollzugsorgane seien wiederholt ausdrücklich belehrt worden, sie hätten die geltenden Gesetze strikt zu befolgen. Stimmt das? Skepsis ist angebracht!

Skepsis aber auch bei so mancher Schilderung von Menschenrechtsverletzungen. Zwei Vorkommnisse, die durch die Presse gingen, sollen »hinterfragt« werden. DIE ZEIT informierte:

Am ersten Tag des Streiks, dem 2. Juli, lief der 19jährige Photograph RODRIGO ROJAS DE NEGRI einer Militärstreife in die Arme. ROJAS' Freund aus gemeinsamen Exil-Tagen in Washington, der chilenische Schriftsteller ARIEL DORFMAN, berichtete, was weiter geschah: »Die Soldaten schossen, die Jugendlichen rannten. Als die 18jährige CARMEN QUINTANA stolperte, ging Rodrigo zurück, um ihr zu helfen. Aus einem zweiten Wagen sprangen weitere Soldaten. Sie fielen über die beiden her und schlugen sie halb bewußtlos. Dann besprühten sie beide mit einer brennbaren Flüssigkeit und setzten sie in Brand.« Sieben Kilometer weiter wurden die in Decken gehüllten Opfer in einen Straßengraben geworfen. »Rodrigo und Carmen ge-

lang es, aus dem Graben zu kriechen. Das verkohlte Fleisch fiel ih-
nen bereits in Fetzen vom Leib.«

Ein deutschstämmiger Pater, der in Santiago lebt, schildert den
Vorfall wesentlich anders:

In einem Stadtteil wurde eine Barrikade von Autoreifen errichtet,
die später angezündet werden sollte. Eine Patrouille des Heeres stieß
auf die Gruppe, die die Straßensperre aufbaute. Bisher sind alle Be-
richte gleichlautend ... Es geht um die Frage, wer hat die Brandwun-
den verursacht? Die Opposition sagt: Die Soldaten hätten die Pro-
testler mit Benzin überschüttet und angezündet, und die Soldaten
geben über ihren Offizier eine ganz andere Darstellung: Die Pro-
testler haben sie mit sogenannten Molotow-Bomben bewerfen wol-
len (das sind Benzinflaschen), und so haben sie sich dagegen wehren
müssen. In der Aufregung haben die Protestler gegen einen Benzin-
kanister gestoßen, der sich entflammte, da die Studenten auch Phos-
phorfläschchen bei sich hatten, die sich bei Berührung mit der Luft
automatisch entzünden und selbständig Benzin in Brand setzen. Die
Soldaten haben dann die brennenden Personen mit Decken zu lö-
schen versucht, was ihnen auch gelungen ist. Die Soldaten wollten die
verbrannten Personen ins Hospital bringen, doch erhielten sie, das
heißt der leitende Offizier, den Befehl, an eine andere Stelle zu fah-
ren, wo Straßensperren errichtet waren. Der Grad der Verbrennung
wurde vom Offizier nicht richtig erkannt ... Um Klarheit zu schaf-
fen, wurde ein Zivilrichter eingesetzt ... Der eingesetzte Sonderrich-
ter sprach die Soldaten von jeder Schuld frei, der Leutnant, der die
Verwundeten auf offener Straße abgesetzt hat, wurde für eventuelle
fahrlässige Tötung verantwortlich gemacht.

Die ZEIT-Reportage ist aus mehreren Gründen unglaubwürdig:
Nicht das Militär transportiert brennbare Flüssigkeiten, um damit
bei Demonstrationen zu hantieren, sondern jene, die ihren Gepflo-
genheiten gemäß Reifen auftürmen, um sie in Brand zu stecken.
Und dann: *Das verkohlte Fleisch fiel ihnen bereits in Fetzen vom*
Leib. Wer derartige Verbrennungen erleidet, überlebt nicht. Carmen aber hat überlebt.

Unter dem 27. März 1987 greift DIE ZEIT den Vorfall erneut auf,
wieder mit recht bemerkenswerten Details, zum Beispiel:

Rodrigo und Carmen müssen die Schuhe ausziehen, damit sie nicht
weglaufen können.

172

Können sich junge Leute, zumal in äußerster Gefahr, barfuß nicht aus dem Staub machen?

Immer mehr Menschen verschwinden in PINOCHETS Chile. Schließlich verschwand auch Veronica (die Mutter von Rodrigo). Doch sie hatte Glück. Sie blieb am Leben. Im Exil in Washington ...

Zählen auch die Exilierten zu den »Verschwundenen«?

Veronica erinnert sich, wie sie – noch zu ALLENDES Zeiten – über HITLER, MUSSOLINI und FRANCO gelesen hat: Wie schrecklich das war und wie glücklich ich sein konnte, ihren Terror nicht erlebt zu haben. –

Und was ist mit dem Terror eines LENIN, eines STALIN, eines MAO, eines CASTRO, eines POL-POT? Für LENIN wie für den Leninisten ALLENDE und seinesgleichen gab und gibt es nur Terror von rechts. Für sie alle ist – LENINS Devise gemäß – alles sittlich, was der kommunistischen Weltrevolution dient, auch, wie LENIN ausdrücklich betont, die Lüge. Kann der, der das alles bedenkt, Veronica blind Glauben schenken? DIE ZEIT kann es.

Es gibt in Chile nicht nur einen marxistischen Terror, sondern auch einen Gegenterror, der vom Staat genauso entschieden bekämpft werden muß. Mitglieder jener Banden werden gelegentlich geschnappt, zumal auch ihnen mitunter Polizisten zum Opfer fallen. Ob insofern die staatlichen Organe säumiger sind, weiß ich nicht. DIE ZEIT aber will den Nachweis führen, daß zumindest eine enge Komplizenschaft bestehe:

Die Todesschwadronen gingen an die Arbeit. Im Morgengrauen des 8. September trommelten drei bewaffnete Männer an die Haustür des Journalisten JOSÉ CARRASCO, der vor geraumer Zeit aus dem Exil in Venezuela zurückgekehrt war. Wenig später wurde er ermordet aufgefunden. Polizei und Militär behaupten, sie hätten mit den Mordaktionen nichts zu tun. In allen vier Fällen aber schlugen die Todeskommandos während der nächtlichen Ausgangssperre zu. Zwischen zwei und fünf Uhr morgens gehört Santiago der Armee.

Die Frage drängt sich auf, ob die Reporter jemals schon in Chile waren, ob sie überhaupt die geographische Position kennen. Der 8. September fällt in das Ende des Winterhalbjahres, liegt 15 Tage vor den Äquinoktien. Was Sonnenaufgang anbelangt, entspricht der 8. September in Santiago dem 5. März bei uns. Am 5. März ist bei uns um sieben Uhr Sonnenaufgang. Wenn also die Todesschwadronen im Morgengrauen zugeschlagen haben, so war das nicht vor fünf Uhr, sondern erst nach fünf Uhr, also zu einer Zeit, in der Santiago nicht mehr »der Armee gehört«.

Diese Schilderungen rufen ins Gedächtnis, was schon vor Jahren DIE ZEIT zum besten gab:

Solche Äußerungen mögen lügenhaft, bösgläubig oder hetzerisch sein; aber sie sind durch die Meinungsfreiheit gedeckt, die bekanntlich auch falschen und widerwärtigen Äußerungen zugute kommen muß, ja gerade darin ihren eigentlichen Sinn hat.

Nun, eine Lüge ist das Gegenteil einer Meinung – und schon deshalb nicht von der Meinungsfreiheit gedeckt. Wenn es aber ein Grundrecht gäbe, das die Lüge schützen würde, stünde es einer seriösen Zeitung gut an, dieser die Grundlage jeder Gemeinschaft sprengenden Norm den Kampf anzusagen. Aber statt dessen wird das vermeintliche Grundrecht nicht nur ausnahmsweise ausgekostet. Dafür einige Kostproben aus dem ZEIT-Magazin:

Dachau 1942? Nein, Blick auf die »Resozialisierungs-Baracken« der deutschen Justiz. Was haben die Deutschen in über 30 Jahren gelernt? Der kleine Dieb ist heute der Jude.

Bekanntlich gibt es kleine und mittelgroße Diebe in riesiger, stets wachsender Zahl aus allen Bevölkerungsschichten. Wenn zufällig einer erwischt wird, was geschieht ihm dann, was einen Vergleich mit dem grauenhaften Schicksal der Juden 1942 zuließe?

Die nächste Bildunterschrift lautet:

Ein Häftling machte Bambule: Er zerstörte seine Zelle in der Justizanstalt Werl. »Was mich dazu treibt, Bambule zu machen? Die Umstände ... Ergebnis das! Nicht zu vergessen, vor der Tür steht das Rollkommando, und nach der Tracht Prügel sieht der Mann, der Bambule gemacht hat, noch schlimmer aus als dieses Loch.«

Mit einer Selbstverständlichkeit wird hier das Verhalten des Kriminellen in Schutz genommen und zugleich die Verleumdung ausgestreut, in unseren Gefängnissen werde wüst geprügelt. Natürlich sind alle diese Schilderungen Phantastereien – zumindest werden Roß und Reiter nicht genannt. Das spielt aber keine Rolle. Der Leser kommt auf seine Rechnung, das Blatt auf seine Leser.

Wo bleibt der vielgerühmte kritische Geist unserer Intellektuellen angesichts von Entgleisungen wie der folgenden (26.12.1986):

Ob GORBATSCHOW den Friedensmann SACHAROW zum Zeugen und

Botschafter für Einkehr und Neutralität Rußlands gewinnen könne, mag an den fortgesetzten Verletzungen der Menschenrechte ebenso scheitern wie an SACHAROWS *kämpferisch intoleranter Frau* JELENA BONNER.

KURT MARKO kommentiert treffend:

Der zionistische Urbösewicht, in Weibsgestalt dingfest gemacht, übersetzt in ZEIT*-Desinformation. Intolerant? Nach dem, was Frau* BONNER, *ihre Familie und* SACHAROW *durchlebt haben? Gewiß intolerant: Gegenüber einem System, das Toleranz nicht kennt und mit Transparenz Täuschung betreibt. Geht's schief, nicht nach Wunsch von* SPIEGEL *und* ZEIT, *ist der Sündenbock – sit venia verbo – schon da.* JELENA BONNER *als die Personifikation des Westens, der blind bleibt gegenüber dem neuen Licht ex oriente.*

Die Stichworte DER SPIEGEL und DIE ZEIT lenken zu der Frage: »Gibt es eine Medien-Mafia?« Der Literaturwissenschaftler WERNER ROSS begründet sein Ja: *Wenn wir* KOHL *nicht innerhalb von zwölf Monaten auf Null bringen, sind wir keine guten Journalisten.* Das war die Parole der Hamburger Medien-Mafia seit 1976, als das Wahlergebnis den Leuten von STERN, SPIEGEL und geistesverwandten Medien klargemacht hatte, wie stark sie den Herausforderer von Kanzler SCHMIDT bisher unterschätzt hatten.

Die FAZ stellte am 5.8.1986 in einer Untersuchung »Über die Macht der Presse ...« die Ergebnisse des Mainzer Publizistikwissenschaftlers KEPPLINGER vor:

SPIEGEL und STERN seien *mit ihrer jeweiligen Tendenz der Mehrheitsmeinung konstant um drei bis sechs Monate vorausgeschritten ...* SPIEGEL, STERN *und zum Teil auch* DIE ZEIT *beeinflussen die Tageszeitungen ...*

Bis heute wurde keine Absprache dieser großen drei anhand von Protokollen nachgewiesen. Solche gibt es sicherlich nicht. Aber der Chefredakteur eines sehr namhaften süddeutschen Presseverlages hat sich vor einem kleinen Kreis Mitte der 70er Jahre, ich selbst bin Zeuge, gerühmt, man habe die NPD-Gefahr dadurch gebannt, daß die Trendsetter übereingekommen seien, über diese Partei nur noch selten und dann beiläufig zu berichten.

Mag hier der gute Zweck das Mittel geheiligt haben. Werden wir je erfahren, wann, wozu und von wem zu wessen Lasten ähnliche Absprachen getroffen wurden? Und wie viele der kleineren Redaktionen sind »fellow-traveller«, zu deutsch »Mitläufer«. In dem Schreiben eines »fellow-traveller« wird unumwunden eingestanden:

Auch unsere Berichte sind, mangels direkter und objektiver Information, im Geiste der Zeit geschrieben. Wir übernehmen oft das, was bereits durch entsprechende Manipulationssysteme gegangen ist ...

Wer gegen diesen Zeitgeist schreibt, riskiert nicht nur Widerspruch, sondern vielmehr und in erster Linie persönliche Verunglimpfung. Mit Belegen dafür lassen sich Bücher füllen! Ein Denkmal für FRITZ TOBIAS, der trotz aller volkspädagogischen Bedenken und persönlichen Verleumdungen nicht davon abzubringen war, die Alleinschuld VAN DER LUBBES am Reichstagsbrand nachzuweisen.

MARTIN KRIELE berichtet über ein Gespräch mit einem befreundeten TV-Redakteur. Diesem kamen Zweifel, ob etwas, was man da bringt, auch richtig sei. Auf Nachforschung hin erhielt er die bezeichnende Antwort:

Was regst Du Dich auf? Wenn wir das so bringen, dann wird es wahr. Wir setzen die Wahrheit.

Diese »Wahrheit« meinte der Träger des Friedenspreises des Deutschen Buchhandels 1986, WLADYSLAW BARTOSZEWSKI, nicht, als er sich mit allem Nachdruck zu der Einsicht bekannte: *Friede ist allein durch Freiheit ... Freiheit ist allein durch Wahrheit.* Wahrheit meint zunächst ganz schlicht, daß man die Wirklichkeit zur Kenntnis nimmt, wie sie ist. Um Freiheit und Friede im Sinne BARTOSZEWSKIS wäre es besser bestellt, wenn alle, vor die Wahl gestellt, ob sie mit der ZEIT oder mit der Wirklichkeit gehen wollen, sich für die Wirklichkeit entschieden.

Soweit Professor Löw über die Methoden der ZEIT.

Dieses Mißverhältnis der ZEIT zur Wirklichkeit – ich verfüge über große eigene Erfahrungen mit dem Blatt – ist natürlich nicht auf Wahrnehmungsschwierigkeiten zurückzuführen, sondern geschieht gezielt. Wenn man sich die ständigen Rufmordkampagnen unserer Medien betrachtet, die sich gegenseitig die Bälle zuspielen, wenn sie ein Zielobjekt ausgemacht haben, das ihrem linken Weltbild ein Ärgernis ist, dann gewinnt man bei diesen Kampagnen den Eindruck, das Ganze sei von einer Zentrale gelenkt, wie einst vom Propaganda-Ministerium des Herrn GOEBBELS. Das stimmt natürlich nicht, obwohl es an der Wirkung nichts ändert. Dann steigen

SPIEGEL, STERN, ZEIT, SÜDDEUTSCHE ZEITUNG, STUTTGARTER ZEITUNG und viele andere mit dem verlogenen Anspruch, überparteilich und liberal zu sein, skrupellos unterstützt von der linken Mafia in Fernsehen und Rundfunk, auf die Barrikaden ihres angeblich »kritischen Journalismus«, den man in Wirklichkeit eher als »kriminellen Journalismus« kennzeichnen kann. Der Rufmord an einzelnen Persönlichkeiten in allen Bereichen des öffentlichen Lebens, deren politische und vor allem konservative Haltung man bekämpft, wird ohne Rücksicht auf Wahrheit, Menschenwürde und Fairneß betrieben. Das trifft auf die ZEIT genauso zu wie auf die anderen Gazetten, die ich schon vorgestellt habe.

Da sich die ZEIT bis heute unter dem Vorwand, liberal und tolerant und gewissermaßen superdemokratisch zu sein, neben ihrem Kampf gegen alles, was konservativ ist, was sich christlichen Grundsätzen und wirklicher demokratischer Haltung verpflichtet fühlt, immer wieder der Vergangenheitsbewältigung und der Denunziation Andersdenkender widmet, die man immer wieder mit oft lächerlichen Sünden aus der braunen Vergangenheit, vor allem aus deren frühester Jugend, zu diffamieren versucht, erscheint es mir legitim, auch einen Blick in das Glashaus der ZEIT zu werfen, aus dem heraus sie seit Jahrzehnten Steine auf jene wirft, die sie der braunen Sünden bezichtigt. Bei diesem Treiben verzichtet auch die ZEIT auf jede Toleranz, jede liberale Differenzierung, jedes Maß und jede Fairneß, die sie an die Vergangenheit anderer Menschen, Politiker, Wirtschaftsführer, Professoren, Schriftsteller, Publizisten oder deren Institutionen anlegt, wenn dieselben sich nicht schnell genug nach 1945 ins linke Lager abgesetzt und damit entnazifiziert haben. Die politische und moralische Rolle, die sich die ZEIT als Sittenrichterin anmaßt, ist leider ebenso pharisäisch wie die eines AUGSTEIN und eines NANNEN oder der SÜDDEUTSCHEN ZEITUNG, die ich allerdings nur exemplarisch und stellvertretend für viele andere Tageszeitungen in diesem Buch vorstelle.

Die Gründungsgeschichte der ZEIT, eng verknüpft in verlegerischer Gemeinschaft mit dem STERN, entsprach in vielem der des SPIEGEL und vieler Tageszeitungen. Mit der Vergabe von Lizenzen durch die jeweilige Besatzungsmacht an angeblich »demokratisch verläßliche« Personen, was eine totale Ahnungslosigkeit der alliierten Presseoffiziere verriet, wurde überall der Grundstock nicht nur für ein

177

lukratives Meinungsmonopol im jeweiligen publizistischen Bereich gelegt, sondern auch der Grundstock für ein riesiges Mediengeschäft, das im grotesken Widerspruch zu der antikapitalistischen, oft klassenkämpferischen Politik dieser Gazetten stand. Die Nachkriegsmillionäre der Meinungsdiktatur verdanken ihr Vermögen einer publizistischen Steigbügelhalterrolle für den Sozialismus oder für den schizophrenen Linksliberalismus, eine wahrhaft groteske Erscheinung. Die Lizenz für die ZEIT konnten 1946 GERD BUCERIUS, SCHMID DI SIMONI und RICHARD TÜNGEL erlangen, die beiden letzteren konservative und maßvolle Patrioten. BUCERIUS hingegen spielte sich vor allem als Vergangenheitsbewältiger auf und wirkte als eine Art von Trojanischem Pferd in der CDU, was ihm angesichts seiner Tätigkeit als Lieferant für Lieferungen an die Deutsche Wehrmacht im Zweiten Weltkrieg eigentlich nicht zustand. Den Krieg hatte er vorwiegend auf Geschäftsreisen, aus Hotelfenstern in Paris oder Athen erlebt, voll inneren Widerstandes natürlich. Die drei Herren gerieten sich bald in die Haare. Wohl weniger aus politischen, sondern aus finanziellen Gründen. Man traf sich in spektakulären Prozessen vor Gericht. BUCERIUS ging als Sieger hervor, und damit begann der sogenannte linksliberale Kurs der ZEIT mit ständig wechselnden Gesinnungen und als fragwürdiges Sprachrohr für den selbstmörderischen Zeitgeist, für den sie sich wohl als Vorreiterin verstand und den sie mitgeprägt hat.

Unbeschadet der unübersehbaren Fakten holte sich BUCERIUS, zuerst als Kulturredakteur, den späteren Chefredakteur JOSEF MÜLLER-MAREIN, der so nahtlos vom zwölf Jahre lang tätigen Nazi-Propagandisten wie NANNEN zum Sittenrichter der Demokratie aufstieg, begleitet von zahlreichen ähnlichen Mitstreitern aus der Branche jener Nazi-Ideologen, die die ZEIT seit Jahrzehnten überall dort wittert, wo man ihrem linksliberalen Diktat nicht gehorcht. Nur gegenüber der Vergangenheit in den eigenen Reihen wappnete man sich mit totaler Blindheit. Auch hier galt der Grundsatz, wer für links optiert, ist trotz seiner braunen Tätigkeit in den zwölf Jahren vorher total pardoniert. Alle anderen werden mit einer Art von publizistischem Killer-Instinkt durch Denunziationen und Rufmord fertiggemacht. Dabei unterscheidet sich die ZEIT vielfach nicht einmal in ihrem zynischen und menschenverachtenden Stil von SPIEGEL und STERN.

Als ich 1966 mit Konrad Adenauer die Deutschland-Stiftung e. V. gründete und derselbe in Gegenwart der Bayerischen Regierung, führender Persönlichkeiten aus der ganzen Bundesrepublik, an der Spitze Bundestagspräsident Eugen Gerstenmaier, in der Münchner Universität vor mehr als 1000 Gästen die ersten Konrad-Adenauer-Preise für Wissenschaft, Literatur und Publizistik verlieh, war dies für die sich demokratisch nennende Medien-Diktatur offenbar eine so furchtbare Provokation, daß sie über Jahre hinweg ein schamloses Kesseltreiben gegen die Deutschland-Stiftung e. V. und vor allem gegen mich inszenierte, als stünde eine neue Machtergreifung Hitlers bevor. Keine Lüge, keine Verleumdung, keine Entstellung, Fälschung und Manipulation waren den Medien-Zaren von Hamburg bis München zu niederträchtig, als daß sie nicht gegen uns eingesetzt wurden. Mindestens 30 Prozesse mußten wir gegen die Verleumder führen. Das nützte nicht viel. Trotz aller gerichtlichen Verbote und Strafandrohungen steigerte sich die Hetze, und selbst gerichtlich verbotene Lügen wurden wiederholt, als es mir gelang, mit der Gründung des Deutschland-Magazin ein publizistisches Forum zu schaffen, das sich der linken Kulturrevolution, dem anarchistischen und antidemokratischen Zeitgeist widersetzte, dem Verfall politischer Sitten und Grundsätze, vor allem in den Zeiten der sozialliberalen Koalition entgegentrat. Kommunisten und Linkssozialisten, Anarchisten und Chaoten verbreiteten die unglaublichsten Verleumdungspamphlete, immer massiv unterstützt von Stern, Spiegel, Zeit, der Süddeutschen Zeitung und vielen anderen Gazetten und vor allem durch die linksextremen Missionare, die auf dem Marsch durch die Institutionen Fernsehen und Rundfunk erobert hatten. An die Spitze dieser Hetze setzten sich vor allem die Süddeutsche Zeitung und die Zeit. Dabei kam es bei der Zeit zu grotesken Eigentoren. Die schlimmsten Lügen mußte ich ihr gerichtlich verbieten lassen. Da log die Zeit, und zwar wider besseres Wissen, wir hätten den Namen Adenauers »usurpiert«, das heißt, uns rechtswidrig angeeignet. Zwar könnte man eher sagen, die Zeit habe ihren Anspruch, das einzig wahre demokratische Presseorgan zu sein, »usurpiert«, obwohl sie von wirklicher demokratischer Freiheit für alle keine Ahnung hat, ja dieselbe für Andersdenkende mit Füßen tritt. Obwohl Adenauer natürlich genau wußte, warum er sich mit uns verband – seine Sekretärin, ANNELIESE POPPINGA, hat in ihrem Erinnerungsbuch über ADENAUER seine Gründe für die Zusammenarbeit mit uns eingehend geschildert –, stellte die ZEIT, und nicht nur sie, ihn als Ahnungslosen hin, der gar nicht wußte, wen er bei dieser ersten Preisverleihung durch seine Anwesenheit und seine letzte öffentliche Rede vor seinem Tod ehrte. Auch die Tatsache, daß er uns in voller Kenntnis der Medienhetze nach der Preisverleihung schrieb, daß er uns *noch einmal herzlich für die Vorbereitung und Durchführung der Veranstaltung in der Aula der Münchner Universität* danke, *die Verleihung der ersten* KONRAD-ADENAUER-*Preise erfolgte in einem würdigen und angemessenen Rahmen, so daß wir hoffen dürfen, in der weiteren Arbeit der Vereinigung die uns vorschwebenden Ziele zu erreichen.* Sogar EUGEN GERSTEN-MAIER wurde wegen seiner Teilnahme an der Preisverleihung beschimpft. Auf dem Bundesparteitag der CDU am 8. April 1967 in Hannover hat er die Verleumdungen der ZEIT und anderer Presseorgane und den angeblichen Mißbrauch, den wir mit prominenten Besuchern betrieben hätten, mutig und eindrucksvoll zurückgewiesen. Er sagte unter anderem:

Ich bin kritisiert worden, weil ich auf die Einladung KONRAD ADE-NAUERS *hin an der Verleihung des* KONRAD-ADENAUER-*Preises an drei konservative Schriftsteller teilgenommen habe. Diese Verleihung scheint manchem, der sich für einen redlichen Demokraten hält, schockierend, aber warum eigentlich? Nur deshalb, weil die drei eine Gruppe und eine Haltung repräsentieren, die von der lange tonangebenden sich grundlegend unterscheidet? Kann der patentierte Nonkonformismus den wirklichen Nonkonformismus nicht ertragen? Es gab Kritiken, die den Eindruck erweckten, als ob unter dem Patronat* ADENAUERS *in der Aula der Münchner Universität eine nationalistische, ja eine nationalsozialistische Provokation stattgefunden habe. Indessen war dort kein Ton zu hören, der darauf schließen ließ, daß auch nur einer jener Preisträger im Sinne habe, den Rechtsradikalismus zu unterstützen. Sie präsentieren auch nicht das, was man einen neuen deutschen Nationalismus nennen könnte. Sie sind Konservative, die sich als solche mit ihren Gegnern allerdings oft und beharrlich angelegt haben. Es sind Männer, die der durchdringenden Relativierung aller Werte in ihrer Art widersprechen wollen. Auch das soll in Deutschland nicht mehr erlaubt sein?*

Auch wenn ich mit dem Grundgedanken des kritischen Konservativismus gar nichts im Sinne hätte, würde ich mich gegen Monopolansprüche, die den dreien das Recht des freien Wortes streitig machen wollen, entschieden verwahren. Denn Freiheit ist auch die Freiheit des anderen.

Genau das ist es. Die Freiheit Andersdenkender ist für die Diktatur der Meinungsmacher unerträglich.

Über viele Seiten hinweg, geradezu mit Schaum vor dem Mund, und auch noch Jahre später hat die ZEIT über die Preisverleihungen und über die DEUTSCHLAND-STIFTUNG e. V. Artikel produziert, deren Stil und Fälschungen mich an die schlimmsten Zeiten der Nazi-Presse erinnerten. Über den ersten Preisträger für Wissenschaft, den jüdischen Emigranten Professor LUDWIG FREUND, giftete der Redakteur HANS GRESMANN:

Den ersten Preis erhielt ein weithin unbekannter Politologe, von dem sich freilich mit verläßlicher Sicherheit sagen läßt, daß seine antikommunistische und gegen jede »Aufweichung« gerichtete Haltung über jeden Zweifel erhaben ist.

Die gleiche ZEIT aber hatte drei Jahre vorher, am 27. März 1964, eine Hymne auf das Buch von FREUND »Freiheit und Unfreiheit im Atomzeitalter« veröffentlicht, über drei Spalten hinweg. Und der angesehene PAUL SETHE schrieb witzigerweise, nach dem Pamphlet von GRESMANN am 7. April 1967, ebenfalls eine Hymne auf das Buch von FREUND »Koexistenz und Entspannung«.

Die Politologen kannten ihn schon früher als einen Vertreter ihrer Wissenschaft, der ein achtungabnötigendes Schicksal erlebt hat ... Die Deutschen, aber auch die Welt draußen, sollten aufmerksam der Stimme eines deutschen Juden lauschen, der sich dagegen wendet, daß immer noch der deutsche Volkscharakter als verdächtig erklärt wird, weil die Nationalsozialisten furchtbare Greueltaten begangen haben.

Und diesen Mann verhöhnt die ZEIT durch einen drittklassigen Journalisten, nur weil er einen KONRAD-ADENAUER-Preis bekommt, wobei sich die Frage stellt, ob hier nicht schon der Ansatz zu einer antisemitischen Haltung zu erkennen ist, mit der der einstige Chefredakteur der ZEIT und einige seiner Mitstreiter im Dritten Reich ihre publizistischen Geschäfte gemacht haben. Ich komme darauf zurück.

Noch primitiver ging GRESMANN mit dem Preisträger für Publizistik, ARMIN MOHLER, um:

Uns interessiert nicht der schweizerische »Möchtegern-Landsknecht« von einst, uns interessiert der geschäftige »Berufskonservative« von heute.

Der schon genannte PAUL SETHE widmete jedoch schon in der ZEIT vom 17. Dezember 1965 auf einer ganzen Seite dem Buch MOHLERS »Was die Deutschen fürchten« einen Aufsatz, in dem er die Eigenschaften MOHLERS bewundert und in dem es unter anderem heißt:

Wie bei jedem guten Schreiber ruht MOHLERS Stil auf dem Grunde einer ausgebreiteten Bildung ... In den letzten Wochen wurde in der Bundesrepublik darüber gestritten, ob der Geist wirklich links stehe. Dieses Buch bestätigt, was man freilich schon wußte, daß auch die Rechte über eine Reihe glänzender Federn und selbständiger Geister verfügt.

Aber noch schamloser ist die Tatsache, daß die ZEIT viele Jahre lang, als ARMIN MOHLER in Paris lebte, mehr als 20 glänzende und bedeutende Beiträge von ihm veröffentlicht hat. Spekuliert das Blatt auf das schlechte Gedächtnis seiner Leser oder verliert es jeden Anstand, wenn es gilt, eine Institution oder ihre Preisträger zu schmähen, die nicht GRASS oder BÖLL heißen?

Der dritte Preisträger – für Literatur –, BERNT VON HEISELER, wird mit folgender Niedertracht beschimpft:

BERNT VON HEISELER, den Preisträger Nr. 2, hat ein Kenner der deutschen Gegenwartsliteratur so eingeordnet: »Vor HITLER war er drittklassiger, unter HITLER war er ein zweitklassiger und heute ist er ein viertklassiger Schriftsteller.«

Tatsächlich gehört der inzwischen verstorbene BERNT VON HEISELER seit Jahrzehnten durch ein umfassendes Lebenswerk von Essays, Romanen und Dramen zu den bedeutendsten Dichtern über alle Epochen der deutschen Geschichte hinweg. Seine Romane wurden vor der Preisverleihung in allen Rundfunksendern, in der linken Züricher Zeitung DIE TAT und von fast allen großen Tageszeitungen als große dichterische Leistung gefeiert. Bedeutende Dichter, wie REINHOLD SCHNEIDER, RUDOLF ALEXANDER SCHRÖDER, GERTRUD VON LE FORT, bekannten sich zu ihm als großen Dichter. Zum Beispiel REINHOLD SCHNEIDER:

Ich empfinde große Bewunderung für diese erzählerische Leistung und Kultur. Für die Klarheit der verschlungenen Linienführung, für die Reife der Einsicht in Leben und Zeit, das Wissen vom Menschen überhaupt und die großzügige Offenheit allem Menschlichen gegenüber. Das Ganze ist von jener natürlichen Vornehmheit, die früher in Deutschland allem Bedeutenden eigen war und heute so selten ist. Die Schönheit und Reinheit der Landschaftsbilder breitet Ruhe über die Untergänge: Das tröstliche Bewußtsein des unzerstörbar Bleibenden über die Tragödie der geschichtlichen Existenz.

Gegenüber Hunderten solcher Zeugnisse mutet die erbärmliche Häme der ZEIT wie ein Rückfall in die Literaturkritik des Dritten Reiches an.

Die Wut der Medien richtete sich – dabei an der Spitze auch die ZEIT – vor allem aus zwei Gründen gegen die DEUTSCHLAND-STIFTUNG E. V., gegen die Verleihung der KONRAD-ADENAUER-Preise und insbesondere gegen mich und einige meiner unerschrockenen Mitstreiter.

Das durfte es doch nicht geben, daß plötzlich neben den Dauerabonnenten aller Literatur-, Kunst- und Wissenschafts-Preise, den von den Medien unterschiedslos gefeierten HEINRICH BÖLL, GÜNTER GRASS, WALTER JENS, HANS MAGNUS ENZENSBERGER, um sie beispielhaft als Spitzenreiter solcher Ehrungen zu nennen, auch Männer und Frauen ausgezeichnet wurden, die nicht die Bundeswehrsoldaten als Mörder beschimpfen, nicht mit den Kommunisten paktieren, Pornographie nicht als Ausdruck höchster Kunst propagieren, ihr Vaterland und ihren Staat nicht in der unglaublichsten Weise herabsetzen, sondern die für Recht und Ordnung, Sicherheit, Verteidigungsbereitschaft und einen vernünftigen Patriotismus eintreten. Das durfte nicht sein. Und wenn ich die vielen Hetzartikel durchblättere, die über uns und mich seit zwei Jahrzehnten verbreitet wurden und werden, werde ich, auch was die ZEIT betrifft, in Stil, Methode, perverser ideologischer Einseitigkeit und angesichts der schamlosen Lügen und Unterstellungen und der jeder Menschenwürde hohnsprechenden Hetze an die Presseorgane des Dritten Reiches erinnert, an den STÜRMER, an das SCHWARZE KORPS der SS, an GOEBBELS' REICH, an den Berliner ANGRIFF und an den VÖLKISCHEN BEOBACHTER in München. Organe, in denen die Prominenz unserer Medien in den ersten Jahrzehnten nach 1945 früher fast ausnahmslos mitgearbeitet hat, natürlich voll »innerem Widerstand« und »zähneknirschend«.

Da überschrieb doch der durch ähnliche Hetzartikel sich einschlägig auszeichnende ZEIT-Redakteur ULRICH VÖLKLEIN in der ZEIT vom 21.11.1978 die »Würdigung« eines der besonders verleumderischen Pamphlete über die DEUTSCHLAND-STIFTUNG E. V. und mich aus der Feder eines notorischen Linksextremisten, dessen schlimmste Verleumdungen gerichtlich verboten wurden, was die ZEIT vornehm verschweigt, mit der diffamierenden Behauptung *Der Schoß ist fruchtbar noch ..., eine Analyse demokratiefeindlicher Kräfte.* Die DEUTSCHLAND-STIFTUNG E. V. wird darin gewissermaßen als Sammelbecken unbelehrbarer Nazis verleumdet, obwohl ihrem Ehrenpräsidium Männer wie DR. MAX ADENAUER, HANS JOACHIM VON MERKATZ, OTTO SCHEDL, HELMUT LEMKE, ALOIS HUNDHAMMER unter der Ehrenpräsidentschaft KONRAD ADENAUERS angehören oder damals angehörten.

Verfasser dieses Pamphlets ist übrigens ein gewisser HANS-DIETER BAMBERG. Er hatte 1972 eine ähnliche Hetzschrift über den CDU-Politiker RAINER BARZEL in dem kommunistischen PAHL-RUGENSTEIN-Verlag unter dem Titel »Über Werdegänge, Aktivitäten und Ansichten des RAINER BARZEL« herausgebracht. Die gleiche ZEIT, die nun das Pamphlet über die DEUTSCHLAND-STIFTUNG E. V. in den Himmel hebt, schrieb am 10. November 1973 über das BARZEL-Buch des gleichen BAMBERG eine Kritik, die den gleichen Verfasser als üblen Scharlatan hinstellt. Die ZEIT schrieb:

Das, was ihm (BARZEL) im Skript von BAMBERG angetan wird, hat er nicht verdient. Der 30jährige Diplom-Politologe entlädt auf BARZEL *ein Maß an Haß und Voreingenommenheit, die ebenso infam wie das andere Buch banal ist.* (Bei dem gleichzeitig besprochenen anderen Buch handelt es sich um das von LUDWIG VON DANWITZ über BARZEL.) *Hinter seinen Scheuklappen sieht BAMBERG Demokraten nur äußerst links stehen.*

Die ZEIT weist BAMBERG dann fortgesetzte Lügen und Verfälschungen nach und schließt ihre Kritik:

BAMBERGS Begabung erschöpft sich nach seiner Selbstdarstellung in diesem Schluderheft in Infamie. BARZEL hat keinen guten Start im Literaturbereich »Politische Biographie«. Mit COURTHS-MAHLER und mit politischer Pornographie ist ihm nicht beizukommen.

Die gleiche ZEIT aber würdigt die »politische Pornographie« und die »Infamie« des »Schluderhefts« über die DEUTSCHLAND-STIF-

184

TUNG E. V. mit einer Kritik, für die wohl ebenfalls »politische Pornographie« die treffende Qualifizierung ist.

Mir wird z. B., und nicht nur von der ZEIT, ständig vorgehalten, ich sei »Schriftleiter« im VÖLKISCHEN BEOBACHTER gewesen, »Kriegsberichterstatter« und »Sonderführer Z«. Nun war ich niemals Schriftleiter des VÖLKISCHEN BEOBACHTER, sondern lediglich als 22jähriger, im Jahre 1933/34, sieben Monate Volontär zur Berufsausbildung dort. Das endete mit meiner Verhaftung. Der Haftbefehl war unterschrieben von REINHARD HEYDRICH, dem damaligen Chef der politischen Polizei in Bayern und späteren Reichsprotektor in Prag. Dies ist zwar allen Medien bekannt, wird aber grundsätzlich verschwiegen. In dem Haftbefehl, den HEYDRICH dem Obersten Parteigericht der NSDAP meldete, vom 21. April 1934 heißt es unter anderem:

ZIESEL war vorübergehend im VÖLKISCHEN BEOBACHTER journalistisch tätig. Über seine Tätigkeit gab er brieflich unwahre Nachrichten weiter. Ferner hat er in seiner Eigenschaft als Pressekorrespondent der PREUSSISCHEN ZEITUNG Greuelnachrichten an die Schriftleitung dieser Zeitung geleitet. Im Jahre 1932 lernte ZIESEL den jüdischen Rechtsanwalt DR. ALFRED COHEN, wohnhaft Köln-Braunsfeld, Hilzstraße 25, und dessen Familie kennen ... und stand mit ihr nach eigenen Angaben bis 30.5.1933 in brieflicher Verbindung. Trotzdem ihm in der Zwischenzeit bekannt geworden war, daß es sich um eine jüdische Familie handele, hat er seine Verbindung mit dieser nicht abgebrochen. Seit 5.4.34 befindet sich ZIESEL in Schutzhaft. Nach dem parteischädigenden Verhalten des ZIESEL erscheint es angebracht, ihn aus der Partei auszuschließen.

Im Gegensatz zu den einstigen fanatischen Nazis der ZEIT habe ich niemals bestritten und dies ausführlich in meinem Buch »*Das verlorene Gewissen*« dargestellt, als gläubiger und verführter Jüngling, Nationalsozialist gewesen zu sein. Was aber hat die Tatsache, daß ich in meiner Jugend sieben Monate lang Volontär im VÖLKISCHEN BEOBACHTER war, mit meiner politischen Haltung von heute zu tun, die ich in zahlreichen Büchern eindeutig niedergelegt habe, in denen ich mich immer wieder mit Nachdruck vom NS-Regime und seinen Greueltaten distanziert habe?

Besonders komisch aber ist es, wenn der Chefredakteur der ZEIT, JOSEF MÜLLER-MAREIN – im Dritten Reich nannte er sich JUPP –, selbst, und zwar noch lange nach mir, nicht nur engagierter nationalsozialistischer Mitarbeiter im VÖLKISCHEN BEOBACHTER war und ebenso leidenschaftlich die Nazi-Trommel rührender Kriegsberichter im Zweiten Weltkrieg, wie übrigens zahlreiche prominente Vergangenheitsbewältiger in den Medien es ebenfalls waren. Den Titel »Sonderführer Z« bekamen alle zwangsweise als Kriegsberichter einberufenen Journalisten, die noch keinen Offiziersrang hatten, um im Umgang mit Offizieren und Generälen nicht als gewöhnlicher Schütze oder Gefreiter auftreten zu müssen.

Es ist übrigens amüsant, darauf hinzuweisen, welche Publizisten, die nach 1945 die bedeutendsten medialen Positionen neben NANNEN und MÜLLER-MAREIN einnahmen, als Kriegsberichter eingesetzt waren, was die ZEIT ausgerechnet mir vorwirft. Ich erwähne nur die bekanntesten: LOTHAR-GÜNTHER BUCHHEIM, RUDOLF HAGELSTANGE, WALTER HENKELS, WERNER HÖFER, KARL HOLZAMER, WALTER KIAULEHN, HELMUT KINDLER, CLEMENS GRAF PODEWILS, ERNST ROWOHLT, JÜRGEN THORWALD, KURT WESSEL, PETER VON ZAHN.

Dies nur als kleine Auswahl für die Behauptung der ZEIT, daß die Tatsache, als Kriegsberichter einberufen worden zu sein, offenbar ein Zeugnis für nazistische Gesinnung ist.

Es macht mir fast einiges Vergnügen, den Sittenrichter MÜLLER-MAREIN nun nach dem Motto *Der Schoß ist fruchtbar noch ...* in seiner ganzen Verlogenheit darzustellen. Im VÖLKISCHEN BEOBACHTER vom 24.9.1935, als ich von dort schon durch Verhaftung und Parteiausschluß hinausgeworfen war, feierte MÜLLER-MAREIN unter der Überschrift »Lebendige Dichtung im Kampf geboren« jene zum Teil jugendlichen, gläubigen und ahnungslosen Nazi-Poeten, die die ZEIT dann später in der gemeinsten Weise heruntermachte und diffamierte. Ich will mir nicht den Vorwurf machen lassen, Zitate aus dem Zusammenhang zu reißen. Daher der Artikel MÜLLER-MAREINS im Wortlaut:

Es war einmal – mit dieser Märchenformel muß man schon beginnen – eine Dichtertagung. Sie wurde veranstaltet in einer schönen rheinischen Stadt und war besucht von vielen Literaturgrößen der damaligen, allerdings keineswegs märchenhaften Zeit. Die Dichter lasen in exklusiven Sälen einem Parkett von befrackten Herren und dekolletierten Damen ihre Werke vor, und dann hielten sie auch interne Be-

sprechungen ab, in denen sie sich in Fragen der Kunst berieten. Und die Presse durfte andächtig lauschen. Von einer solchen Besprechung kehrte der Berichterstatter der damals noch kleinen nationalsozialistischen Zeitung dieser Stadt, S.A.-Mann und Student, förmlich sprachlos zur Redaktion zurück. »Eben sind die Lyriker dabei«, so meldete er schließlich, »sich darüber zu streiten, ob es überhaupt noch einen Sinn hat, Gedichte zu schreiben ...« Man begriff es einfach nicht. Gibt es noch ein kläglicheres Merkmal einer Zeit als die Tatsache, daß die Dichter selbst am Sinn des Gedichts zweifeln? Oder ist es tatsächlich so, daß das Gedicht im Zeitalter der Maschinen und geballten Menschenmassen keinen Platz und keine Wirksamkeit mehr haben kann? – In diesem Augenblick zog ein Trupp S.A.-Kameraden vorüber, und zu den Fenstern klang ein Lied herauf, das HORST-WESSEL-Lied, das in Musik geschmiedete Gedicht des Kampfes. Eine seltsam eindringliche Feststellung: Während die Dichter in der Zurückgezogenheit des Versammlungsraumes sich gleichzeitig ihre eigene Wirkungslosigkeit bestätigten, klang auf den Straßen ein Gedicht, das die unerhörte Kraft besaß, Menschen in eherner Gemeinschaft voranzuführen, das erste S.A.-Gedicht, das Fanal einer kommenden Zeit.

Es bedarf wohl kaum einer weitschweifigen Erklärung mehr, damit man die Wahrheit begreife, welche hohe Bedeutung der S.A.-Dichtung im Rahmen der deutschen Lyrik zukommt. Es sei gewiß zugegeben, daß längst nicht jeder S.A.-Mann, der sein idealistisches Wollen und Denken in die Form des Gedichts preßte, zugleich eine künstlerische Leistung vollbrachte. Aber es bleibt doch gar keine Frage, daß es nahezu ausschließlich den S.A.-Dichtern vorbehalten blieb, dem Gedicht überhaupt noch Geltung und Lebensmöglichkeit zu bewahren. Und darum gebührt auch dem unvollkommensten S.A.-Lied, das damals entstand, noch der Dank der heute wieder erblühenden deutschen Lyrik, denn in den Liedern und Gedichten der S.A. wurde wiederum die Dichtung in jenem erlebnisnahen Kontakt mit dem Volke wirksam, der den Schöpfungen der damaligen anerkannten, sozusagen offiziellen Lyriker gründlich versagt blieb.

Man hat oft die Gründe untersucht, die es verschuldeten, daß die Dichter jeden Widerhall im Volke entbehren mußten. Und man weiß, daß ihre eigene Volksfremdheit im letzten Grunde die Ursache dazu war. Sie verbargen ihre Lebensfremdheit in blutleerem Ästhetizismus und ihre innere Unsicherheit in – oft allerdings virtuoser – Beherrschung ständig wechselnder Stile. So kam es, daß höchstens noch ein Publikum ihnen Beifall spendete, aber kein Volk mehr. Dieses alles wurde oft gesagt. Viel zu wenig aber wurde bisher nach den tiefen Ursachen gefragt, die gerade den S.A.-Dichtern ihre auf den ersten Augenschein sicherlich erstaunliche Wirkungskraft verliehen, obwohl diese Dichtung in ihrem ersten Anbeginn – um mit den Worten der zünftigen Literaten zu reden – durch und durch »dilettantisch« war.

Denn gewiß: Wenn in nahezu jeder Sturmabteilung, ja oft in jedem Trupp S.A.-Männer mit selbstverfaßten Gedichten vor die Reihen der Kameraden traten, da ist es freilich nicht abzustreiten, daß der gute Wille vielfach größer war als das künstlerische Gelingen. Aber das ist es ja: Diese Dichter wollten gar keine Künstler sein! Es war vielmehr so, daß das große Erlebnis des Kampfes und der revolutionären Begeisterung ihnen Gedanken und Gefühle eingab, so gewaltig, daß sie diese am ehesten noch in schlichter Gedichtsform bändigen und aussprechen konnten. So wuchsen die Dinge förmlich ohne ihr Zutun. Denn allzu stark glühte es in diesen S.A.-Männern, das große Erlebnis, und wollte Wort, Klang und Stimme werden, während die anerkannten Dichter der Zeit von keinem nur annähernd gleich großen Erlebnis zehren konnten, sondern höchstens von prikkelnden oder stimmungsvollen Reizen des Alltags.

Nach und nach ertönten unter den zahllosen Stimmen unbekannter S.A.-Dichter einzelne Stimmen lauter und nachhaltiger. Und nach und nach drangen Namen an die Öffentlichkeit, deren Träger nicht nur gute, zutiefst begeisterte politische Kämpfer waren, sondern zugleich echte, kraftvolle Dichternaturen hohen Grades. Sie wurden auch bald von zünftigen Literaturkritikern für würdig befunden, im Range der »namhaften Lyriker« zu stehen. Sie aber legten nicht den geringsten Wert darauf, sie blieben dem Geist der S.A. treu. Und daher kommt es, daß die schlichte, einfache, klar geordnete Volksliedform, die dem Dichten und Singen der S.A. von jeher eigentümlich war, wiederum ein neuer Inbegriff erlebnisstarker, echter Poesie wurde. Daneben ist es der glutvolle, durch und durch männliche Rhythmus der Sprache, in der sich die Unmittelbarkeit der Empfindungen und – besonders im Sprachrohr – das Erlebnis der Gemeinschaft seit jeher in der S.A. auf das nachhaltigste ausdrückte. Und *auch diese Besonderheit der nationalsozialistischen Kampflyrik ist den berufenen S.A.-Dichtern eigentümlich geblieben. Denn diese Berufenen legten von Anfang an auch keinen Wert auf künstlerisch geschaffene, individuelle Phantasiewelten, sondern blieben als Wortführer der Gemeinschaft der Wirklichkeit und dem im Kampf geborenen, naturhaften, neuen und echten deutschen Welterlebnis treu.*

Wenn EBERHARD WOLFGANG MÖLLER *die Verse schreibt:*

>*»Tote erheben sich,*
>*Wüsten beleben sich,*
>*Wenn einer ist,*
>*Der über Turm und Dach,*
>*Ehe noch die ersten wach*
>*Die Fahne hißt!«*

so ist das nicht allein reine Dichtung von unerhörter, packender Schönheit, sondern zugleich jener Wächterruf, der in kurzen, aufrüttelnden Zeilen die geistige Haltung einer ganzen Generation junger Kämpfer offenbart. HEINRICH ANACKER, OTTO PAUST, HERBERT BOEHME, HERYBERT MENZEL, HAGEN, NIERENTZ – *um die bekanntesten zu nennen – haben in aufrüttelnden, monumentalen Sprachrhythmen wie in gläubigen, schlichten Volksliedtönen ebenso Dauerndes und Allgemeingültiges zur neuen deutschen Lyrik aus dem Geist ihres Kämpfertums beigetragen wie* GERHARD SCHUMANN, *der schwäbische S.A.-Obersturmbannführer, der nach seinem neuen Gedichtband »Fahne und Stern« ... als eine der stärksten Hoffnungen gelten muß. Bezeichnend für den Geist und den Inhalt der S.A.-Dichtung ist auch ein kürzlich erschienenes schmales Gedichtbändchen »Durch unser Blut wird Deutschland frei«, das* ALFRED JUHRE *seinen Kameraden widmet ... Und jeder S.A.-Mann weiß: Der Mann, der in solchen klangvollen, aufrüttelnden und dennoch selbstverständlichen Versen das ganze Leben in der S.A. umfaßt, ist einer von uns!*

Wie die Gedichte des Freiheitskämpfers THEODOR KÖRNER *von allen verstanden und gehört wurden, so reden die Gedichte der jungen deutschen Kampflyrik glutvoll und wirklichkeitsnah zu jedem Deutschen, der ihre Mahnung vernehmen will. Und diese Kampfdichtung, sie will ja klingen, sie will ja gehört werden. Nicht vorerst um der Dichtung und gar nicht um Dichterruhms willen. Sondern um ihres ewigen Inhalts willen, der das Höchste umschließt: Deutschland.*

Nun könnte man sagen, auch das war eine Jugendsünde, aber warum wirft man mir vor, was man selber tat. Aber MÜLLER-MAREIN hat sich bis zum bitteren Ende als eindeutiger Nazi-Propagandist betätigt und stieg gewissermaßen ohne Übergang aus der braunen Suppe in die rote der ZEIT. Sein letztes Zeugnis großartigen Widerstandes kann man in der Zeitschrift DAS REICH noch im Februar 1945 lesen. Dort schrieb er einen glühenden Propagandabeitrag für die ungarischen Nationalsozialisten, die Pfeilkreuzler, und jubelte, daß deren Führer SZALAZI in Ungarn die Macht übernommen hätte und so auch dort der richtige nationalsozialistische Geist eingekehrt sei. Und knapp ein Jahr später schrieb derselbe MÜLLER-MAREIN in der ersten Ausgabe der Wochenzeitung die ZEIT einen kaum mehr zu überbietenden Schmähartikel über die gleichen Pfeilkreuzler mit genau umgekehrter Tendenz.

Wie sehr die ZEIT berechtigt ist, anderen braune Sünden vorzuhalten, muß ich aber noch ausführlicher dokumentieren:

In den 60er Jahren hat MÜLLER-MAREIN die Öffentlichkeit mit einem Buch über das demokratische Frankreich beglückt, das selbstverständlich von allen Kollegen der bundesrepublikanischen Einheitspresse in den Himmel gehoben wurde, und kein einziger hat den Mut gehabt, darauf hinzuweisen, daß der gleiche MÜLLER-MAREIN sich im Jahre 1941 schon einmal in Buchform der wehrlosen Franzosen angenommen hat. Damals hat er sie gewissermaßen nazistisch zu Paaren getrieben und sich über die verkommene Demokratie belustigt, die unter den Schlägen der Superwehrmacht verdientermaßen zusammenbrach. Das Buch hieß »Hölle über Frankreich, unsere Luftgeschwader im Angriff«. Wenn man diese beiden Bücher einander gegenüberstellt, könnte man eine Doktorarbeit über den Tiefstand der deutschen Journalistik von heute schreiben, nämlich darüber, wie skrupellos ihre sogenannten Eliten in jedem System das schreiben, was ihnen Ehren bringt. Was er heute mit Dreck bewirft, hat er damals verherrlicht, und was er damals verherrlicht hat, darüber schreibt er heute das Gegenteil. MÜLLER-MAREINS Bekenntnis zur Eroberung Frankreichs im Jahre 1941 gehört zu den kriegsverherrlichendsten, nationalkitschigsten Büchern, die ich jemals aus der Zeit des Dritten Reiches gelesen habe.

Es ist abgefaßt in dem übelsten Nazideutsch, einem Ton, der in seiner hurra-patriotischen Albernheit schon damals jedem echten Soldaten ein Brechmittel war. Als ich das Buch das erste Mal in die Hand bekam und sich die ZEIT gerade wieder einmal eine ihrer publizistischen Perfidien erlaubt hatte, schrieb ich MÜLLER-MAREIN einen Brief, in dem ich ihn um Aufklärung über das Mißverhältnis seiner einstigen Nazitiraden zu seiner heutigen pharisäischen Haltung gegenüber den Kombattanten von einst bat. In mehreren, jeweils vielseitigen, handschriftlichen Briefen aus Paris, wo er damals gerade seine demokratisch geprägte Fassung über das arme Frankreich vorbereitete, versuchte er mir klarzumachen, wie er zu all dem gezwungen worden sei ... und daß er trotz heftigsten inneren Widerstandes nicht umhin konnte ... und außerdem habe die Zensur noch eine Menge geändert ... Das sei zwar nicht mehr ganz nachweisbar, aber immerhin ... Ich kenne die Platte seit Jahr und Tag, wenn man dergleichen Herren entlarvt. Während sie selbst bei ihrer konstanten Rufmordkampagne gegen Irrende von einst jeden Versuch der Rechtfertigung oder Erklärung mit Hohn bedenken, beanspruchen sie für sich selbst ein Maß von Dummgläubigkeit in bezug auf ihr eigenes Handeln, das kaum noch überboten werden kann. Als ich ihm dann unmißverständlich zu verstehen gab, daß meine eigenen Erfahrungen seine Behauptungen Lügen straften, soweit es die Abfassung von Büchern betrifft, begegnete er mir, inzwischen nach Hamburg zurückgekehrt, auf dem Briefpapier der ZEIT wiederum mit einem vielseitigen handschriftlichen Brief mit der Feststellung, ich müsse dann eben Glück gehabt haben. Daß er seine Vergangenheitsbewältigung nicht einmal seiner Sekräterin zu diktieren wagte, sondern sich lieber als vielbeschäftigter Chefredakteur einer handschriftlichen Bemühung unterzog, spricht dafür, wie sehr er sich bereits schämte.
Ich dehne die Zitate aus seinem Buch über den einst so verherrlichten Hitlerkrieg ein wenig aus, da sie zeitgeschichtlich und exemplarisch vielfach sehr interessant sind, und bemerke nur am Rande, daß es kaum eine der Rufmordredaktionen in Deutschland gibt, in denen sich nicht ähnliche oder noch schlimmere Schreiber an führenden Stellen befanden oder befinden.
Ich will die Zitate gruppieren und damit gewissermaßen einen »zeithistorischen Unterricht« vornehmen, damit die Lehrer in den Schu-

len etwas Anschauungsmaterial über die »Wahrheit« der deutschen Geschichte bekommen. Die ZEIT gehört ja zu jenen Blättern, die in der Beschimpfung und Diffamierung des Soldatentums Spitzenleistungen erbringen, indem sie sich etwa zu solchen abstrusen Behauptungen versteigt (Verfasserin Gräfin DÖNHOFF), daß die deutschen Heerführer im Osten sich gegenseitig auf die Erfolge an der Front neidisch waren und sich daher freuten, wenn die benachbarte Heeresgruppe Niederlagen erlitt. Diesen und ähnlichen Beiträgen zur deutschen Selbstbesudelung seien nun einmal die Bekenntnisse MÜLLER-MAREINS zum Geist der Deutschen Wehrmacht gegenübergestellt, wobei ich nicht annehmen will, daß er schon damals in allen Punkten gelogen hat. Man höre und staune:

Es gibt keinen Konkurrenzneid. Im Gegenteil, ein einziges Zusammengehörigkeitsgefühl umfaßt alle die verschiedenen Einheiten ... Einzelleistungen geschehen nur um eines übergeordneten Ganzen willen ... Alles dies meine ich, ist eine Errungenschaft, von deren Gesetzen die Franzosen nicht wußten und die Engländer vielleicht nicht viel mehr wissen; eine Errungenschaft, die ganz und gar vom Geiste des neuen Reiches geformt ist.

Oder über die Kriegsschuld:

Ja, das Geschehen dieses Krieges ... er hat gezeigt, welche Kämpfer auf deutscher Seite stehen. Es sind die Menschen, die diesen Krieg, den sie nicht wollten, sondern den die anderen erklärt haben, nunmehr als die letzte große Auseinandersetzung führten: Menschen, in denen ein junger Geist gegen alte, überalterte, morsch gewordene Anschauungen revolutionierte. Es sind neue Menschen einer neuen Zeit.

Was JUPP MÜLLER-MAREIN (wie er sich damals burschikos nannte) wohl mit den »*morschen Anschauungen*« gemeint hat? Und was die Tradition betrifft, welche er in der ZEIT unentwegt mit Schmutz bewerfen ließ und deren Verteidiger eo ipso »Neonazis« sind, jubelte er damals:

Die Tradition? Besitzt doch der Krieg, den die Westmächte vom Zaun brachen, selber seine »Tradition«! Denn dieser Krieg hat, vom militärischen Gesichtspunkt aus gesehen, da begonnen, wo der Weltkrieg aufgehört hat. Er ist die gesetzmäßige, gleichsam naturnotwendige Fortsetzung der Marneschlacht: Die Jungen traten an, um einen Endsieg zu erkämpfen, der ihren Vätern einst vorenthalten

wurde ... Die Flieger aber sind schon damals eine Elitetruppe gewe-
sen. Sie sind es in Großdeutschland erst recht. Im selben Maße auch,
in dem die Luftwaffe zu einer bedeutsamen, ja führenden Einheit
der Deutschen Wehrmacht wurde, ist der Typ des deutschen Fliegers
Vorbild geworden. Vorbild für das ganze Volk. Wer den Idealtyp
des deutschen Mannes der Zukunft kennenlernen will, muß erken-
nen können, aus welchem Holz der deutsche Flieger geformt ist.

Da Jupp ebenfalls Offizier bei den Fliegern war, bin ich hinsichtlich
des »Idealtyps des deutschen Mannes der Zukunft« skeptisch. Er
aber beschrieb ihn damals so:

So sind die Flieger: allem Spießbürgerlichen feind, aber sehr wohl
bedacht auf die Einhaltung der Form. Sie geben dem Ideal des alten
preußischen Offiziers die ihm gebührende Ehre, weil sie mit Recht
im preußischen Offizier seit Jahrzehnten, ja seit Jahrhunderten so
viele vorbildliche Eigenschaften des deutschen Menschen vereinigt
sehen. Aber sie streben danach, als Vertreter eines mächtigeren, jün-
geren Großdeutschen Reiches eine gleich so geschlossene, starke, ein-
deutige Haltung in ungleich größerem Rahmen zu verwirklichen.
Sie lehnen es ab, etwa für Weltbürger zu gelten. Gott bewahre ...

Wie sich da Jupp doch gewandelt hat, wenn man in der ZEIT die
ständigen Verächtlichmachungen des preußischen Offiziers liest
und die Verherrlichung des Weltbürgertums.

Gegenüber den Untermenschen anderer Völker feierte er damals die
Sendung der deutschen Herrenrasse, wenn er über die verrottete
Weimarer Demokratie klagte:

Viele gingen ins Ausland, weil Deutschland ihnen zu klein geworden
war und weil sie die Pflicht fühlten, auf vorgeschobenem Posten für
ein größeres Deutschland zu wirken. Soldaten aus sich heraus. Einst
aber wird Deutschland – ein siegreiches Deutschland, dessen Stimme
Macht in Europa behält – erst recht seine Pioniere in die Welt hinaus-
schicken. Wiederum werden diese Sendboten die Elitemenschen
deutscher Lebensart sein, aus dem gleichen Holz geformt, aus dem
unsere Flieger gemacht sind ...

Und nunmehr unsere bundesrepublikanischen Pressestars! Natürlich fehlt auch nicht, um im soldatischen Jargon zu bleiben, die by-
zantinische Arschkriecherei:

»Ich wüßte ein gutes Fliegerideal!« rief temperamentvoll ein junger
Kamerad. »Nach Überblick streben wie MOLTKE! Rangehen wie

BLÜCHER!« »Viel einfacher!« unterbrach ihn mit ruhiger Sicherheit ein anderer. »Denkt einfach an unseren Reichsmarschall! Im Kriege als Jagdflieger ein Draufgänger wie nur einer! ... Und doch begreift man ihn nicht vollständig, ehe man nicht daran denkt, daß der gleiche GÖRING teilnahmsvoll und fördernd auf allen Gebieten wirkt, wo gesundes, starkes Leben herrschen muß. Und dann: Er ist als erster Gefolgsmann des Führers, als Politiker, als Staatsmann, als Wirtschaftsführer, als Förderer der Kunst, als Feldherr und Soldat immer ein Kämpfer! Macht's ihm nach ...!«

Derartige Hymnen durchziehen im Wechsel mit Beschimpfungen anderer Völker das ganze Buch. Zur »barbarischen Kriegsführung« der Deutschen, mit der heute die ZEIT und andere Gazetten die Welt gegen uns aufhetzen, verkündete der ehrenwerte MÜLLER-MAREIN damals:

Und immer wird es der Stolz der deutschen Bombenflieger sein, daß sie nur militärische Ziele trafen, nur militärische Ziele und nichts anderes ... Es gab für sie keinen durch die Flak noch so sehr geschützten Platz, den sie nicht ohne Rücksicht angriffen. Nur eine Rücksicht hatten sie: Sie wollten private Wohnstätten und ihre Bewohner nicht in Mitleidenschaft ziehen ... An keiner Stelle hatte die Deutsche Wehrmacht Zerstörungen nur um der Zerstörung willen angerichtet. Es wurde kein Stein mehr zertrümmert, als zertrümmert werden mußte ... Viele sagten, Gott habe ein Wunder geschehen lassen, als er die Kathedrale von Tournai inmitten der Zerstörung unversehrt bewahrte. Ein Wunder? Der Befehl der deutschen Wehrmachtsführung und die Commodore der Stuka-Geschwader haben hier – man darf es so sagen – für Gott bewahrt, was Gottes ist. Dieselben Deutschen, die später auch den Dom von Rouen retteten; dieselben, die man in Frankreich »Barbaren und Hunnen« nannte ...

Vielleicht hätte sich Jupp dem INSTITUT FÜR ZEITGESCHICHTE als Zeuge anbieten sollen für das, was er damals behauptet hat:

England hat diesen Krieg entfesselt, die Friedenshand, die der Führer der Deutschen ihm entgegenstreckte, zurückgeschlagen und hat im Juni 1940 begonnen, seinen Bombenfliegern Wohnviertel deutscher Städte, Krankenhäuser, Kirchen als Bombenziel anzuweisen. Der Führer hat keinen Zweifel gelassen, daß er nicht gesonnen sei, die Verbrechen der britischen Flieger unvergolten zu lassen. Er wartete noch, wartete bis zum Herbst. Doch dann, während noch die

englischen Lügen-Propagandisten faselten, daß die deutsche Luft-
waffe in den Kämpfen über Frankreich ihre Kraft restlos erschöpft
habe, setzten jene Vergeltungsangriffe aus der Luft ein, in denen die
deutschen Kampfflieger zehnfach, ja fünfzehnfach den Engländern
heimzahlten, was die der deutschen Zivilbevölkerung angetan hat-
ten. Dabei richteten sich die deutschen Vergeltungsangriffe, die im
Herbst einsetzten, ausschließlich gegen militärische und kriegswich-
tige Ziele Großbritanniens.

Preisfrage: Wer lügt nun eigentlich: MÜLLER-MAREIN oder die
ZEIT, die heute das Gegenteil behauptet? Selbstverständlich gehört
es zum Stil, sich auch antisemitisch zu gebärden und die Entartung
der anderen Völker in der liberalen Demokratie aufzuzeigen. Und
seine geistige Nahrung sind Aufsätze ALFRED ROSENBERGS im VÖL-
KISCHEN BEOBACHTER, sehr im Gegensatz zu OBERLÄNDER, eines
der ständigen Hetzobjekte der ZEIT, der mit ROSENBERG im Krieg
lag. Das sieht bei Jupp 1941 als sein »Beitrag zu Auschwitz« so aus:
Und welches Thema hatte den jungen Flieger so gefesselt, daß er das
Blatt aufgehoben und nun griffbereit zur Hand hatte? Ein Aufsatz
von ALFRED ROSENBERG, in dem die Persönlichkeitswerte behan-
delt wurden, die bisher in der europäischen Geschichte Rang und
Ruhm, Kraft und Weltgeltung besaßen. Der Chevalier in Frank-
reich, der Gentleman in England, Elitetypen ihres Landes. Elitety-
pen ihrer Zeit. Sie entwickelten sich, wuchsen zu einmalig erschei-
nenden Formen. Erlebten ihre Blütezeit. Und gerieten in Verfall ...
(Wie Jupp vom »Idealtyp des deutschen Mannes« zum Chefredakteur des Herrn BUCERIUS.) »*Wahrhaftig*«, *rief einer*, »*wo ist die einst*
so berühmte französische Ritterlichkeit geblieben!« In Frankreich
hat man gefangene deutsche Flieger in Ketten gelegt, man hat sie
mißhandelt. Nirgends in der Welt geht man mit Vieh schlechter um,
als man in Frankreich mit gefangenen deutschen Fliegern umgegan-
gen ist. Nein, das Ideal des Kavaliers war unter jüdischer Geistes-
herrschaft in Frankreich längst verlorengegangen, ehe dieser Krieg
begann. Möglich, daß die Franzosen ihn auch sonst nicht begonnen
hätten!
Das ist genau die Theorie des Herrn STREICHER von der Schuld des
Judentums am Krieg, welche direkt nach Auschwitz geführt hat.
Und bezüglich der Engländer urteilte Jupp:
Es gibt in England keine Gentlemen mehr. Der Gentleman hat sein

Gesicht verloren ... Vor wenigen Tagen hörte ich aus dem Munde eines gefangenen englischen Flugzeugführers ...: »Ich hätte fallen können, nun bin ich gerettet worden. Eins ist mir so gleichgültig wie das andere. Denn mit dem, was wir in England unter Leben verstehen, ist es ohnedies vorbei ... CHURCHILL hätte Frieden machen sollen.« Was deutsche Flieger hingegen sagen? Daß es gut ist, für das deutsche Volk zu leben, und gut, für das deutsche Volk, wenn es sein muß, sein Leben hinzugeben.

In welchem widerlichen Nazideutsch sich MÜLLER-MAREIN überschlug, sei abschließend demonstriert:

Nicht mehr nach menschlichen Maßen schien man messen zu können, was die jungen Soldaten ADOLF HITLERS vollbrachten ... Die Soldaten kämpften und siegten mit der gleichen Begeisterung und Erhabenheit ihrer Seelen, mit der einst die Kämpfer von Langemarck für Deutschland gefallen waren ... Daß droben im Norden, fern in einer Region zwischen Meer und Eis, ein wunderbarer deutscher Sieg errungen sei, der Sieg von Narvik! Norwegen bekennt sich geschlagen; Norwegen kapituliert. Und das Heer lauscht beglückt zum zweitenmal einer Nachricht: Italien tritt an Deutschlands Seite. Die Kämpfer MUSSOLINIS streiten gemeinsam mit den Soldaten ADOLF HITLERS für ein neues Europa ... Paris ergab sich. Die Leute auf der Straße umarmten einander vor Glück, daß sie nicht mehr zu fürchten brauchten, der Besuch der deutschen Flugzeuge werde sich – am Ende noch mit größerer, furchtbarerer Gewalt – wiederholen. Die jüdischen Redaktionsstuben standen leer ...

Dafür füllten sich nach 1945 die deutschen Redaktionsstuben mit Schreibern der Art MÜLLER-MAREINS! In wahren Lustorgien schwelgt Jupp bei seiner Schilderung über Luftangriffe und sonstige kriegerische Taten:

Am Tage nach dem der Kemmel in deutsche Hand geriet, erfüllte sich an der Küste gegenüber England die höchste Steigerung der Katastrophe. Es war der 29. Mai 1940, ein Datum, groß genug, daß es sich fürderhin alle Deutschen merken; ein Tag, den die Lehrer in den Schulen werden schildern müssen. Ein Tag, der niemals aus dem Gedächtnis des deutschen Volkes gelöscht werden soll.

Man muß aber lesen, was der gleiche »Schulpropagandist« fast Woche für Woche an widerwärtigen Denunziationen, zum Beispiel gegen heutige Schulbücher, in seiner ZEIT abdrucken ließ, wenn in denselben einmal KOLBENHEYER mit zehn Zeilen mehr behandelt wurde als GÜNTER GRASS oder HEINRICH BÖLL.

Zu welchem Edelkitsch sich der Chefredakteur seines geschäftsreisenden Verlegers in Wehrmachtslieferungen von einst aufzuschwingen vermochte, geht aus folgendem großdeutschen Gartenlaubenstil hervor über Jupps Gefühle beim Einmarsch in Frankreich:

Am Morgen des 10. Mai aber war es fast etwas unvorstellbar, ja heilig Großes, was das Gefühl der Flieger bestimmte: Als die Sterne verblichen waren und rötliche, zarte Streifen fern am Horizont sich malten, als die Sonne aufging, umspielt von feinen, bunten Wolkenschleiern, als der Blick auf die Welt sich weit und klar öffnete, da sahen die Bombenflieger neben, über, unter der eigenen Maschine andere Maschinen fliegen. Kameraden auf gleichem Kurs. Der gleiche Hymnus unbändiger, sieghafter Kraft sang im tiefen Orgelton der Motoren. Ein Choral des Sieges. Flügel an Flügel, Tragfläche an Tragfläche – so zogen die deutschen Flugzeuge feindwärts. Hunderte ... Tausende ... Wie eine einzige stählerne Schwinge ... so glitten all diese Maschinen sieghaft schützend über das Land im deutschen Westen dahin. Wie ein einziges stählernes Schild vom südlichen Eckpfeiler des Westwalls ... (unermeßlich so weiter) ... ein neues Zeitalter der Kriegsgeschichte begonnen hat.

Der gleiche MÜLLER-MAREIN hat übrigens, ein besonderer Ausdruck seines Charakters, in der ZEIT vom 9. September 1979 die Stirn, in einem Nachruf zum Tode der berühmten Fliegerin HANNA REITSCH sie als gläubige Verehrerin HITLERS zu denunzieren und zu behaupten, sie würde als »*Blindgewordene*« und »*Blindgebliebene*« in Erinnerung bleiben. Als was MÜLLER-MAREIN in Erinnerung bleibt, überlasse ich den Lesern.

Die ZEIT, die einen so fanatischen Nazi-Propagandisten und Förderer von Nazi-Dichtern über Jahrzehnte hinweg als Chefredakteur beschäftigt hat, besitzt die Schamlosigkeit, zur Buchmesse 1987 in ihrer Nummer vom 9. Oktober einen zweiseitigen Hetzartikel gegen den Verleger HERBERT FLEISSNER zu veröffentlichen, der sich dem literarischen und politischen Linksmonopol nicht beugt, sondern in großer Spannweite in seinem Verlags-Konzern (LANGEN-MÜLLER, HERBIG, ULLSTEIN usw.) auch Autoren zu Wort kommen läßt, die ihre Beiträge zur Zeitgeschichte anders leisten als die von der Meinungsdiktatur zugelassenen Apologeten antideutscher Vergangenheitsbewältigung. Er bietet dazu auch Dichtern ein Forum, die ihren künstlerischen Auftrag anders sehen als die heute gängigen und hochgelobten Stars des Literatur-Monopols. Laut ZEIT ist es verwerflich, HANS FILBINGERS Buch »*Die geschmähte Generation*« zu veröffentlichen, der eines der Rufmordopfer der ZEIT ist. Daß ZEIT-Zeugen des Dritten Reiches, auch wenn sie in höheren Positionen standen, ihre Erinnerungen veröffentlichen, ist offenbar nur dem STERN und dem SPIEGEL erlaubt. Daß Dichter wie WILHELM PLEYER oder HEINRICH ZILLICH wieder verlegt werden oder gar die einmalig schönen »*Südafrikanischen Geschichten*« von HANS GRIMM und, noch grotesker, Werke des Dichters HERMANN CLAUDIUS, ist für die ZEIT ein Grund, FLEISSNERS Verlagskonzern in die rechtsextremistische Ecke zu stellen. Während GOLO MANN FILBINGERS Buch über den medialen Rufmord größten Respekt bekundet, während zahlreiche Autoren fern jedes rechtsextremistischen Verdachts in FLEISSNERS Verlagskonzern ebenso ihre verlegerische Heimat gefunden haben wie die von der ZEIT verfemten Autoren, manipuliert sie dieses breite Spektrum wirklicher demokratischer Toleranz, zu einem bewußten »Alibi«.

Die Freiheit für alle, Bücher zu verbreiten und zu schreiben, Zeitgeschichte zu dokumentieren, existiert für die ZEIT nicht. Wie einst die Reichsschrifttumskammer verordnet sie, was gedruckt werden darf und was nicht. Die Scheiterhaufen der Bücherverbrennung lodern heute in der ZEIT in Form von Diffamierung und Ausgrenzung. Und triumphierend verkündet sie in ihrem pharisäischen Rufmordartikel, was der Linksextremist GERHARD ZWERENZ, zornig darüber, daß FLEISSNER durch den Kauf eines weiteren Verlages, auch Verträge mit ihm erworben hat, FLEISSNER nun angeboten habe: ein neues Buch mit dem Titel »Soldaten sind Mörder oder die Deserteure schlagen zurück«. Was für ein triumphales demokratisches Bekenntnis! Daß FLEISSNER sich den Vertriebenen verbunden fühlt, daß er volksdeutschen Dichtern, die von den kommunistischen Machthabern vertrieben wurden, ein Forum bietet, daß er sich offen dazu bekennt, ein Patriot zu sein, daß er die totalitären Zensurmethoden der ZEIT verachtet, ist Grund genug für sie zu einer widerwärtigen Hetzkampagne. Die ZEIT, die so nach den Zensurmethoden von Goebbels handelt und schreibt, wird zu einem klassischen Beispiel für das, was sie sonst gern anprangert: Mißachtung der Freiheit Andersdenkender. Für sie gibt es nur Freiheit für sich selbst und für ihre Gesinnungsgenossen, aber den Maulkorb, die Existenzvernichtung, den Rufmord für alle anderen. Eines ist jedenfalls sicher: der, 1945, 17jährige FLEISSNER, aber auch die verstorbenen oder in Ehren ergrauten Dichter wie HERMANN CLAUDIUS, HEINRICH ZILLICH, WILHELM PLEYER oder HANS GRIMM haben mit der Verherrlichung der braunen Diktatur nichts oder nicht annähernd so viel zu tun wie die einstige Prominenz der ZEIT. Das antisemitische, pronazistische und kriegsverherrlichende Buch eines MÜLLER-MAREIN würde FLEISSNER gewiß nicht verlegen. Diesen Autor zum Sittenwächter der Demokratie erhoben zu haben, war das Vorrecht der ZEIT. Sie sollte endlich aufhören, mit verlogener Vergangenheitsbewältigung Rufmord und Zensur zu betreiben. Ihr fehlt dafür jeder moralische Anspruch.

Als der von der ZEIT in besonders infamer Weise verleumdete und verfolgte frühere Bundesinnenminister THEODOR OBERLÄNDER in Hamburg einen Vortrag hielt, brachte die ZEIT einen Bericht darüber, der von Fälschungen und Lügen strotzte. OBERLÄNDER schrieb an MÜLLER-MAREIN einen empörten Brief und wies auf dessen braune Vergangenheit hin, die ich enthüllt hatte. Unter der Überschrift »Die ZEIT und die Fairneß« veröffentlichte MÜLLER-MAREIN unter Abdruck des Briefes von OBERLÄNDER einen großen Rechtfertigungsartikel, in dem er sich, ähnlich wie HENRI NANNEN, selbst zu entnazifizieren suchte. Mit eiserner Stirn schrieb er, er habe *gewiß keinem nationalsozialistischen Blatt gedient*. Seine wilden NS-Artikel im VÖLKISCHEN BEOBACHTER der NSDAP 1935 – die ja nicht die einzigen waren – und seine ebenso linientreue Schreibe im REICH von GOEBBELS noch 1945 hat er offenbar verdrängt. Er log dann weiter, ich hätte bei meinen Anklagen gegen ihn verschwiegen, daß er einst als Kriegsberichter eingezogen wurde. Das steht aber schon in meinem Buch »Das verlorene Gewissen« und auch in dem Buch »Der Rote Rufmord«. Dabei versuchte er eine grobe Täuschung, indem er seine Kriegsberichte, über die ich überhaupt nichts veröffentlicht hatte, ins Spiel brachte, obwohl sie ebenso linientreu und fanatisch waren, sondern ich zitierte lediglich aus seinem Buch »Hölle über Frankreich«. Dieser verlogenen Selbstentnazifizierung versuchte ich in einem Leserbrief an die ZEIT die Wahrheit gegenüberzustellen, der unter dem Motto »Fairneß« natürlich nicht abgedruckt wurde. Ich schrieb damals der ZEIT:

In dem Buch »Der Rote Rufmord« habe ich mit keinem Wort über die »Aufsätze« Ihres Chefredakteurs als Kriegsberichter geschrieben, welche der Zensur und den Sprachregelungen des Propagandaministeriums unterlagen, sondern ausschließlich über das 1941 erschienene Buch Ihres Chefredakteurs, das keineswegs nur in einzelnen Sätzen, sondern in seiner gesamten Diktion ein völlig eindeutiges Bekenntnis zum Krieg, zur NS-Herrschaft und zu ihren Zielen, einschließlich des Antisemitismus, darstellt. Mit der Tätigkeit als Kriegsberichter hatte das nicht das geringste zu tun. Die Behauptung, daß diese von der ersten bis zur letzten Zeile darin enthaltenen NS-Phrasen von Zensoren ohne Billigung des Verfassers hinzugeschrieben wurden, wie MÜLLER-MAREIN behauptet, ist angesichts der Umstände so absurd, daß man dies nur als unglaubwürdige Ausrede qualifizieren kann. Das Verfassen eines solchen Buches gehörte niemals zu den Dienstverpflichtungen eines Kriegsberichters. Dies war eine freiwillige Leistung. Ich habe sie ebenfalls erbracht, und ich war ebenfalls für einen Teil des Krieges als Kriegsberichter eingezogen. Das Ergebnis war bei mir ein Verbot des Erscheinens des Buches. Es erblickte erst 1954 unter dem Titel »Das Leben verläßt uns nicht, ein Kriegstagebuch«, das Licht der Welt. Ich hätte es niemals geduldet und kein Zensor des Propagandaministeriums hätte es jemals gewagt, mir in ein Buch derart geschmacklose nazistische Phrasen hineinzuschreiben. Das Verbot, das Buch erscheinen zu lassen, wurde damit begründet, es sei »defaitistisch« und »schade den Kriegsanstrengungen der Nation«.

Bei MÜLLER-MAREIN war das anders. Dafür wurde er nun zum Star der ach so demokratischen ZEIT und ich ihr ständiges Rufmordopfer. Das Treiben der ZEIT habe ich schon in mehreren Büchern aufgrund jeweils besonders übler Rufmordaktionen behandelt. Das verschweigt natürlich die ZEIT. Dafür rächten sich ihre Schreiber, an der Spitze die Gräfin DÖNHOFF, die nach MÜLLER-MAREIN Stil, Gesinnung und Methoden der ZEIT prägte und prägt, indem sie zum Beispiel am 3. Juli 1964 in der ZEIT der Bundeswehr, ganz im Geist der Verbotsanweisungen des einstigen Propagandaministeriums, das zwei meiner Bücher verboten hatte, vorwirft, mein Buch »Der deutsche Selbstmord« zur Lektüre für die Soldaten zu empfehlen. Die Schule der Technischen Truppe II hatte in einem Merkblatt geschrieben:

Jeder Vorgesetzte, der mit dem gebotenen Ernst sich dem Miß-
brauch der freien Meinungsbildung und Meinungsäußerung entge-
genstellt, wird sich mit diesem Buch auseinandersetzen wollen. Der
junge Soldat, der kritisch der heutigen Zeit gegenübersteht, wird es
dankbar begrüßen, daß ihm hier einmal die Gegenseite dessen auf-
gezeigt wird, was er sich bisher – vielleicht widerspruchslos – als seine
Meinung aufzwingen ließ oder was man ihm als seine Meinung
langsam einzuimpfen versucht hat.

Die demokratische und liberale Gräfin *läßt schon der Begriff »Miß-*
brauch der freien Meinungsbildung« Böses ahnen. Und ihr *»Arg-*
wohn wird noch verstärkt«, wenn sie die Inhaltsübersicht des Buches liest und daraus zitiert. Allerdings läßt sie das Kapitel über die
ZEIT und deren Treiben vorsorglich aus, um ihren Hetzartikel nicht
als Rache erscheinen zu lassen. Daß FRANZ JOSEF STRAUSS ein Ver-
ehrer meiner Bücher ist und das Buch in großer Anzahl an führende
Persönlichkeiten verteilen läßt, ist gewissermaßen ein Beweis meiner faschistoiden Gesinnung.

Dann beginnt die Gräfin zu lügen. Sie behauptet, KURT ZIESEL weise gerne auf seine Tätigkeit als *»aktiver Widerstandskämpfer gegen*
die Machthaber des Dritten Reiches« hin. Tatsächlich aber steht
ausgerechnet in diesem Buch nach der Anführung einiger Ärgernis-
se, die ich, trotz grundsätzlicher und gewiß irrtümlicher Überzeugung, in den ersten Jahren des Dritten Reiches mit dem NS-System
hatte (Gestapo-Haft, Bücherverbote, Androhung der Einweisung
in ein Konzentrationslager), wörtlich:

Ich erwähne dies nicht, um mich etwa in das Licht eines Wider-
standskämpfers zu stellen. Angesichts der vielen Toten und Opfer
des Widerstandes würde ich mich schämen, daraus Kapital zu schla-
gen, wie das heute fast jeder tut, wenn er nur einmal hinter vorge-
haltener Hand geschimpft hat.

Die Gräfin aber schämt sich nicht, genau das Gegenteil zu behaupten. Und dann zitiert sie aus einem Artikel von mir, ohne – im Gegensatz zu mir gegenüber MÜLLER-MAREIN – darauf hinzuweisen,
daß es sich um einen Beitrag des »Kriegsberichters KURT ZIESEL«
handelt, den ich zum Jahrestag des Kriegsausbruches befehlsgemäß
schreiben mußte und der dann, zum Teil völlig umgeschrieben

durch die Zensur, in zahlreichen Zeitungen erschien. Weder auf die Fassung des abgedruckten Artikels noch auf den Erscheinungsort hatte der Kriegsberichter auch nur den geringsten Einfluß, was uns ja MÜLLER-MAREIN in seinem Beitrag in der ZEIT zur eigenen Entnazifizierung so eindrucksvoll geschildert hat. Bei mir ist das aber plötzlich anders. Sogar die SÜDDEUTSCHE ZEITUNG hatte, als sie aus diesem Artikel zitierte, den Anstand, dann eine aufklärende Gegenerklärung von mir im Wortlaut abzudrucken. Angesichts der NS-Hymnen ihres Chefredakteurs wirft dieser Boykottversuch der Gräfin gegen mein Buch ein hinreichendes Licht auf ihren Charakter. Auf der gleichen Seite mit dem Hetzartikel gegen mich veröffentlichte die ZEIT übrigens einen großen Beitrag unter der Überschrift »Dürfen wir keine Ost-Zeitungen lesen?« und beschimpfte die Hamburger Behörden wegen ihrer Beschlagnahmepraxis gegenüber kommunistischen Propagandaschriften. Die Wahrheit über die Medien darf also nicht verbreitet werden, kommunistische Propaganda schon.

Die Racheaktionen gegen mich, im Hinblick auf die unwiderlegbaren Fakten, mit denen ich in meinen Büchern das rufmörderische Treiben der ZEIT angeprangert hatte, setzte die Gräfin dann unentwegt fort.

Es war ja nicht nur MÜLLER-MAREIN, der sich einer so braunen Vergangenheit zu schämen hatte, sondern auch der Verleger JOHN JAHR, wie ich schon in dem Kapitel über den SPIEGEL berichtet habe, oder auch zum Beispiel der langjährige Musik-Papst der ZEIT, WALTER ABENDROTH. Er hat sich jahrelang im Dritten Reich als Fanatiker von Rasse und Volkstum im Bereich der Musik betätigt und in der Zeitschrift DEUTSCHES VOLKSTUM den Wert der Rasse für die deutsche Musik besungen.

Im Januar-Heft 1939 dieser Zeitschrift schrieb er zum Beispiel einen Leitartikel unter der Überschrift »Freiheit in der Verantwortung«, eine Feststellung, die heute jedenfalls für die ZEIT kaum noch aktuell ist. Darin kann man lesen:

Als HEINRICH KLEIST die Einleitung für seine GERMANIA entwarf, stellte er einen lapidaren Satz an die Spitze: »Diese Zeitschrift soll der erste Atemzug der deutschen Freiheit sein.« Er hätte auch als Motto über dem DEUTSCHEN VOLKSTUM stehen können, als es vor zwanzig Jahren seinen Kampf gegen eine Übermacht inferiorer

Kräfte der Selbsterniedrigung, Selbstversklavung, Selbstverheerung und Selbstzersetzung unseres Volkes, unseres Geistes und unseres Wesens aufnahm.

In dem gleichen Aufsatz kritisiert er die »Intellektuellen«:

Es ist schade und tief bedauerlich, daß dieses Wort und der ihm innewohnende Begriff zu einem Schimpfwort werden mußte ... Wir begreifen recht gut, was in BEETHOVENS *Herz vorging, als ein auf seinen Beutel trumpfender Dummkopf ihm seine Visitenkarte mit dem Zusatz »Gutsbesitzer« sandte und er jenem die seinige mit dem Zusatz »Hirnbesitzer« zurückreichte. Allein von diesem berechtigten Selbstbewußtsein des wahrhaft Überlegenen bis zur anmaßenden Lostrennung des »Denkfatzken« von jeder natürlichen Bindung von Blut, Art und Schicksal seines Volkes, bis zur snobistischen Uninteressiertheit an der Arbeit und den Kämpfen, die doch seiner eigenen Erhaltung und Seinsmöglichkeit dienen, ist noch ein weiter Schritt. Viele »Intellektuelle« haben ihn in entscheidenden geschichtlichen Augenblicken zu tun sich nicht entblödet. Sie waren dabei, ob mit oder ohne eigenes Wissen, willkommene Opfer der jüdischen Strategie. Dem Juden selbst ist Intellektualität ein wirksames Zersetzungswerkzeug, ein Sprengstoff zur Aufteilung der beherrschten Völker in machtlose Klassen. Ein Jude war es, der es für eine fruchtbare Aufgabe hielt, ein dickleibiges, zweibändiges Buch zu schreiben über »Die Lehre von den Geistigen und dem Volke« ... Das deutsche Volkstum kann nur eine Angelegenheit aller durch gemeinsames Blut und gemeinsames Schicksal Verbundenen sein ...*

Angesichts all dieser Tatsachen kann die Hetze gegen Männer wie THEODOR OBERLÄNDER, HEINRICH LÜBKE, KURT-GEORG KIESINGER, HELMUT KOHL, FRANZ JOSEF STRAUSS, gegen FRIEDRICH ZIMMERMANN, HANS FILBINGER und gegen führende Persönlichkeiten der Vertriebenen, gegen konservative Schriftsteller, Publizisten und Professoren, die sich nicht dem linken und linksradikalen Zeitgeist beugen, nur als beispiellose Heuchelei bezeichnet werden. Ich kann hier nur an einigen Beispielen dieses Treiben aufzeigen. Es gibt bis heute kaum eine Nummer der ZEIT, in der nicht ähnliche Denunziationen, Diffamierungen und Ehrabschneidungen veröffentlicht werden, vor allem gegen Mitglieder der CDU/FDP-Koalition und besonders niederträchtig gegen den österreichischen Bundespräsidenten KURT WALDHEIM. Das geschieht immer mit gezielt selektiven Methoden in postdemokratischer Besorgtheit, manipulierter Einseitigkeit, auf die GEORG CHRISTOPH LICHTENBERGS treffliche Feststellung zutrifft, die ich in der Ausgabe der »Exempla Classica« Nr. 82 der Fischer-Bücherei finde:

Die gefährlichsten Unwahrheiten sind Wahrheiten mäßig entstellt.

Sehen wir uns die jüngste Hetze gegen KURT WALDHEIM an, bei der die Hamburger Medien-Mafia, Arm in Arm mit der SÜDDEUTSCHEN ZEITUNG und geistesverwandten Gazetten, an der Spitze die ZEIT, Schwerarbeit im Rufmordgeschäft leistete. Neben anderen Infamien wurde das Buch führender und zumeist schon vom Alter her völlig unbelasteter österreichischer Persönlichkeiten aus Wissenschaft und Politik *Die Kampagne. KURT WALDHEIM – Opfer oder Täter? Hintergründe und Szenen eines Falles von Medienjustiz* von einem gewissen GERHARD BOTZ zu einer Diffamierung ganz Österreichs – und natürlich WALDHEIMS – und der Autoren, die den schmutzigen und verleumderischen Rufmord an WALDHEIM aufdeckten, benützt. Auch seine Besuche im Vatikan und in Jordanien wurden in Pamphleten verhöhnt.

Aber wie sagte zynisch ZEIT-Herausgeber BUCERIUS:

Die Presse kann einen Politiker ruinieren. Politiker können einer Zeitung überhaupt nichts tun.

Mit einem Wort: das risikolose Rufmordgeschäft!

Angesichts der wirklichen nazistischen Vergangenheit der einstigen ZEIT-Prominenz und den an den Haaren herbeigezogenen Vorwürfen gegen WALDHEIM ist diese Hetze der ZEIT nicht nur lächerlich, sondern erbärmlich. Seltsam, daß der neue Herausgeber der ZEIT, der frühere Bundeskanzler HELMUT SCHMIDT, Hauptmann a. D. der Deutschen Wehrmacht, der gerade in seinen Memoiren die deutschen Soldaten in bemerkenswerter Weise in Schutz nimmt und darin das Gegenteil von dem schreibt, was die ZEIT seit Jahrzehnten an Schmutz über die deutschen Soldaten von einst und heute ausschüttet, diese Verunglimpfung seines einstigen Kriegskameraden WALDHEIM stillschweigend duldet.

Mit welcher Schizophrenie hier agiert wird: In seinem Buch »Meine Erlebnisse mit den Großen der Welt«, dessen Vorabdruck merkwürdigerweise nicht die ZEIT, sondern der STERN vornimmt, schildert HELMUT SCHMIDT, wie er dem *»respektvoll«* zuhörenden

BRESCHNEW klarmachte, wie anständig die deutschen Soldaten im Zweiten Weltkrieg waren:

Die große Masse deutscher Soldaten, ihre Unteroffiziere, Offiziere und Generäle waren so wenig Nazis gewesen wie die große Masse unserer Feinde Kommunisten; auf beiden Seiten hatte man geglaubt, seinem Vaterland dienen und es verteidigen zu müssen ... Ich schilderte die Lage meiner Generation: Nur wenige von uns seien Nazis gewesen, hätten es jedoch als Pflicht empfunden, die Befehle ihrer militärischen Vorgesetzten zu befolgen.

Nur kurz vorher, am 10. Juli 1987, verhöhnt die ZEIT in ihren zahlreichen Hetzartikeln gegen den österreichischen Bundespräsidenten WALDHEIM dessen Ausspruch:

Ich habe nur meine »Pflicht getan«, so hatte sich KURT WALDHEIM schon gegen die ersten Angriffe verteidigt. Er sprach damit einem großen Teil seiner Landsleute aus dem Herzen.

WALDHEIM tat nicht mehr oder weniger als HELMUT SCHMIDT seine Pflicht und war ebensowenig an irgendwelchen Kriegsverbrechen beteiligt. Dieses Messen mit zweierlei Maß ist lediglich darin begründet, daß HELMUT SCHMIDT Sozialdemokrat wurde und KURT WALDHEIM Kandidat der Christlichen Volkspartei in Österreich war. Daß der STERN die Ehrenrettung der deutschen Soldaten durch HELMUT SCHMIDT veröffentlicht, nachdem er jahrelang die deutschen Soldaten beschimpft hat, gehört zu jener Doppelzüngigkeit, die für unsere Meinungsmacher charakteristisch ist.

Die ZEIT kann aber auch anders, und vor allem die Gräfin DÖNHOFF persönlich. Alles, was sie und die ZEIT seit Jahrzehnten dem deutschen Volk einzureden versuchen: nationale Selbstpreisgabe, Verzicht auf deutsches Land, Verunglimpfung des Soldatentums, des Bauerntums, des Volkstums, die Abkehr von jeder Opferbereitschaft von Staat und Volk, von Verteidigungsbereitschaft gegen eine feindliche antidemokratische Umwelt, und was sie an Verunglimpfung aller konservativen Kräfte, die dieser deutschen Selbstzerstörung entgegentreten, sowie an Verleumdung jedes Patrioten verbreiten, das bewundern oder verurteilen andererseits die Gräfin und die ZEIT – allerdings nur, wenn das in Israel geschieht. Da schreibt sie im besten Stil der sonst als reaktionär Verdammten, die etwas Ähnliches für Deutschland fordern:

Seit ich in Israel war, weiß ich, daß der Mythos der eigenen Sprache

Teil des großen Geheimnisses der Nationwerdung ist ... Es ist auffallend, wie sehr Israel ein Land der Jungen ist, ein Land, das immer wieder neue Anforderungen stellt, das Mut, Pioniergeist, Verzicht und Zähigkeit verlangt ... Der Westeuropäer, der zum ersten Mal Israel erlebt, kommt aus dem Staunen nicht heraus. Hier ist alles neu und inspirierend, was bei ihm daheim, dank der Dekadenz, keinerlei seelische Reaktionen mehr hervorzurufen vermag: Heimat, Volk, Vaterland, Nation, ja sogar Blut und Boden (wenn man einmal für einen Moment die Assoziation vergessen kann!) sind zentrale existentielle Werte und nicht verstaubte Begriffe aus überholten Lesebüchern. Eigentlich merkwürdig, mußte ich zuweilen denken, daß alle jene Wertvorstellungen, über die der jüdische Spott sich hermachte, solange andere sie bei sich und für sich priesen, nun plötzlich in Israel eine Renaissance erleben ... Auch die Bereitschaft der Israelis, das eigene individuelle Glück der Gemeinschaft, dem Ganzen unterzuordnen ...

In ähnlichem Stil geht es spaltenlang weiter. Plötzlich beklagt sie die Dekadenz bei uns als Ursache für das fehlende Bekenntnis zu Heimat, Volk, Vaterland, Nation – Begriffe, die uns die ZEIT unentwegt verteufelt. Hier ist eine Art von Schizophrenie am Werk, je nachdem, ob man die nationale Haltung bei Deutschen verhöhnt oder bei den Israelis bewundert.

Die Reiselust trieb die Gräfin auch monatelang durch die von Moskau geknechteten Ostblock-Länder, die man ihr subversiv vorbereitete. Die Gräfin und ihr nunmehriger Chefredakteur THEODOR SOMMER, der seine politische Erziehung nicht gerade in demokratischen Kreisen, sondern noch kurz vor Kriegsende als Schüler der NAPOLA (Nationalpolitische Erziehungsanstalten) erhielt, jenen politischen Schulen HITLERS, in denen die Eliten für kommende Nazi-Funktionäre erzogen wurden, unternahmen 1964 zum Beispiel eine Reise in die »DDR«. Der damals engagierte Kommunist KLAUS RAINER RÖHL berichtet über die Vorbereitungen zu der Reise, wie man der WELT vom 1. April 1977 entnehmen kann:

Beide unternahmen 1964 eine Reise in die »DDR«. Der kommunistische Schalk, KLAUS RAINER RÖHL, heute Mitglied der SPD, hatte den Trip in Zusammenarbeit mit einem »DDR«-Funktionär vorbereitet und das Führungsarrangement vertrauensvoll in dessen Hände gelegt. Eingeplant waren »sogenannte Abweichungen« vom Rei-

206

*seprogramm, plötzliche Autopannen und »überraschende Besuche«
in einer unbekannten Kleinstadt, bei der man irgendeine »beliebige«
Familie in ihrer Wohnung aufsuchen würde, und anderes mehr.
Röhl führt die Einzelheiten in seinem Buch »Fünf Finger sind keine
Faust« 1974 näher aus: »Frau Dönhoff und Herr Sommer sahen
und hörten, was sie sehen und hören sollten, und schon war wieder
einmal der Springer-Presse wegen ihrer unwahren Berichterstattung
über den ersten Arbeiter- und Bauernstaat auf deutschem Boden die
Maske vom Gesicht gerissen.«*

Bemerkenswert übrigens, wie der einstige NAPOLA-Schüler Sommer heute, offenbar unter Verdrängung seiner NS-Erziehung, sogar die Persönlichkeiten diffamiert, die von der von der Zeit verhöhnten und von Helmut Kohl geäußerten »Gnade der späten Geburt« begünstigt sind. So läßt Theo Sommer, als Chefredakteur der Zeit, in der Nummer vom 27. März 1987, den linksaußen agierenden Peter Schneider, unter dem Titel »Im Todeskreis der Schuld«, folgendes schreiben:

*Als ich diesen Satz (von der Gnade der späten Geburt) zum ersten
Mal hörte, fragte ich mich, wann die Leute, die heute in der Bundesrepublik an den Schalthebeln der Macht sitzen, geboren wurden,
Kohl und Geissler, die heute 53- bis 60jährigen, waren bei Kriegsende 11 bis 16 Jahre alt. 1945 waren sie zu jung, um für ihre Überzeugung verantwortlich zu sein. Waren sie dagegen ›unverstrickt‹?
1933 waren sie im Schul- oder Vorschulalter. Sie gehören mithin zu
jener Generation, die nahezu ihre gesamte Schulzeit auf faschistisch
gelenkten Schulen verbracht hat. Was die Kinder und Jugendlichen
dort lernten, wissen wir aus zahlreichen Zeugnissen von Zeitgenossen, die sich zu ihrer Prägung durch die Nazi-Erziehung bekennen ... Ein Übriges taten die Angebote für jugendliche Aktivisten,
sich zu bewähren und auszuzeichnen: in den Führerschulen, im
Wehrertüchtigungslager, in dem 10jährige den Umgang mit Handgranaten und dem Kaliber 98 lernten, in der H.J. und im »Volkssturm«.*

Wurde der Chefredakteur Theo Sommer, der einstige NAPOLA-Schüler, nicht schamrot, als er dies in der Zeit abdrucken ließ? Natürlich kann man Sommer seine NAPOLA-Erziehung nicht vorwerfen. Aber warum läßt er den CDU-Politikern »NS-Erziehung« als »Verstrickung« unterstellen?

Doch kommen wir auf die Reise der ZEIT-Prominenz zurück, die auf so makabre Weise zustande kam. Die Berichte darüber entsprachen der Tendenz der späteren Linie der ZEIT auf BRANDT-Kurs und Anbiederung an die kommunistischen Gewaltregime. Dann reiste die DÖNHOFF auch in die anderen kommunistischen Bruderstaaten. Neben dem Gartenlaubenstil der umfangreichen Serie zeigte sie uns selbstverständlich, wie liebenswert und harmlos die kommunistischen Zwingherren sind. Die Foltergefängnisse besuchte sie nicht. Für solche Menschenrechtsfragen engagiert die ZEIT sich vorwiegend gegenüber Südafrika und Chile, wobei es auf die Wahrheit bekanntlich nicht ankommt.

Zu dieser Art von Publizistik schrieb das Nazi-Opfer HANS HABE in BILD AM SONNTAG vom 20. März 1977:

Zum zweiten Mal in wenigen Wochen will die rote Gräfin MARION DÖNHOFF von der ZEIT im komfortablen Pressehaus in Hamburg besser als die gemarterten »Dissidenten« SOLSCHENIZYN, BUKOWSKI, AMALRIK wissen, was den tapferen Männern hinter Kerker- und Irrenhaus-Mauern frommt. In der ekelerregendsten Ergebenheitsadresse des Jahres, an den STALIN-Preisträger SIMONOW, hat ALFRED ANDERSCH, Linksextremist mit Luxuswohnsitz im Tessin und Neuschweizer Staatsbürgerschaft, die Unverschämtheit zu erklären, er habe SOLSCHENIZYN »nicht gelesen«. Weder FRISCH noch WALSER, weder LENZ noch GRASS haben die Männer getroffen, die gefesselt bei uns ankamen. Vielleicht ist das die Lösung des Rätsels, warum Politiker, sonst von Berufs wegen zu faulen Kompromissen bereit, für die Freiheit des Individiums eintreten und Intellektuelle, denen der Idealismus anvertraut ist, vor der Barbarei auf den Knien rutschen. Sie schreiben nur, sie lesen nicht. Sie sprechen nur, sie hören nicht. Sie lehren nur, sie lernen nicht.

Man lese nach, mit welchem geradezu antinationalen Masochismus die Gräfin zum Beispiel am 13. August 1971 in der ZEIT die Kapitulationspolitik von BRANDT und SCHEEL feiert. Deutsche Interessen oder gar das Völkerrecht gegen Landraub und Verletzung der Menschenrechte gibt es offenbar für die DÖNHOFF gegenüber kommunistischen Regimen nur in bescheidenstem Umfang. Und bei Gesprächen in Moskau (siehe die ZEIT vom 21. August 1970) werden die Sowjets als harmlose Friedensengel geschildert, wobei die Gräfin nur stört, daß man das »Kulturbild«, das die Bundesrepublik bietet, die Pornographie bei GRASS, die verkommenen Filme bei uns, in Moskau kritisiert. Dergleichen gehört ja zu den wichtigsten Erscheinungen der Freiheit in der Demokratie, wie die ZEIT sie versteht und fördert.

Doch was immer die Gräfin schreibt und verkündet: die Kumpanei der Medien und ihrer linksliberalen Mitstreiter in Politik, Literatur und Publizistik halten sie höchster Ehren wert:

Als stellvertretende Chefredakteurin und Leiterin des politischen Teils der ZEIT erhielt sie 1966 aus der Hand der geistesverwandten, linksaußen agierenden FDP-Abgeordneten HILDEGARD HAMM-BRÜCHER den THEODOR-HEUSS-Preis. In einer Reihe von Zeitungen, wie dem REGENSBURGER TAGESANZEIGER und der PASSAUER NEUEN PRESSE vom 30. Januar 1966, erscheinen dazu Kommentare, die für sich sprechen. Ich zitiere daraus:

Es verdient höchstes Interesse der Öffentlichkeit, an dem Beispiel dieser Preisträgerin einmal aufzuzeigen, wie man es als Schriftsteller oder Publizist heute in Deutschland zu hochdotierten und ehrenvollen Preisen bringt, wie diese Preisverleihungen manipuliert werden und nach welchen Gesichtspunkten jemand als würdig befunden wird, solche Preise zu empfangen. Es mag zwar nicht in allen Fällen so kraß und durchsichtig zugehen wie im Fall der jüngsten THEODOR-HEUSS-Preisträgerin, aber als exemplarisch für die Methoden von Preisverleihungen kann auch dieser Fall durchaus gelten.

Warum erhielt die streitbare Gräfin in Hamburg, die in Kennerkreisen auch gern als »rote Gräfin« bezeichnet wird, diesen Preis? Die Begründung wurde bereits der Öffentlichkeit übergeben. Sie lautet: »MARION GRÄFIN DÖNHOFF hat als Publizistin und als engagierte und bekennende Bürgerin eines demokratischen Deutschlands hervorragende Beispiele zivilen Mutes, demokratischen Verantwortungsgefühls, der Fairneß und eines vorbildlichen politischen Stiles gegeben.« So steht es in einer Art Selbstbeweihräucherung im politischen Teil der ZEIT vom 3. Dezember 1965.

Blättern wir in der ZEIT, in der die von »Verantwortungsgefühl« und »Fairneß« und »vorbildlichem Stil« geprägte Gräfin ja die Beweise für diese Laudatio seit mehr als einem Jahrzehnt geliefert hat. Ihr politischer Stil und ihre Fairneß drücken sich in folgendem Jargon aus. Es handelt sich hier um wörtliche Zitate aus Artikeln der Gräfin in der ZEIT. Dort bezeichnet sie den Vorsitzenden der baye-

rischen Regierungspartei FRANZ JOSEF STRAUSS *als »alerten, macht-*
gierigen Lügenbold«. Den geschäftsführenden Vorsitzenden der
CDU, DUFHUES, *und den heutigen Bundeslandwirtschaftsminister*
HÖCHERL *vergleicht sie mit* GOEBBELS *und* HITLER. *Einen der eh-*
renwertesten und verdientesten Heerführer des Zweiten Weltkrie-
ges, den Panzergeneral GUDERIAN, *tituliert sie als »des Teufels Ge-*
neral«, eine Verunglimpfung des Toten, die zu empörten Protesten
zahlreicher hoher Offiziere führte. Vor Jahren schon stellte sie die
Soldaten der Volksarmee des Mörder- und Zuchthausstaates
ULBRICHTS *auf dieselbe Stufe wie die Bundeswehr und verbreitete*
das Märchen, die Heerführer des Ostens wären sich gegenseitig auf
ihre Erfolge neidig gewesen und hätten sich gefreut, wenn die nach-
barlichen Armeen Niederlagen erlitten hätten. Auch hier die Verun-
glimpfung von zum Teil Toten, die sich nicht mehr wehren können.
Belassen wir es bei diesen Proben eines von »Fairneß« und »demo-
kratischem Verantwortungsgefühl« getragenen politischen Stiles.
Der THEODOR-HEUSS-*Preis wird von einer Stiftung getragen, deren*
Vorsitzende, Geschäftsführende, Gründerin und Initiatorin die
zweite bekannte politische Amazone der Bundesrepublik ist, Bay-
erns linksliberales Enfant terrible, die FDP-Landtagsabgeordnete
DR. HILDEGARD HAMM-BRÜCHER.
Unsere Preisträgerin hat sich bei dem Verleumdungsfeldzug gegen
FRANZ JOSEF STRAUSS *und das systematische Kesseltreiben gegen*
Bayerns CSU gewissermaßen als Spitzenreiterin bewährt und dabei
vielfach noch den SPIEGEL *übertroffen. Insoweit hat die Dankbar-*
keit durch Verleihung dieses Preises ihren begreiflichen Hinter-
grund.
Noch erstaunlicher aber wird die Preisverleihung durch die FDP-
Abgeordnete HAMM-BRÜCHER *an ihre Gesinnungsgenossin* DÖN-
HOFF *von der* ZEIT *durch eine Partnerschaft, die nicht nur ideologi-*
sche, sondern auch finanzielle Hintergründe hat. Seit Monaten reist
die Abgeordnete HAMM-BRÜCHER *für die* ZEIT *durch die deutschen*
Lande, diesseits und jenseits der Mauer. In Artikelserien schildert sie
aus ihrer koexistenzfreudigen Sicht den Bildungszustand deutscher
Gaue von Sachsen bis Bremen und von Schleswig-Holstein bis Bay-
ern.
Für ihre Reiseberichte aus deutschen Landen, die auch im Verlag der
ZEIT *bereits in Buchform erschienen, hat die kühne bayerische Libe-*

rale sicherlich ein beachtliches Honorar aus der Schatulle der »roten Gräfin« in Hamburg erhalten. Da ist es nur recht und billig, daß nun nach dem bewährten und alten Prinzip »Eine Hand wäscht die andere« der Gräfin DÖNHOFF auch eine entsprechende Gegenleistung geboten wird. Und als Herrscherin einer wohldotierten Stiftung und unbehindert von einem Kuratorium mit FDP-Übergewicht erstattet so Frau HAMM-BRÜCHER der Gräfin DÖNHOFF nicht nur 10.000 DM gewissermaßen zurück, sondern auch noch den Glanz eines ehrenden Preises, den der Name THEODOR HEUSS ziert.

Ob die FDP-Abgeordnete HILDEGARD HAMM-BRÜCHER nicht fürchtet, durch diese gesteuerte Preisverleihung an die stellvertretende Chefredakteurin ihres Hamburger Leib- und Magenblattes in den Verdacht einer geistigen Korrumpierung zu gelangen? Ganz besonders dann, wenn die publizistische Tätigkeit ihrer Preisträgerin – siehe die obigen Zitate – genau das Gegenteil von dem ist, was man ihr bescheinigt: nämlich verantwortungsloser politischer Stil und mangelnde Fairneß. Der Stil der Gräfin unterscheidet sich nämlich in nichts von jenen radikalen publizistischen Exzessen, mit denen in der Weimarer Republik die Rechts- und Linksradikalen das Klima vorbereiteten, in dem dann die Kommunisten und Nationalsozialisten um die Machtergreifung kämpften. Wer heute angesichts solcher Hetze gegen die demokratischen Führer die Macht ergreifen wird, bedarf keines Propheten. Ob ausgerechnet die Gräfin DÖNHOFF die geeignete Preisträgerin in diesem Fall ist, dürfte daher nicht nur im Hinblick auf die Manipulation zwischen den beiden Damen in München und Hamburg höchst fragwürdig sein.

Bei ihren ständigen Assoziationsversuchen, politisch Andersdenkende in die Nähe HITLERS zu rücken, klammert die Gräfin nicht einmal einen Staatsmann wie CHARLES DE GAULLE aus. Dazu im RHEINISCHEN MERKUR PAUL WILHELM WENGER unter dem Titel: MARION DE GAULLE:

Die Hamburger ZEIT und ihr de facto regierender stellvertretender Chefredakteur – Gräfin MARION VON DÖNHOFF – profilieren sich seit langem durch die Manie, das Abgründige ADOLF HITLERS stellvertretend in seinem französischen Hauptgegner CHARLES DE GAULLE aufzuspüren.

Den jüngsten Beleg für diese tiefenpsychologische Struktur der ZEIT bietet Gräfin DÖNHOFFS Artikel »Das Bündnis der Außenseiter«

vom 24. Januar 1964. Sie schildert darin den Vortrag eines »hochintelligenten, gebildeten, ganz unabhängigen Franzosen«, der neulich bei einer Konferenz das Funktionieren des französischen Regierungsapparats mit dem Hinweis charakterisiert habe: »Ja, und dann gibt es zwei Reservate, die hat sich der General allein vorbehalten: Außenpolitik und Verteidigungspolitik.« Solcher Praxis DE GAULLES, die genauso ADENAUER wie KENNEDY zu eigen war, widmet Gräfin MARION VON DÖNHOFF diesen Kommentar: »Als ich die Darstellung jenes Franzosen hörte, erfüllte mich tiefes Mitleid mit dem Vortragenden und seinen Landsleuten, deren politische Mitwirkung auf Akklamation beschränkt ist. Wie gut kennen wir diesen Zustand, und wie dankbar muß man sein, daß er bei uns der Vergangenheit, daß er wirklich längst vergangenen Zeiten angehört!« Offensichtlich hat die so zufrieden Besorgte dabei die ZEIT-Polemik gegen ADENAUERS »einsame Entschlüsse« so gut verdrängt, daß sie ohne Zwischenaufenthalt bei ihrer grotesken Lieblingsparallele HITLER – DE GAULLE landen kann ...

Ähnliche Methoden der Gräfin habe ich bereits ausführlich in meinem Buch »Der deutsche Selbstmord« geschildert und HANS FILBINGER in seinem Buch »Die geschmähte Generation«, in dem die Rolle der ZEIT und ihres Autors ROLF HOCHHUTH bei der Rufmordkampagne gegen FILBINGER eindrucksvoll in ihrer ganzen Infamie dargestellt wird.

Ihr Charakter dokumentiert sich eindrucksvoll aus ihrem Verhalten in der Zeit, als ihre neuen sowjetischen Freunde Ostpreußen eroberten, mit den bekannten barbarischen Begleiterscheinungen. Über ihre eigene Flucht aus dem DÖNHOFFschen Gut in Ostpreußen schreibt der ostpreußische Freiherr VON KETELHODT, der selbst aus Masuren stammt, in einem Brief an die Ostpreußin ILSE WEISS zu dem Buch der Gräfin »Namen, die keiner mehr kennt«, in dem sie über ihre einstige Heimat in übelster Weise herfällt:

Frau FRANKENSTEIN aus Dosnitten im Kreis Preußisch-Holland macht mich noch besonders auf das Kapitel Flucht aufmerksam, in dem die Gräfin sogar noch beschreibt, wie sie ihre eigenen Leute im Stich gelassen hat. Die Masse ihrer Leute ist dann ja auch von den Russen ermordet worden. Alle anderen Trecks aus der Gegend sind mindestens bis Pommern gekommen, und da war der Übermut und die Verhetzung schon etwas gedämmt.

212

Zahlreiche Ostpreußen haben der Gräfin aufgrund dieses Buches vorgeworfen, sie habe in ihrem Buch unwahre Behauptungen und grobe Beleidigungen über Masuren und seine Bevölkerung verbreitet. Auf diese zahlreichen Briefe, die mir vorliegen, hat die Gräfin nicht einmal geantwortet. Die Bevölkerung Masurens wird von ihr zur Unterstützung der russischen und polnischen Landraubthese zu rückständigen Asiaten und Slawen abgewertet – in bemerkenswerter Analogie zu der slawischen Untermenschen-Theorie der Nazis. Im DEUTSCHEN OSTDIENST, dem offiziellen Organ der Vertriebenen, wurde das Buch als *Werbemittel für die Verzichtpolitik auf den deutschen Osten, welche die Autorin mehr oder weniger versteckt in der ZEIT betreibt,* bezeichnet.

Der Krieg, den die Gräfin und die ZEIT seit zwei Jahrzehnten gegen mich führen, zeichnet sich nicht nur wie in den geschilderten Fällen durch eine Skrupellosigkeit und einen Mangel an Fairneß aus, die kaum noch zu überbieten sind, sondern der gräfliche Fanatismus bei der Beleidigung anderer, unter Ausklammerung der eigenen Person und ihrer linken Mitstreiter, veranlaßte viele Kenner ihrer Person, mir zu schreiben. Darunter befand sich auch ein Brief mit einem Foto, das angeblich die Gräfin im Dritten Reich bei einer Kundgebung des nationalsozialistischen Kraftfahr-Korps (NSKK) mit dem führenden Nationalsozialisten Graf HELLDORF zeigt. Da ich im Gegensatz zur ZEIT und anderen Meinungsmachern die Betroffenen zu fragen pflege, wenn ich Material gegen sie erhalte, ob dies auch stimme, bat ich die Gräfin um Auskunft. Ich schrieb ihr: *Lediglich im Zusammenhang mit Ihren ständigen Bemühungen, die Vergangenheit anderer zu bewältigen, erscheint mir diese Tatsache so bemerkenswert, daß ich dieses Foto in einem Buch veröffentlichen möchte, das im Herbst unter dem Titel »Der Deutsche Selbstmord‹ erscheinen wird.«*

Und bezüglich der an mich gerichteten vielen Briefe von Ostpreußen wies ich auf einen Brief hin, der von einem Nachbarn jener Familiengüter stammte, die die Gräfin in Ostpreußen verwaltet hatte. In diesem Brief wurde behauptet:

... daß Sie zu einem großen Wohltätigkeitsfest in Quittainen auch einen der übelsten Nazi-Bonzen, den Gauleiter KOCH, eingeladen hätten. Zu beiden Dingen bitte ich um Ihre freundliche Stellungnahme, um Ihnen nicht unrecht zu tun.

Diese selbstverständliche Fairneß für einen Publizisten beantwortete die Gräfin in der ZEIT mit einem geradezu haßerfüllten Brief, in dem sie mir völlig grundlos vorwarf, mein Brief sei in einem *so flegelhaften Ton geschrieben, daß er meines Erachtens keiner persönlichen Antwort wert sei.*

Die Gräfin, die sonst jeden leisesten Verdacht brauner Vergangenheit in der ZEIT großspurig anprangern läßt, soweit es nicht ihre linken Gesinnungsgenossen betrifft, meint nun plötzlich:

Was eigentlich besagt es, wenn jemand 1933 von SA-Führer Graf HELLDORF fotografiert wird? Was besagt es, wenn zu damaliger Zeit anläßlich eines großen Wohltätigkeitsfestes der Gauleiter KOCH eingeladen wurde?

Natürlich besagt das wenig, aber das gilt nicht nur für die Gräfin, sondern auch für ihre ständigen Rufmordopfer. Sie beteuert dann weiter, daß es in beiden Fällen nur Verwandte waren. So wörtlich:

Sie waren auch Nazis, Duzfreunde von ERICH KOCH, Leute, die es sich nicht haben nehmen lassen, mein Telefon und meine Post jahrelang überwachen zu lassen, mich mehrfach bei der Gestapo und nach dem 20. Juli 1944 auch bei ERICH KOCH persönlich anzuzeigen.

Und schließlich rät sie allen Publizisten, an die ich mich zur Verifizierung von Vorwürfen wende:

Schreiben Sie ihm kurzerhand: Wir verweigern jede Aussage und machen Sie für alle Nachteile haftbar, die uns aus Ihrer Veröffentlichung erwachsen.

Ich weiß natürlich nicht, ob sie die Wahrheit sagt. Aber welche Erbärmlichkeit, die eigenen Verwandten öffentlich als Nazis, Duzfreunde des Gauleiters KOCH und als Denunzianten zu diffamieren. Dies allein bezeugt eine Gesinnung, die man nicht näher qualifizieren muß. Und was sie von Pressefreiheit und Liberalität hält: Mir soll man in Zukunft jede Information verweigern und mich zum Schweigen bringen. Sie nennt sich Demokratin. Ihre Pressefreiheit kann sie zu jeder Denunziation gebrauchen, ohne die Betroffenen zu befragen. Was ihre »Verfolgung« im Dritten Reich betrifft: Trotz Telefonabhören und Anzeigen bei der Gestapo hat das seltsamerweise keine Konsequenzen gehabt. Wie glaubhaft ist ein solcher nachholender, postkatastrophaler Widerstand eigentlich?

Schließlich holte die ZEIT zu einem Racheakt besonderer Art aus. In einer Serie, die angeblich einer redlichen Auseinandersetzung mit

Publizisten und Schriftstellern dienen sollte, die umstritten sind, wurde ausgerechnet HEINRICH BÖLL zu einem Beitrag über mich engagiert. Er böllte wunschgemäß in einem mehrseitigen Aufsatz über mich unter dem Titel »*Der Schriftsteller und Zeitkritiker KURT ZIESEL*«, und er bezeichnete dies als den »*Versuch eines Beitrages zu der sogenannten Bewältigung der Vergangenheit*«. Schon die Überschrift war eine Verfälschung. Denn der Artikel befaßte sich lediglich mit drei meiner politisch-polemischen Bücher von insgesamt 24 anderen, darunter zahlreiche große Romane, in denen ich nach 1945 nicht nur eindeutig von jeder Art von nazistischer Ideologie abrückte, sondern zum Beispiel in meinem Roman »Daniel in der Löwengrube« die schreckliche Tragödie des Holocaust, dem auch meine beiden jüdischen Pflegemütter zum Opfer fielen, literarisch zu gestalten versuchte. Das Buch wurde vor allem von der jüdischen Presse als »geistige Wiedergutmachung der Vernichtung des Judentums« gefeiert, und da es vor meinen zeitkritischen Büchern und meiner Auseinandersetzung mit den Medien darin erschien, wurde es von den gleichen Gazetten geradezu literarisch in den Himmel gehoben, die mich später als Rechtsradikalen verunglimpften. Über diese Arbeiten des »Schriftstellers« verlor HEINRICH BÖLL kein einziges Wort. Sein Aufsatz enthielt nicht nur grobe Lügen über den Inhalt meiner zeitkritischen Bücher, sondern auch eindeutige Verfälschungen von Zitaten. Ich kann es mir ersparen, darauf näher einzugehen. Dafür zitiere ich DR. KURT HILLER, den kämpferischen Linkssozialisten und jüdischen Emigranten, der mir schrieb:
Wie BÖLL böllte, ist mir nunmehr bekannt. Seine Romane sollen gut sein; als Verfasser erörternder Prosa ist er, nach dieser Leistung zu urteilen, unter aller Kanone. Mir schmeckt in seiner breiten Suppe ein einziges Knödelchen: die Stelle, wo er Sie, sehr mit Recht, wegen Ihrer ›Asphalt‹-Stelle angreift. Aber sonst ist da alles nur Gelall. Während Sie immer und überall substantiell, konkret, bei aller Schärfe sachlich sind, sabbert er stundenlang, argumentlos verallgemeinernde Entrüstungssauce. Rein artistisch, als Schriftsteller, sind Sie in Ihren dort inkriminierten Büchern zehnmal besser als er hier; vom Ethischen ganz abgesehen.
Zum dem Pamphlet BÖLLS sandte ich der ZEIT einen Beitrag, der nur halb so groß war wie der von BÖLL und der sich darauf beschränkte, die schlimmsten Unwahrheiten und Entstellungen rich-

tigzustellen. Da ich von vornherein annahm, daß die ZEIT in ihrer selbst so sehr gerühmten »Fairneß« den Beitrag nicht abdrucken würde, sandte ich ihn auch an andere Zeitungen, wo er ungekürzt erschien. Die ZEIT bot mir schließlich eine 40zeilige Erwiderung gegenüber den 500 Zeilen des BÖLL-Pamphlets an. Offenbar billigte sie BÖLL schwere Säbel, mir aber einen Spazierstock zur Abwehr zu. Doch auch die 40 Zeilen erschienen nicht, dafür schrieb mir der zuständige Feuilleton-Chef LEONHARDT wutentbrannt:

Was Sie treiben, werden Sie eines Tages zu verantworten haben.
Vermutlich vor einem Inquisitionsgericht der Literatur-Kumpanei. Was für ein Glück, daß es keine Gestapo mehr gibt.

Die vielen empörten Leserbriefe zu dem BÖLL-Aufsatz, die auch in Durchschrift auf meinem Schreibtisch landeten, druckte die ZEIT nicht ab. Dazu jedoch Leserbriefe, wo ich zum Beispiel mit einem Hund verglichen wurde, der zwei Köpfe hat und der mit einem bellt und sich mit dem anderen in den Schwanz beißt. Dabei hatte LEONHARDT in einem weiteren Brief mir geschrieben, sie brächten nur Gegenstimmen, deren »Tonart den Gesetzen der Höflichkeit« entspräche. Als ich gegen diese pöbelhaften Leserbriefe protestierte, beteuerte Herr LEONHARDT, er sei *ohne jeden Einfluß auf die Veröffentlichung von Leserbriefen.* Was für eine schizophrene Redaktion.

Über diesen Kultur-Papst der ZEIT findet man in dem Taschenbuch »Wider die deutschen Tabus« von GERHARD ZWERENZ ein respektloses Porträt, das für LEONHARDT, für die ZEIT-Redaktion und ihr Treiben charakteristisch ist. ZWERENZ schildert ein Erlebnis auf einer Party in Hamburg:

Ein Ehepaar drückt sich grußlos an uns vorüber. Sie entschwindet im Kreis von Bekannten. Er lächelt gequält süßsauer, angelt sich ein Sektglas und mustert die aufsteigenden Perlen.
»Wer ist das?« fragt ZEHM.
»Ein wichtiger Mensch. Feuilletonchef der größten und bekanntesten Wochenzeitung, und mehr als das: ein wichtiger Boß der Gruppe 47 – er hält der Gruppe in seiner Zeitung die Tür offen. Bitte, gehe hin zu ihm und stelle dich vor. Der Mann ist Gold wert. Er kann in seiner Zeitung einen Autor machen, er kann einen Autor verschweigen und, wenn er sich anstrengt, sogar vernichten. Die Gruppenmitglieder wissen genau, was sie an ihm haben. Die Nichtmitglieder

mögen ihn deshalb nicht so sehr. Na, du weißt schon, der übliche Literatenhader.«

»Aber warum ist er so traurig?« fragt ZEHM.

»Er hat Sorgen. War in einen Verkehrsunfall verwickelt. Morgen geht's vor Gericht. Vielleicht verliert er seinen Führerschein. Dabei ist er ein absoluter Autofahrer. Verstehst du? Vielleicht darf er eine Zeitlang nicht mehr ans Steuer. Das betrübt einen Menschen natürlich. Ein Mann ohne vier Räder, die ihm gehorchen, kommt sich geradezu wie ein Eunuche vor. Das ist nun mal so in der technisierten Gesellschaft, verstehst du?«

»Nein, nicht ganz, aber wo steht der Mann politisch? Links?«

Ich überlege. Auf diese Wendung bin ich nicht vorbereitet ...

»Er steht nicht links, hier steht niemand links, man liegt höchstens links. Von früher her oder aus Zufall oder in der Meinung der anderen. Aber unser Feuilletonist ist eher ein Mann der Mitte, mein' ich, so wie in Deutschland die Mitte gebaut ist, ein wenig hü und ein wenig hott, ein bißchen schnoddrig, nicht gerade klug, auch nicht tief, aber mit einer gewissen Wendigkeit, so daß man seinen Wagen an jeden Zug anhängen kann, in welche Richtung er auch abgeht.«

»Also neigt er momentan nach links?«

»Gewiß. Aus unerfindlichen Gründen meinen die hiesigen Auguren, die Literatur stehe links. Unzufriedenheit, Quengelei, unbewältigte Gegenwart, Angst vor der Vergangenheit, Scham über früheres Versagen – das alles zählt hier zu den Qualitäten der Linken. Da sich niemand findet, der den Wust an verqueren Gefühlen ausleuchtet und auf Begriff bringt, lebt das so dahin. Man hat seinen Namen, auch der Gegner hat seinen Namen, man stichelt ein wenig gegeneinander, spielt rechts und links, betet drei Rosenkränze der gerade herrschenden Ästhetik ab und ist ganz zufrieden mit sich – solange die Polizei nicht den Führerschein abverlangt.«

»Wo wäre TUCHOLSKY heute, lebte er noch?«

»Ich weiß nicht. Du wirst dich umsehen können. Such nach seinen Möglichkeiten. Freche Schnauze, Gefühl, Moral und Unbestechlichkeit, Mut nach allen Seiten, Verzicht auf jegliche Rückversicherung, Kampf auch dem mächtigsten, furchtbarsten Feind, Verachtung für Sprach- und Literaturkonfessionen ... such nach diesen Möglichkeiten.«

Der große Feuilletonist drüben starrt derweilen immer noch in sein Glas und das Moos der Melancholie wächst über seine Züge ...

GÜNTER ZEHM ist heute für die Kultur in der WELT verantwortlich, wo er mit Mut, Moral und Unbestechlichkeit, im Gegensatz zu den ZEIT-Methoden, ein Beispiel für einen redlichen Journalismus gibt. Wie die ZEIT mit geradezu groteskem Eigenlob ihre Redaktionsprominenz feiert, unter Ausklammerung aller belastenden biographischen Daten, hat uns zum Beispiel GERD BUCERIUS in einem großen Artikel über MÜLLER-MAREIN vorgeführt, in dem sein Lebenslauf zwischen 1933 und 1945 überhaupt nicht vorkommt. Noch komischer war die Sonderseite, welche die ZEIT der Gräfin DÖNHOFF zu ihrem 70. Geburtstag aus der Feder THEO SOMMERS widmete. Dazu hat der bekannte Publizist CASPAR VON SCHRENCK-NOTZING im CRITICON eine Satire geschrieben, die so köstlich ist, daß ich sie in Auszügen zitiere:

Der WEISSE RING unterstützt Verbrechensopfer. Wer aber unterstützt diejenigen, die schwere moralische und intellektuelle Blessuren erlitten haben, wie etwa THEO SOMMER (Chefredakteur der ZEIT)? SOMMER wurde »hinterrücks« überfallen – durch den 70. Geburtstag von MARION GRÄFIN DÖNHOFF. Daß er diesen Überfall moralisch und intellektuell nicht überlebte, hat seine Ursachen darin, daß der journalistische Grundton nicht nur seines Hauses »cool« ist. SOMMER spricht selbst vom »Zynismus des Gewerbes«.

In den wenigen Fällen, wo die routinierte Kühle, der unpersönliche Ton, die glatte Fassade einmal nicht als Schutzwand dienen können, passieren so peinliche Entgleisungen wie seine ganzseitige Eloge auf MARION GRÄFIN DÖNHOFF, die Ziehmutter der ZEIT-Redaktion, ein Stück von so unfreiwilliger Komik, daß es ohne weiteres den Gedichten des »schlesischen Schwans« FRIEDERIKE KEMPNERS an die Seite gestellt werden kann:

»Viele verdanken ihr vieles ... zu erlesener Schlichtheit steigt, zu unausrottbarer Tugend ...« – ja wer wohl, natürlich die ZEIT-Gräfin, die ihr redaktionelles Handwerk mit »einfühlsamer Strenge so betrieb, daß sich die Schreiber – meistens – nicht vergewaltigt, sondern veredelt fühlten«.

Wen wundert's da noch, wenn die Koalitionsparteien solche Qualitäten bei der letzten Bundespräsidentenwahl für das höchste Staatsamt zu gewinnen suchten. Eine Voraussetzung brachte sie auf jeden Fall mit: »Ihre Art zu reisen enthüllte eine alles überstrahlende Facette ihres Wesens.«

218

Reisen ist tatsächlich die demokratischste aller Tätigkeiten. Was ist ein politisches Amt denn anderes als der legitime Übergang vom Billig- zum Gratisflug? Nichts hebt die Stellung der Journalisten in unserem Staate mehr heraus, als daß sie für ihre Reisen auch noch honoriert werden. Und wie verstand es die Gräfin zu reisen!
»*Ihr donnerten die Kanonaden des modernen Valmy um die Ohren ... in den Machtzentren von Washington und Moskau, London und Paris ... war sie stets das Zentrum eines ›network‹, dessen unauffällige Wirksamkeit nur der sich nicht vorstellen kann, der seine Wissenschaft aus politologischen Lehrbüchern schöpft ...*«
Wozu hätte sie auch den »Nimbus einer Heroine«? Und damit sind wir schließlich bei jener Wochenzeitung, deren »Seelenachse« laut SOMMER Gräfin DÖNHOFF bis heute geblieben ist:
1955 übernahm sie das Ressort Politik, 1973 schied sie aus der Chefredaktion aus. Unter ihrer Ägide verwandelte sich die ZEIT aus dem hochanständigen Blatt liberal-konservativer Prägung, das sie unter RICHARD TÜNGEL und ERNST FRIEDLÄNDER gewesen war, in die intellektuelle Speerspitze jenes Linksliberalismus, den JAMES BURNHAM als den Motor des Selbstmords des Westens analysiert hat.
Die Ära AUGSTEIN-NANNEN-DÖNHOFF löste um 1960 die Ära ADENAUER ab. Ihre politische Färbung war, wie AUGSTEIN einmal formulierte, »liberal, im Zweifelsfalle links«. Gräfin DÖNHOFF hatte von Haus aus wenig Zugang zu linkem Denken, über dessen antifaschistischen Vorhof sie nie hinausgelangte. SOMMER spricht davon, daß ihr »Demokratiebegriff« eigentlich mancherlei »aristokratische Züge« trage. Doch gerade die »aristokratische« Eigenschaft machte sie den Linken schließlich so nützlich. Sie glaubte zu lenken, wo sie gelenkt wurde ... wurde sie immer wieder an einem Punkte gepackt: der Eitelkeit. SOMMER berichtet, daß die Eitelkeit in ihren Augen die schlimmste Sünde des Journalisten darstelle. Sie habe ihre »preußische Kargheit« so weit getrieben, daß sie einmal nach einer Reise einen Flughafenbus für die Fahrt in die Stadt benutzt habe!
Es gibt jedoch eine andere Eitelkeit als die auf den Schreibstil oder die Statussymbole. Es ist die Eitelkeit, gemachte Fehler nicht zugeben zu wollen, weil sie nicht korrigierbare Denkfehler waren, sondern aus den Instinkten resultierten. Ihre Instinkte wiesen stets in Richtung auf den heute allenthalben grassierenden »Antifaschis-

mus« – der neben einem proletarischen und intellektualistischen
eben auch einen aristokratischen Quellgrund hat.
Die ZEIT *wurde unter Gräfin* DÖNHOFF *zu dem Organ der »Ver-*
gangenheitsbewältigung«. Als die Studentenrevolte in den Terroris-
mus kippte, kamen der Gräfin Zweifel, ob es sich noch um eine wenn
auch radikale Praktizierung der Vergangenheitsbewältigung han-
delte oder bereits um deren Gegenteil. Sie begann schrill zu schreien.
Wie immer: Gräfin DÖNHOFF *und ihre* ZEIT *haben so sehr auf die*
Bundesrepublik eingewirkt, daß sie selbst zu einer zu bewältigenden
Vergangenheit geworden sind.
Mit immer schrilleren Tönen wendet sich die ZEIT, und an der Spitze die Gräfin und ihr derzeitiger Chefredakteur THEO SOMMER,
von unserem Grundgesetz ab. Die strikte Forderung des Grundgesetzes und in zahlreichen Urteilen des Bundesverfassungsgerichts,
die Wiederherstellung der deutschen Einheit für alle Politiker und
Bürger als unverzichtbar anzusehen, interessiert die Meinungsmacher nicht mehr. So zum Beispiel die Gräfin am 24. April 1987 aus
Anlaß des 750jährigen Jubiläums Berlins:
Ein Verzicht auf die Wiedervereinigung der vertraglichen und ga-
rantierten Zusicherung der Freiheit Berlins und einer systematisch
erweiterten Durchlässigkeit der Mauer bis zu deren schließlicher Be-
seitigung könnte den Prozeß der Normalisierung beschleunigen.
Den Bürgern der DDR würde dies im übrigen wesentlich mehr Frei-
heit bringen als weitere Jahrzehnte vergeblichen Wartens auf die
Wiedervereinigung.
Diese verfassungswidrige Propaganda durchzieht, in sich steigern-
der Intensität, seit Jahren die Beiträge der ZEIT.
Zum HONECKER-Besuch schwingt sich der neue ZEIT-Herausgeber, Bundeskanzler a. D. HELMUT SCHMIDT, zu einem Beitrag auf,
in dem er unter der Überschrift »Einer unserer Brüder« den Diktator und Mauermörder des »DDR«-Apartheid-Regimes als »unser
aller Bruder« feiert. Ob er dabei an Kain und Abel dachte, hat er uns
nicht verraten. Sind denn vielleicht auch Chiles Diktator PINOCHET
und Südafrikas Präsident BOTHA oder gar der Massenmörder
KHOMEINI unsere Brüder?
Selbstverständlich unterstützt die ZEIT auch in einem Beitrag vom
21. August 1987 die Forderung der »DDR«, die Zentrale Erfassungsstelle Salzgitter zur Registrierung von Morden und Men-

220

schenrechtsverletzungen der »DDR« zu beseitigen. Während die Meinungsmacher mit feinster Akribie noch nach bald einem halben Jahrhundert ähnliche Verbrechen des NS-Regimes registrieren und sammeln, darf dies für die Diktatur jenseits der Mauer heute nicht mehr stattfinden. In welchem Stil hier die Verbrechen der »DDR« von der ZEIT in Schutz genommen werden, indem sie die Erfassungsstelle verteufelt: Sie spricht von »sogenannten Unrechtshandlungen« der »DDR«-Behörden, die seit nunmehr 26 Jahren registriert werden. Sie redet von einer »umstrittenen Quasi-Behörde«, von einem »Ost-West-Popanz« und von einer »rabulistischen Hilfskonstruktion des Bundesgerichtshofes«, weil derselbe 1980 festgestellt hat, daß der freie Teil der gespaltenen Nation eine Schutzpflicht gegenüber den Brüdern und Schwestern im Osten habe. Der Leiter der Erfassungsstelle wird verhöhnt, wenn er feststellt, daß allein 4343 Tötungshandlungen und insgesamt 36 517 schwere Menschenrechtsdelikte aus der »DDR« in Salzgitter registriert seien: *Der Oberstaatsanwalt liest die Zahlen herunter, als rechtfertige deren Fünfstelligkeit die Existenz seines Regierungsgeschäftes.*

Nichts kann die doppelte Moral dieser Meinungsmacher drastischer entlarven als diese Hetze gegen die Registrierung und die damit verbundene Strafbarkeit der »DDR«-Verbrechen.

Wie doppelzüngig die ZEIT unentwegt argumentiert, könnte man an Hunderten von Beispielen dokumentieren. Da schrieb zum Beispiel in der ZEIT einer der linken Star-Publizisten, HARRY PROSS, was allerdings gegen ADENAUER gerichtet war:

In Wahrheit sind nicht die Besten zum Regieren nötig, sondern die Mittelmäßigen ... Mittelmaß, was tut, was es kann, ist das beste.

In der gleichen ZEIT aber tönt am 20. Februar 1987 ihr Redakteur ROBERT LEICHT, um die Politiker der derzeitigen Koalition zu diffamieren:

Soll in der Demokratie der Durchschnitt regieren, oder braucht nicht gerade das parlamentarische System ein hervorgehobenes Personal, sondern Leute mit politischem Profil? Ein Begriff, der lange Zeit verpönt war, hat seit einigen Jahren wieder Konjunktur: Elite.

Besonders niederträchtig ist das Treiben der ZEIT in den Bereichen ihres Feuilletons. Nach LEONHARDT wirkte dort der linksaußen agierende FRITZ J. RADDATZ, der in einem unsäglichen Beitrag seine

Unbildung verriet, als er GOETHES Lebenszeit in das Zeitalter der Eisenbahn verlegte und ihn auf dem Bahnhof in Frankfurt sah. Das wurde zu einer solchen Blamage, daß RADDATZ die ZEIT verlassen mußte. Dafür übermittelt er ihr jetzt aus Paris seine linksgewirkten Berichte. Während die ganze Welt, sogar die Kommunisten in Polen und Italien und vor allem die Franzosen, ERNST JÜNGER als bedeutendsten Schriftsteller unserer Zeit feiert, bezichtigte ihn RADDATZ in der ZEIT anläßlich der Verleihung des Frankfurter GOETHE-Preises, *ein präfaschistischer Denker, ein Layouter für die Konturen des NS-Staates* zu sein, womit er sich auf die Ebene des Berliner GOEBBELS-Kampfblattes DER ANGRIFF vom 28. Oktober 1927 begab, das JÜNGER vorwarf, er habe in einem »Judenblatt« geschrieben:

Herr JÜNGER ist damit für uns erledigt.

Leider sind RADDATZ und die ZEIT für die Demokratie noch immer nicht erledigt.

Zum Entsetzen selbst seiner linken literarischen Freunde betätigt sich RADDATZ auch als Schriftsteller. Seine bisherigen Bücher haben das Niveau, einer Mischung von eitler Selbstbespiegelung, neurotischer Verklemmung und unsäglichem Mißbrauch der deutschen Sprache.

Sein jüngst erschienener Roman »*Der Wolkentrinker*«, mit offensichtlich autobiographischen Zügen, hat HANS NOLL in der WELT u. a. wie folgt charakterisiert:

Bernd, der jugendliche Held, schlawinert sich durch das Berlin der Nachkriegsjahre, das von Autor RADDATZ unter Bemühung sämtlicher Klischees, die greifbar sind, zu einem Polit- und Porno-Panoptikum zusammengezimmert wird. In diesen Kulissen spielt sich die unsäglich banale Handlung ab, die aber immerhin, falls RADDATZ' verliebt gezeichneter Held autobiographische Züge trägt, über den Weg des Autors zu Macht und Erfolg informiert. So muß man das also machen, dachte ich beim Lesen, um deutscher Literaturprofessor und Feuilletonchef der ZEIT zu werden, so halbgebildet muß man sein, so frech bluffen können, so ridikül mit der Sprache umgehen: »Drei Zungen lecken sich zu einer zusammen ... drei rasende Lohen fraßen sich ineinander, Gewesenes zu bewahren, zu verschütten und in entfesselter Feier zu begraben ... Drei Menschenfernen ertranken in gurgelnder violetter Schwärze. Keine Ankunft je.«

Es geht nicht um die »entfesselten Feiern«, damit soll es jeder halten, wie er will. Es geht darum, daß RADDATZ' Verhältnis zur deutschen Sprache elementar gestört ist, daß die Dürftigkeit seiner Bilder, die Unglückseligkeit seiner Metaphern, die Stupidität seiner Dialoge selbst heutzutage ihresgleichen sucht ...
Und dann das Renommieren mit HEARTFIELD und MÜHSAM, STEFAN ZWEIG und TUCHOLSKY, EISENSTEIN, TAIROW, PISCATOR. Dazwischen immer wieder das Ich des Autors mit seinen eigenen Beiträgen zur modernen Literatur. »Er wußte nicht mehr, wie dieser Körper ihn einst entzündet hatte.« Oder: »So fand Bernd sich mit pelziger Zunge in einer unreinlichen Situation.« Eine derartige Häufung von sprachlichen Malheurs konnte man bislang nur bei Konsalik lesen, der allerdings weder Literaturprofessor noch selbsternannter Tucholsky-Nachfolger ist. RADDATZ übertrifft alle, Prahlerei und Sexualprotzerei reißen ihn fort, er stellt, auch darin vom Ehrgeiz getrieben, die Könige der Kioskliteratur in den Schatten. Erleichtert läßt er die bisherigen Posen sein, die intellektuellen Attitüden, wie erlöst gibt er sich endlich als der, der er ist. Er führt uns durch Betten und Nachtlokale, Betrunkene liegen in Badewannen, himmelblaue Schlafdecken werden beschrieben, aber nicht einmal mit Selbstverständlichkeit, sondern immer mit Kichern und Seitenblicken, mit dem Pathos der verdrängten Prüderie. Das macht sein Buch, über die sonstigen Einmaligkeiten hinaus, zu einem einmaligen Dokument der Spießigkeit und Muffigkeit.
Wenn das, was RADDATZ hier »aufarbeitet«, sein Leben war, und er das, was er schreibt, für Literatur hält, ist er zu bedauern. Der selbstgefällige, pubertäre Zynismus, mit dem er Menschen zeichnet, konterfeit am Ende auch ihn ...
An Gefälligkeitsrezensionen wird es dem Buch nicht fehlen. Aber es ist abzusehen, daß RADDATZ demnächst auch die Geduld seiner politischen Freunde überstrapaziert. Offenbar gibt es das: Ein Mann bemüht sich, seinen Ruf, oder was davon noch übrig ist, durch zwanghaftes Schreiben zu ruinieren. Vor genau zwei Jahren hat RADDATZ mit »Goethes Bahnhof« sein literarisches Harakiri eingeleitet. Das zieht sich nun in die Länge. Er kann und kann nicht aufhören.
Dies dokumentiert auch die literarischen Maßstäbe der ZEIT, die einem solchen Scharlatan ihren Feuilletonteil anvertraut.
Selbstverständlich tritt die ZEIT für den Massenmord an ungebore-

nen Kindern ein und verhöhnt sogar den Versuch der Unionsparteien, durch ein Beratungsgesetz diese schamlose Abtreibung unter sozialen Vorwänden einzudämmen.

Im übrigen stört es die ZEIT nicht, trotz ihrer manischen Vergangenheitsbewältigung, wenn es Geld in die Kasse bringt, in ihrem ZEIT-Magazin die auf den Markt geworfene NS-Hit-Parade zu vertreiben und durch den Kauf einer Kassette zum »Leser-Sonderpreis« von nur DM 79,– sich die Legende von der »Stunde Null« »abzuschminken«. Man stelle sich vor, die SPRINGER-Presse hätte das getan: Die Hamburger Medien-Mafia, unter Anführung der ZEIT, hätte schon die Rückkehr der Nazis verkündet. Aber Geld stinkt natürlich nicht.

Es gehört zu den subtilen und subversiven Methoden der ZEIT, der Kulturrevolution, der totalen Preisgabe aller moralischen Grundsätze in Literatur, Film und Kunst Bahn zu brechen und alles, was nur in den Geruch konservativen Wertbewußtseins gerät, zu verdammen und in die Nähe der NS-Weltanschauung zu rücken. Welchen Gefallen sie damit der weltrevolutionären kommunistischen Aggressionspolitik leistet, möchte ich an zwei Beispielen demonstrieren:

Nachstehende »Regeln für die Revolution« wurden vom Büro des Staatsanwaltes von Florida bei einem führenden Mitglied der Kommunistischen Partei der USA sichergestellt. Der KP-Funktionär gab zu, daß sie noch heute als das Programm zur Unterwerfung der freien Welt bei jeder kommunistischen Schulung gelehrt werden. Wieweit diese Regeln nicht nur in den USA, sondern auch in der Bundesrepublik mit Unterstützung der Massenmedien und in anderen freien Staaten Anwendung finden, um die demokratischen Rechtsstaaten systematisch für die Bolschewisierung reif zu machen, bedarf kaum eines Kommentars. Sie lauten:

A. *Verdirb die Jugend, entfremde sie der Religion. Wecke ihr Interesse für den Sexus. Lasse sie oberflächlich werden, zerstöre ihren jugendlichen Schwung.*

B. *Erlange Kontrolle über alle Publikationsmittel und:*

1. *Entziehe dem Volk das Interesse an seiner Regierung durch Fesselung seiner Aufmerksamkeit mit Sport, sexuellen Büchern und Spielen und anderen Trivialitäten.*

2. *Spalte das Volk in feindliche Gruppen, indem auf unwichtigen Streitanlässen herumgeritten wird.*

3. *Zerstöre das Vertrauen des Volkes in seine natürlichen Führer, indem diese der Verachtung, dem Spott und dem Tadel ausgesetzt werden.*

4. *Sprich ständig von Demokratie, ergreife aber die Macht so fest und unbarmherzig wie möglich.*

5. *Indem die Regierung zu Extravaganzen ermutigt wird, vernichte ihren Kredit, erzeuge Furcht vor der Inflation durch steigende Preise und allgemeine Unzufriedenheit.*

6. *Rege unnötige Streiks in der lebenswichtigen Industrie an, schüre öffentliche Unruhe, pflege eine nachsichtige und weiche Haltung auf seiten der Regierung gegenüber solcher Unruhe.*

7. *Verursache durch besondere Argumente den Zusammenbruch aller moralischen Tugenden, Ehrlichkeit, Sauberkeit, Mäßigung, den Glauben an ein gegebenes Wort, den jugendlichen Schwung.*

8. *Veranlasse die Registrierung sämtlicher Feuerwaffen aus irgendeinem Vorwand in der Absicht, sie zu konfiszieren und die Bevölkerung hilflos zu lassen.*

Noch drastischer verrät dies ein anderes Dokument. Als es in den 60er Jahren heftige öffentliche Auseinandersetzungen um die wachsende Amoral der italienischen Filmproduktion gab und sogar im Gegensatz zur ZEIT und ihrer Kumpane viele Mitglieder der KPI ihre Parteiführung aufforderten, dieser Amoral entgegenzutreten, die ja vor allem von kommunistischen Regisseuren und Produzenten gesteuert wird, gab die Kommunistische Partei Italiens folgende Erklärung ab:

Warum sollen wir uns im Namen der Moral unserer Partei dem fortschreitenden Verfall des Bürgertums widersetzen? Daran haben wir kein Interesse. Ja, wir sind sogar am Gegenteil interessiert. Unsere Aufgabe liegt darin, diese Filmproduktion weiterzutreiben, zu immer schamloseren Versuchen, zur Wiedergabe immer beschämenderer Ereignisse ... diese unverantwortliche, pornographische Affäre taktisch zu unterstützen und sie als höchstes Ziel der absoluten künstlerischen Freiheit zu erklären. So erreichen wir die wirksame Beschleunigung des Verfaulens des Bürgertums.

Wer sich vor allem den Kulturteil vieler deutscher Presseorgane, nicht nur der ZEIT, wer sich Kultursendungen des Fernsehens ansieht oder was wir heute auf den Bühnen unserer Theater vielfach erleben, stellt sich unwillkürlich die Frage, ob diese perfide kommunistische Taktik das eigentliche Motiv aller jener linksradikal gestimmten Presseorgane, Literaten, Filmemacher und Theater-Intendanten ist, mit dem sie an der moralischen Zerstörung unseres Landes so intensiv mitwirken.

Daß die ZEIT sich auch für jene angeblich liberalen Theologen und politisierenden Pfarrer einsetzt, die vor allem die EVANGELISCHE KIRCHE immer mehr zum Instrument linksradikaler Indoktrination machen, ist ein Teil ihrer »liberalen« Strategie. Die sattsam bekannte Theologin UTA RANKE-HEINEMANN, der die KATHOLISCHE KIRCHE eben ihren Lehrstuhl als Theologin entzogen hat, weil sie Grundlagen der katholischen Religion in Frage stellt, erhält natürlich in der ZEIT ein seitenlanges Forum, um ihre feministischen Theorien widerspruchslos zu verbreiten.

Damit sei der Querschnitt durch das Treiben der ZEIT beendet. Man könnte ein ganzes Buch damit füllen. Auch die ZEIT kosten ihre ehrabschneiderischen Verleumdungen immer wieder verlorene Prozesse und einiges Geld, was sie angesichts des Gesamtgeschäftes des Verlages GRUNER + JAHR kaum berührt. Zuletzt bekam sie im Juni 1987 vom Berliner Kammergericht eine einstweilige Verfügung und mußte ein Schmerzensgeld von DM 10.000,– an den Berliner Innensenator und CDU-Politiker KEWENIG bezahlen. Sie hatte am 31. Januar 1986 – so lange dauert die Wiedergutmachung einer Ehrabschneidung – ein Foto veröffentlicht, samt entsprechendem Begleittext, wobei sie KEWENIG als Mitglied des »Berliner Sumpfes«, der sogenannten Bestechungsaffäre, vorstellte. Auch die prozessualen Auseinandersetzungen, die ich mit der ZEIT, der Gräfin DÖNHOFF, mit dem STERN, mit HENRI NANNEN führen mußte, endeten damit, daß ZEIT und STERN mir ein Schmerzensgeld von DM 25.000,– und DM 15.000,– Prozeßkosten bezahlen mußten. Von alldem erfährt die Öffentlichkeit kaum etwas. Hier funktioniert die Kumpanei der Meinungsmacher fast perfekt. Die Ehrabschneidung findet jeweils in großer Öffentlichkeit statt. Die Wiedergutmachung beschränkt sich auf den Gerichtssaal. Das Grundgesetz, das die Würde des Menschen zum obersten Grundsatz einer freiheitlichen Demokratie erhebt, existiert für die Rufmordopfer nicht.

Ein Psychogramm der
Süddeutschen Zeitung

>*Und die Nase mir haltend, ging ich*
unmutig durch alles Gestern und Heute:
Übel riecht alles Gestern und Heute
nach dem schreibenden Gesindel!
Ach, des Geistes wurde ich oft müde,
als ich auch das Gesindel geistreich fand!
Das Leben ist ein Born der Lust; aber wo
das Gesindel mittrinkt, da sind alle
Brunnen vergiftet.«
Friedrich Nietzsche »Also sprach
Zarathustra«

Unter den überregionalen Zeitungen spielt, was Auflage, professionelle Machart und Wirkung auf einen weit über Bayern hinausgehenden Leserkreis betrifft, die Süddeutsche Zeitung eine überragende und meinungsbildende Rolle. Ihr angeblich überparteilicher und liberaler Charakter ist ein selbstgewähltes Image, das mit der Realität nur wenig zu tun hat. Einseitige Meinungsmache, kaum verdeckte Hetze gegen Unionsparteien und Bundeskanzler, Verteufelung konservativer Prinzipien und der ihnen verbundenen Menschen, Rufmord gegen Andersdenkende – das sind entscheidende Merkmale der Funktion der Süddeutschen Zeitung innerhalb der Diktatur unserer Meinungsmacher. Kenner des Blattes, vor allem führende Unionspolitiker, halten diese Zeitung für eine der gefährlichsten Gazetten linker Manipulation. Sie betreibt ihre Agitation nicht so primitiv wie der Stern, nicht so plump wie Rundfunk und Fernsehen, auch nicht mit jener Häme und Skrupellosigkeit wie der Spiegel, aber, um es auf bayerisch zu sagen, mit gekonnter »Hinterfotzigkeit«, die oft nur schwer durchschaubar ist.
Meine ausführliche Analyse der Süddeutschen Zeitung soll nur beispielhaft sein. Man könnte durchaus ähnliche Feststellungen zum Beispiel auch für die nicht minder einseitige, gehässige und hinsichtlich der braunen Vergangenheit führender Redakteure von

der STUTTGARTER ZEITUNG und anderen Großstadt-Gazetten treffen, die jedoch nicht die überregionale Bedeutung der SÜDDEUTSCHEN ZEITUNG haben.

Natürlich gibt es in dem weiten Bereich der Print-Medien auch eine Reihe von Zeitungen, die ihren publizistischen Auftrag mit Verantwortung, Objektivität und fern des üblichen Kampagnen-Journalismus wahrnehmen – ich denke nur an die FRANKFURTER ALLGEMEINE ZEITUNG oder die WELT und an die vielen kleineren Zeitungen in der Provinz, wo man sich noch seinen Lesern gegenüber zu Wahrheit und Objektivität verpflichtet fühlt.

Wenn ich von einem Psychogramm spreche, so entlehne ich dies einer Masche der – dem SPIEGEL und der SÜDDEUTSCHEN ZEITUNG geistesverwandten – Hamburger Wochenzeitung DIE ZEIT. Sie hat vor einigen Jahren diesen Begriff in die Medienhetze gegen FRANZ JOSEF STRAUSS anläßlich dessen Kanzlerkandidatur eingeführt. Allerdings richtete sich dieses Pamphlet damals gegen einen einzelnen Politiker und muß daher als besonders menschenverachtender Mißbrauch eines sogenannten Psychotherapeuten angesehen werden, der mit ärztlicher Standesehre kaum zu vereinbaren ist.

Verfasser war der mittlerweile sattsam bekannte Frankfurter Professor für Psychosomatik und Psychotherapie, HORST EBERHARD RICHTER. Inzwischen wurde er nämlich deutscher Repräsentant jener linksextremen und Arm in Arm mit Moskau agierenden Organisation INTERNATIONALE ÄRZTE ZUR VERHÜTUNG DES ATOMKRIEGES, deren Auszeichnung mit dem Friedensnobelpreis weltweite Empörung auslöste.

Ein ärztlicher Kollege dieses ehrabschneidenden Professors – DR. ROSENBAUM aus Köln – qualifizierte Richters Psychogramm über STRAUSS als eine Hilfsaktion für die generalstabsmäßig vom Osten her betriebene Hetze gegen den damaligen Kanzlerkandidaten und vor allem gegen seine Wähler, von denen der ehrenwerte Professor in echter Nobelpreis-Liberalität und Toleranz schrieb, man müsse sie *mit höchster Aufmerksamkeit kontrollieren, soll Schlimmes verhütet werden.* Der »Große Bruder« ORWELLS ist hier am Werk.

Doch damit zur SÜDDEUTSCHEN ZEITUNG. Nicht deren Leser will ich als potentielle Nazis diskriminieren, wie das DIE ZEIT verdeckt mit den STRAUSS-Wählern tat, sondern dieses Psychogramm richtet sich auf den intellektuellen und moralischen Hintergrund der redaktionellen Macher der SÜDDEUTSCHEN ZEITUNG, der angesichts der Tatbestände nur noch mit psychiatrischen Maßstäben entschlüsselt werden kann.

Das beginnt mit der Gründungsgeschichte, aus der ihr spektakulärer Aufstieg nach 1945 begann, und dem langjährigen personellen Umfeld. Aus den Fakten und dokumentarisch nachweisbaren Tatsachen ergibt sich der geradezu klassische Fall eines kaum glaublichen Pharisäertums, mit dem diese Gazette seit ihrer Gründung einen unentwegten Hetz- und Haßfeldzug gegen Menschen und Institutionen führt, die man als notorische oder unbelehrbare Nazis denunzierte, ihnen ihr Lebens- und Wirkungsrecht absprach und damit eine ebenso undifferenzierte und ungerechte wie verlogene Vergangenheitsbewältigung und Rufmordkampagne betrieb. Und dies in der Pose von untadeligen und superdemokratischen Sittenrichtern, obwohl der moralische Anspruch auf dieses Treiben schon allein personell gleich Null war.

Wie dieses Rufmordgeschäft zu beurteilen ist, wurde durch HANS HEIGERT, den langjährigen Chef und publizistischen Star, in der SZ-Nummer vom 5. Juni 1970 ausführlich dargelegt. Der Anlaß war mehr als entlarvend, ja beinahe komisch. HANS HABE, aus rassischen Gründen während der NS-Zeit emigriert, angesehener Publizist und Romanschriftsteller, hatte als Nazi-Opfer in der WELT AM SONNTAG sich darüber empört, daß der an das Schauspielhaus in Zürich berufene bisherige Frankfurter Theaterintendant HARRY BUCKWITZ sich im Dritten Reich in einem Buch in unbeschreiblicher Weise den Nazis angebiedert, die Juden beschimpft und Hitlers Krieg verherrlicht hatte. BUCKWITZ war damals schon 36 Jahre alt, die Vernichtungstransporte der Juden nach Auschwitz liefen bereits. Aber BUCKWITZ war nach 1945, wie viele seiner erbärmlichen Gesinnungsgenossen, in das linksradikale und prokommunistische Lager übergelaufen und hatte dies auch als Theaterintendant praktiziert. Hätte er sich der konservativen Mitte angeschlossen oder wäre er gar Mitglied der CSU geworden, dann hätte die SÜDDEUTSCHE ZEITUNG ihn längst politisch und moralisch hingerichtet, wie sie das seit Jahrzehnten mit penetranter Konsequenz bei jenen tut, die sich nicht ihrem Linksdrall beugen. Jetzt aber, da es einem Gesinnungsgenossen galt, entwarf HANS HEIGERT unter dem Titel

229

»Faschistenjagd« ein geradezu klassisches Selbstporträt der SZ. Er schrieb unter anderem:

Ein Kennzeichen des totalitären Regimes war und ist die Satanei der Denunziation. Den Gegner zu demütigen, ihm vor allem den Boden des Akzeptablen unter den Füßen wegzuziehen, ihn moralisch unglaubwürdig zu machen – dies ist ein Lustprinzip jeden faschistischen Totalitarismus ... Solch händereibende Lust, wir wissen es inzwischen längst, ist als »gewöhnlicher Faschismus« zu bezeichnen. Dies Land ist voll davon ...

Plötzlich entdeckte HEIGERT mitfühlend, wie gemein es sei, mit dieser Methode Wehrlose fertigzumachen, was doch *jenseits der Grenzen zivilisierter politischer Auseinandersetzungen anzusiedeln«* sei und *»hier, mit Verlaub, beginnt auch Faschismus, nämlich die Lust an der Verächtlichmachung des Gegners.*

HANS HEIGERT weiter:

Wer im freien Feld von Kunst und Wissenschaft, Politik und Publizistik sich äußert, dem darf nicht jede Legitimation entzogen werden, wenn frühere Zusammenhänge fatale Äußerungen produzierten.

Doch der wutschäumende Artikel HEIGERTS für seinen linken Gesinnungsgenossen BUCKWITZ war nicht nur eine Hinrichtung der jahrzehntelangen Methode der SÜDDEUTSCHEN ZEITUNG, sondern insgeheim vielleicht auch eine Art von Selbstentnazifizierung für seine prominenten Redaktionskollegen. Denn seit ihrer Gründung waren ihre Spitzenredakteure geradezu eine Kumpanei von einstigen Nazi-Kollaborateuren, teils sicher aus einstiger Überzeugung, teils aber aus nacktem Opportunismus. Ihre Handlangerdienste für die Nazis überboten das meiste von dem, womit diese Zeitung bis zum heutigen Tage ständig politisch Andersdenkende denunziert, die sich nicht dem linken Meinungsdiktat unterworfen haben, die nicht in das Lager von SPD und KPD oder zu den Linksliberalen konvertierten, sondern zu den Unionsparteien und den Konservativen.

Ich habe schon in meinem Buch »Das verlorene Gewissen« darüber berichtet.

Es erreichte acht Auflagen, erregte weltweites Aufsehen und war wohl einer der Gründe dafür, daß die von mir später gegründete DEUTSCHLAND-STIFTUNG E. V. und das DEUTSCHLAND-MAGAZIN mit kaum zu überbietenden Haßkampagnen von dem entlarvten

Linksmonopol in Politik, Literatur und Presse, an der Spitze die Meinungsmacher der SÜDDEUTSCHEN ZEITUNG, verfolgt wurden, weil ich deren braune Vergangenheit entlarvt hatte. Ein Clan, dem jeder moralische Anspruch fehlt, sich zu Sittenrichtern über braune Irrtümer und Sünden anderer Zeitgenossen aufzuspielen.

Doch lassen wir einige Fakten sprechen. Die Lizenz für die SÜDDEUTSCHE ZEITUNG bekam ihr späterer langjähriger Chefredakteur WERNER FRIEDMANN von den Amerikanern – zusammen mit zwei anderen Herren, deren demokratische Verläßlichkeit ebenso zweifelhaft war wie die WERNER FRIEDMANNS. Dazu wurde das uralte Unternehmen MÜNCHNER NEUESTE NACHRICHTEN okkupiert. Die Methoden, mit denen dies geschah, entsprachen denen des Jahres 1945 – nicht nur in diesem Fall.

Man erwarb den Restbestand und die Rechte der in der Weimarer Republik schon hochangesehenen demokratischen Zeitung, die nach 1933 zwangsweise gleichgeschaltet worden war, für lumpige vier Millionen Mark, die der bayerische Staat als langjähriges Darlehen vorstreckte.

Die sozialistische und linke Masche führte also ähnlich wie beim SPIEGEL zu einem gigantischen Geschäft. Dank des Anfangsbonus einer Monopol-Lizenz der Amerikaner konnte eine ernsthafte Konkurrenz im bayerischen Blätterwald kaum aufkommen. Die redaktionelle Strategie und ihr Stil entsprachen zumeist nur einer Umkehr der Methoden, mit denen Nazis und Kommunisten in der Weimarer Republik das Klima für die Machtergreifung der Nazis schufen, zumal zahlreiche prominente Schreiber ja im Dritten Reich bereits jene Ausbildung genossen hatten, die nach HEIGERT »satanische Denunziation, Faschismus und Lust an der Verächtlichmachung des Gegners« und »Kennzeichen totalitärer Regime« ist. Es fällt schwer, HANS HEIGERT im Blick auf die SÜDDEUTSCHE ZEITUNG bis zum heutigen Tag zu widersprechen.

Doch sehen wir uns die Sittenrichter an, in deren Schule jene heutigen Schreiber der SÜDDEUTSCHEN ZEITUNG gegangen sind, zwar mit der »Gnade der späten Geburt« beschenkt, aber ganz im Geist ihrer publizistischen Väter und Lehrmeister handelnd.

WERNER FRIEDMANN, der Lizenzempfänger und erste Herausgeber, Hauptbesitzer und Chefredakteur, war nicht nur politisch, sondern auch privat eine der schillerndsten Figuren der publizistischen Machtergreifung nach 1945. Neben seiner Zeitung standen ihm als Kommentator Rundfunk und Fernsehen offen, und zur Schulung des journalistischen Nachwuchses – die Ergebnisse sprechen für sich – wurde das WERNER-FRIEDMANN-INSTITUT gegründet. Die Begabung, Böcke zu Gärtnern zu machen, war in Deutschland immer schon groß.

FRIEDMANNS Alibi für seine demokratische Aufgabe als Publizist nach 1945 war die Tatsache eines entfernten nichtarischen Verwandten. Während des Dritten Reichs war das nicht in Erscheinung getreten, denn er hatte – laut einem Brief, den er am 8. Januar 1947 an einen Freund schrieb – selbst enthüllt:

So flüchtete ich 1940, als man schon nach mir fahndete, in die Wehrmacht, der ich – halten Sie sich fest – mit gefälschten Papieren 5 1/2 Jahre angehört habe.

In der Wehrmacht verstand er es, den Gefahren des Krieges auszuweichen. Er wurde Besatzungssoldat in Dänemark, brachte es bis zum Stabsfeldwebel, und, wie Angehörige seiner Division berichteten, hat er noch am 20. April 1945 vor versammelter Front ein Gedicht auf seinen Führer zu dessen letztem Geburtstag vorgetragen, im Stahlhelm natürlich, ein wahrhaft komisches Bild.

Das Fälschen wurde für FRIEDMANN freilich zu einer Art von Metier. Denn der nach 1945 als heldenhafter Widerstandskämpfer und Nazi-Verfolger agierende FRIEDMANN hatte sich den Nazis an prominentester Stelle angebiedert, und zwar beim Staatssekretär und Gauleiter BOHLE, dem Chef der Auslandsorganisation der NSDAP. Für diese schrieb FRIEDMANN, aus Parteigeldern bezahlt, das Manuskript eines Propagandafilmes. Zu Gauleiter BOHLE und dessen Freundin stand er in engsten und freundschaftlichsten Beziehungen.

Doch nach 1945 fiel er in der SÜDDEUTSCHEN ZEITUNG ausgerechnet über BOHLE in besonders niederträchtiger Weise her – noch dazu mit einem gefälschten Zitat. Dazu gibt es ein aufschlußreiches Dokument von DR. ROBERT M. W. KEMPNER, dem Hauptankläger im Nürnberger Kriegsverbrecherprozeß, über eine Vernehmung BOHLES. Ich zitiere:

Vernehmung von ERNST WILHELM BOHLE, ehemals Chef der Auslandsorganisation der NSDAP und Staatssekretär im Auswärtigen Amt, durch DR. R. M. W. KEMPNER, Deputy Chief of Counsel, April 17, 1949.

BOHLE: *Übrigens, raten Sie mir zu irgendwelchen Schritten gegen die SÜDDEUTSCHE ZEITUNG wegen des Artikels mit dem gefälschten Zitat?*

DR. KEMPNER: *Ich würde an Ihrer Stelle mit allen Entschlüssen warten, bis Sie entlassen sind. Es war bestimmt höchst bedenklich, Sie mit dem Mörder ALFRED ROSENBERG auf eine Stufe zu stellen.*

BOHLE: *Es war eine besondere Gemeinheit, weil ich dem Redakteur FRIEDMANN nur Gutes getan habe. Er trat, als es ihm schlecht ging, an mich heran und wollte von mir Hilfe haben.*

DR. KEMPNER: *Was waren Sie damals?*

BOHLE: *Es war während des Krieges, und ich war Leiter der Auslandsorganisation der NSDAP. Er kannte mich durch eine Sekretärin und bot mir ein Filmmanuskript an.*

DR. KEMPNER: *Was ist daraus geworden?*

BOHLE: *Ich habe ihm ein Manuskript für einen Film für die Auslandsorganisation für 1.500 Mark abgekauft. Die habe ich ihm damals aus Parteigeldern bezahlt, jetzt erscheinen in seinem Blatt gemeine Artikel über mich.*

DR. KEMPNER: *Erinnern Sie sich genau?*

BOHLE: *Natürlich. Meine Verteidigerin hat an die SÜDDEUTSCHE ZEITUNG geschrieben und auf diese Angelegenheit hingewiesen. FRIEDMANN hat ihr geantwortet, wie Sie wohl wissen, und die Tatsache nicht in Abrede stellen können. Er schrieb jedoch, daß es ihm peinlich wäre, daß Sie die Sache wüßten.*

DR. KEMPNER: *Ich wundere mich über nichts mehr.*

This is a true copy from the files of: OFFICE OF CHIEF OF COUNSEL FOR WAR CRIMES APO 696 – A.U.S. ARMY

Und was das Fälschen betrifft: Das NS-Propaganda-Filmmanuskript FRIEDMANNS lagerte nach 1945 angeblich bei BOHLES ehemaliger Freundin in Salzburg. Dort wollte es FRIEDMANN holen. Einer seiner Kriegskameraden und Redakteur der SÜDDEUTSCHEN ZEITUNG, der nach geleisteten Diensten von FRIEDMANN den bei ihm üblichen Fußtritt erhielt, berichtet darüber in einem Brief vom 15. Oktober 1950:

Ich habe diesen Herrn ja genau so kennengelernt wie Sie. Ich war es, der im Auftrage FRIEDMANNS 1945 mit von FRIEDMANN gefälschten KZ-Entlassungspapieren nach Österreich ging, um bei der Geliebten des Gauleiters BOHLE eine Kassette zu holen, in der Herr FRIED-

MANN *ein von ihm geschriebenes NS-Film-Manuskript liegen hat-*
te ...

Das NS-Manuskript war übrigens nicht dort. Es ist unerreichbar
für FRIEDMANN und Genossen woanders aufbewahrt. Schon angesichts dieser Tatbestände waren natürlich FRIEDMANN und seine
SÜDDEUTSCHE ZEITUNG besonders geeignet, Vergangenheitsbewältigung in übelster Weise bei anderen zu betreiben, die zwar nicht
Urkunden gefälscht, keine Parteigelder der NSDAP kassiert und
sich nicht so guter Beziehungen zu Staatssekretären und Gauleitern
der NSDAP erfreuten – zumeist Menschen, die längst ihren gutgläubigen Irrtum bereut und überzeugte Demokraten geworden
waren, wenn auch nicht auf der linken Seite.

Solche Mitstreiter von einst verfolgte FRIEDMANN nicht nur in der
SÜDDEUTSCHEN ZEITUNG, sondern auch durch ständige Denunziationen bei den Amerikanern. Und er rühmt sich in einem Brief aus
dem Jahre 1947, wen er alles denunziert hat, und schreibt dazu
wörtlich:

Sie waren eben doch zumeist Charakter-Schweine ...
Eine Selbstcharakterisierung?

Und aus welchem »patriotischen« Geist die SÜDDEUTSCHE ZEITUNG
ihre Aufgabe als führendes liberales Blatt Bayerns erfüllt, dafür gibt
uns FRIEDMANN in dem gleichen Brief eine liebenswerte Darstellung:

Ich weiß nicht, ob Sie Lust verspüren, einmal in dieses unglückselig-
ste Land dieser ewigen Versammlungsstätte von Schwachköpfen
und Träumern zurückzukehren ... Politisch ist Bayern nach wie vor
so, wie es immer war. Beschränkt, gegen jeden Fortschritt, erzreak-
tionär nach der katholischen Seite. Herr HUNDHAMMER *unseligen*
Angedenkens ist Kultusminister. Der alte SCHARNAGL *wieder Bür-*
germeister. Ein merkwürdiges Land, in dem immerzu die Uhr ste-
henbleibt, voller ARETINS *und* HUNDHAMMERS, *dazwischen ver-*
kappte kleine HITLERS. *Es wäre schon wichtig, ein paar gute Journa-*
listen herzubekommen.

Und zu FRIEDMANNS politischer Falschmünzerei und seiner – laut
HEIGERT – »Satanei der Denunziation« kommt noch seine ganz pri-
vate Leitbild-Funktion für die Journalistengarde der SÜDDEUT-
SCHEN ZEITUNG: In den 60er Jahren wurde er verhaftet – unter dem
Wehklagen aller linken Gazetten unter Anführung des SPIEGEL, der

234

ihn als *einen der zehn Journalisten, an denen in Deutschland die Freiheit der Demokratie hängt* feierte. Friedmann wurde des sexuellen Mißbrauchs minderjähriger Lehrlinge des Süddeutschen Verlages überführt und zu einer längeren Gefängnisstrafe verurteilt, die der Bundesgerichtshof in seinem Urteil unter anderem wie folgt begründet:

Friedmann ist ein Mann von einer kaum noch zu übertreffenden sittlichen Verworfenheit und Häufung von Skrupellosigkeit.

Daß er nach Verbüßung seiner Strafe in der Abendzeitung des gleichen Süddeutschen Verlages wieder Chefredakteur wurde und weiterhin höchste Ehren der linken Schickeria und des Meinungsmonopols genoß, wundert wohl niemand, der die Sexualmoral der meisten Gazetten kennt, für die ja auch die Verführung abhängiger Minderjähriger nur eine Art von Kavaliersdelikt ist, über das den Stab zu brechen ein reaktionäres, wenn nicht gar ein faschistisches Vorurteil ist.

Übrigens wandelte dieser ehrenwerte Herr Friedmann auch scheinheilig auf den Spuren seines Mitarbeiters Heigert, sobald seine Redaktionskumpane als alte Nazis entlarvt wurden, wie der Chefredakteur der Abendzeitung, Jochen Willke, alias Voluntas, übrigens auch langjähriger Schreiber der SPD-Zeitung Vorwärts, wo Vergangenheitsbewältigung im gleichen Stil doppelter Moral besonders schamlos betrieben wird. Willke, jahrelang einer der übelsten Nazi-Schreiber, wurde von Friedmann in einem Leitartikel der Süddeutschen Zeitung vom 7. April 1957 unter dem Titel »Schmutzige Waffen« wie folgt verteidigt:

Es geht den Veranstaltern des Rufmordes nicht etwa wirklich um die politische Vergangenheit von Personen, die ihnen zu kritisch sind. Wer nicht wider den Stachel löckt und sich freiwillig dem jeweils offiziellen Kurs anschließt ..., darf ruhig ein Nazi gewesen sein oder auch eine allzu rote Vergangenheit haben ... Aber wehe, wenn er von den vorgeschriebenen Geleisen abweicht und eine ›oben‹ nicht gewünschte Meinung vorträgt; dann beginnt gleich ein eifriges Schnüffeln in Akten und geheimen Papieren ...

Dabei handelt es sich wohl weniger um eine von »oben« gewünschte Meinung, sondern um die, die dem Linksmonopol nicht paßt. Daß die gleiche Süddeutsche Zeitung kurz vorher den verdienstvollen Leiter der Bayerischen Kunstsammlungen in einen Skandal wegen seiner angeblichen Haltung im Dritten Reich verwickelte und in der Vergangenheit aller jener Politiker weiterhin wühlte, die nicht ihrem Linkskurs folgten, paßt in das Bild.

Ein weiterer Star der SÜDDEUTSCHEN ZEITUNG war seit ihrer Gründung der Literat W. E. SÜSKIND. Er hatte sich zwölf Jahre lang als besonders eifriger NS-Schreiber betätigt und berichtete fast ohne Übergang dann über die Nürnberger Kriegsverbrecherprozesse in der SÜDDEUTSCHEN ZEITUNG in einem Stil, der selbst Amerikaner die Frage stellen ließ, wieso die Deutschen sich diese Haßgesänge gefallen ließen.

Ganz besonders fiel W. E. SÜSKIND – und hier traf er sich mit dem Charakter FRIEDMANNS – über den einstigen Reichsjustizminister und Generalgouverneur Polens, HANS FRANK, her. Eben dieser HANS FRANK aber hatte sich während des Krieges 1942 den literarischen Star SÜSKIND nach Krakau als Chef der Literaturkritik der KRAKAUER ZEITUNG geholt.

Dazu brachte SÜSKIND alle Voraussetzungen mit, denn dort konnte er weiterhin Propaganda für die von ihm nach 1945 beschimpften angeblichen Nazi-Dichter und -Publizisten und deren literarische Leistungen für HITLER und den Nationalsozialismus machen.

Von 1933 bis 1942 aber war SÜSKIND Herausgeber und Chefredakteur der Zeitschrift DIE LITERATUR. Eine kleine Auslese davon, wie SÜSKIND dort die Geschäfte HITLERS besorgte:

Im Juli-Heft 1937 von DIE LITERATUR:

Unser Volk und unser Staat sind in den letzten Jahren mit einer Flut übelster Verleumdung überschüttet worden, und als Ausläufer des Giftgewitters ist auch in den kulturellen Bezirken viel schwefliges Gewölk heraufgezogen, um einen, wie man hoffte, nervenzerrüttenden Guß der Verunglimpfung über die geistig-seelische Front unseres Volkes niedergehen zu lassen ... Ein trauriger Anblick, wie die sogenannte freie Weltpresse bei dem Kapitel ›deutsche Kulturpolitik‹ jeden Ernst und Anstand, lies Anspruch, verlor und Dinge kolportierte, die ein Gelächter verdienen würden ...

Im April-Heft 1938 zum Anschluß Österreichs:

Mit einer ungeheuren Kraft und Zielsicherheit hat sich in den Tagen um den 13. März ein Ereignis vollzogen, das wahrscheinlich das Beiwort des Historischen verdient. Ja, es möchte sein, daß uns allen in diesen Tagen noch mehr als das Staunen über das Wahrgewordene

das ganze Ausmaß der Entwicklung in seiner weltgeschichtlichen
Bedeutung die Herzen erfüllt: Wenn ein Traum von Geschlechtern
sich verwirklicht, ist der Mitlebende sozusagen zu klein, seine Brust
ist zu wenig breit, um das ganze Gewicht der Deutungen und Be-
deutungen zu beherbergen. Jeder spürt zwar, was es für einen Zu-
strom an Kraft bedeutet, wenn sieben Millionen Menschen dem Vol-
ke auch politisch zuwachsen, von dem sie geistig ein Teil sind ...
wenn wir einen Deutschen am Vorabend des 13. März haben sagen
hören: Er spüre ordentlich, wie der Raum um ihn wachse und die
deutsche Erde mit einem Schlag weniger eng besiedelt sei. Ein solches
Wort macht HANS GRIMMS Romantitel lebendig, und wer diesen
Dichter im Laufe des Winters hat sprechen hören, weiß genugsam,
was nach seiner Ansicht den Volksraum von dem Volk ohne Raum
unterscheidet: Nicht so sehr die Quadratmeilen als solche, sondern
die in ihnen geborgenen Schätze an Möglichkeit und Weltgeltung –
das, was in unserer geistig-politischen Geschichte »das Reich«, in un-
serer kulturellen »Gesamtvolkstum« heißt ... Es wird ein Teil der
Aufnahmearbeit in den nächsten Jahren sein ..., wenn gerade die
Deutschen aus Österreich ... den Werdegang, Aufbruch und Sieg des
deutschen Volkswesens schilderten. Die HOHLBAUM, KOLBENHEY-
ER und ZILLICH haben es schon vielfach getan (um nur drei Namen
von vielen zu nennen) – wir sind weiterer Kräfte gewärtig. Man
wird es uns verzeihen, daß wir solcherart vom großen Ereignis der
Nation auf das Gebiet zu sprechen kommen, dem die Arbeit unserer
Zeitschrift gewidmet ist. Weniger als je gibt es in diesem Punkt einen
Unterschied zwischen dem völkischen und dem literarischen Mo-
ment. Oft genug haben wir in diesen Blättern die Großräumigkeit,
den weiten Auslauf für Jugend und Mannschaft der Nation als eine
Hauptvoraussetzung höherer Literatur bezeichnet, wie wir sie unse-
rem Volk für angemessen halten und, was an uns ist, zu gewinnen
und zu bewahren trachten ... So wird die Stimme, die am 10. April
unser Ja verkünden wird, zugleich zur Stimme unseres Willkom-
mensgrußes.

Die gleichen Dichter, ob HANS GRIMM, KOLBENHEYER, ZILLICH,
die nicht annähernd so tief im braunen Sumpf wateten wie SÜSKIND,
gehörten nach 1945 zu den am meisten beschimpften und denun-
zierten Opfern der SÜDDEUTSCHEN ZEITUNG.
Im Oktober-Heft 1939 zum Kriegsausbruch:

... von feindlichen und man muß hinzufügen: verbrecherischen Mächten ist das deutsche Volk – wider seinen Willen, wie 1914, aber glücklicherweise nicht so geistig ungerüstet und arglos wie damals – in einen Kriegszustand hineingezwungen worden, den es sich gewiß am wenigsten gewünscht hat, den es aber im Vertrauen auf seine Führung und auf seine gute Sache bis zum ehrenvollen, wahrhaft siegreichen Ende durchzustehen gedenkt ... In einer, wie wir glauben, für alle Beteiligten letztlich erlösenden und reinigenden Weise und mit jener Schnelligkeit, für die jeder Deutsche unseren braven Truppen das höchste Staunen und die dankbarste Bewunderung zollt ...

Im Februar-Heft 1940 feierte SÜSKIND Soldatenlieder, die heute die SÜDDEUTSCHE ZEITUNG verunglimpft:

Wie Soldatenlieder entstehen: Zeiten großer politischer Entscheidungen finden ihren Ausdruck besonders im Lied. Das galt schon für die Zeit des nationalsozialistischen Kampfes um die Macht, der aus einer Anzahl Lieder überzeugend widerklingt, wobei man in einer Reihe von Fällen durchaus literarische Wertmaßstäbe anlegen konnte, etwa bei den Liedern von HERYBERT MENZEL oder HANS BAUMANN ... Der Geist des deutschen Soldaten hat in diesen Liedern echten Ausdruck gefunden, nicht zu vergleichen mit der Überheblichkeit, in der ein neu entstandenes englisches Lied von der am Westwall aufzuhängenden Wäsche des Tommies spricht. Maßvoll und doch treffend ist das deutsche Soldatenlied ...

Über die Kriegsschuld verbreitete SÜSKIND damals folgendes im Januar-Heft 1940:

Wieder liegen wir im Kriege mit England, hat uns England den Krieg aufgezwungen. Aber das Deutschland von heute hat den Feind erkannt und nimmt ihm gegenüber die richtige Stellung ein, an der es das kaiserliche Deutschland, wie REVENTLOW mahnend feststellte, vielfach fehlen ließ. Im Bild des Englands von 1914 ist das Bild des Englands von 1933 vorgezeichnet, und wenn ... es heute keiner Warnung mehr bedürfte, gerade durch eine solche Schrift ... erfahren wir auch, wie gefährlich Großbritannien als Gegner ist, und wie notwendig seinem kriegerischen Machtanspruch die gesammelte Kraft der deutschen Nation entgegenzusetzen und den aufgezwungenen Kampf ohne Illusion bis zur Entscheidung durchzukämpfen.

Im Mai-Heft 1940 läßt er die neueste nationalsozialistische Lyrik ausdrücklich würdigen:

Die Gestalt ADOLF HITLERS in ihrer schon mythischen Größe wird die Dichter immer wieder zu Gesang und Aussage treiben. Die vorliegende Sammlung von »Gedichten für ADOLF HITLER« kann deshalb nur vorläufigen Charakter haben. Dennoch haben die hier vereinigten vierzig Stimmen für die Mitlebenden die Bedeutung eines erhebenden und ergreifenden Zeugnisses ... Die Verse halten durchweg ein beachtliches Niveau, aus dem wiederum die Verse von WILL VESPER, AGNES MIEGEL, EBERHARD WOLFGANG MÖLLER und LUDWIG FRIEDRICH BARTHEL hervorragen.

Dies ist nur eine kleine Auswahl aus zahllosen ähnlichen Proben. Doch SÜSKIND begnügte sich nicht mit seiner literarischen Kollaboration. In dem von ihm mitbegründeten STARNBERGER DICHTERKREIS verkehrte er auf engstem Freundesfuß mit Dichtern wie ALVERDES, BINDING, ZILLICH, BARTHEL, DWINGER, WEHNER und vielen anderen, die er damals in seiner Literaturzeitschrift in den Himmel hob und die er nach 1945 in der SÜDDEUTSCHEN ZEITUNG beschimpfen ließ. 1938 ließ SÜSKIND zum Beispiel HANNS JOHST in einer vielseitigen Hymne feiern, aber am 13. August 1946 schrieb er über den gleichen Mann höhnisch:

1936: Der Dichter und Kammerpräsident hält eine Vorlesung, er hält sie unter Studenten im kleinen Kreis eines literarischen Seminars bei einem Professor, den er seinen Freund nennt. Als er erscheint, geht ein Zucken durch den Saal. Er ist in der schwarzen Uniform, er ist Brigadeführer der SS. Das gefällt ihm offenbar. Zu diesem Abend, an dem er Gedichte aufsagen wird, erscheint er gestiefelt und gespornt. Ein einfacher Ehrenführer der SS. 1945: Nach der Niederlage: Verhaftung versteckter Soldaten. Vernehmung verdächtiger Zivilisten, Verhör zitternder Ortsgruppenleiter. Lächerliches, würdeloses, anschmeisserisches Gegacker der vorgestern noch Begeisterten: »I no Nazi ...«

Ein Selbstportrait?

Der gleiche SÜSKIND, der unter Generalgouverneur FRANK seine Nazi-Dienste geleistet und die Kriegsgegner HITLERS jahrelang verteufelt hatte, offenbarte uns nun in der SÜDDEUTSCHEN ZEITUNG, was doch diese vier alliierten Richter in Nürnberg für »untadelige, humane und beispielgebende Vorkämpfer der Menschlichkeit« seien. Und als dann das Urteil gegen die Kriegsverbrecher, auch gegen seinen eigenen Schutzherrn HANS FRANK, erging, tönte er in der SÜDDEUTSCHEN ZEITUNG über das an sich *bewundernswerte Urteil, das leider weit milder, weil verständnisvoller ausgefallen ist, als man gedacht. Möglicherweise gibt der sowjetische Richter«* (ausgerechnet!) *»die Gedanken vieler Deutscher wieder, die gegen die Freisprüche protestierten.«*

Und Herr SÜSKIND empfiehlt sofort, die Freigesprochenen nunmehr vor ein deutsches Gericht zu stellen.

Ganz freiwillig schrieb SÜSKIND auch in anderen Zeitungen. Beispielsweise in der KÖLNISCHEN ZEITUNG. Dort verherrlichte er am 13. August 1942 den Dichter RUDOLF G. BINDING zu dessen 75. Geburtstag als den Inbegriff des soldatischen Dichters:

Er hätte diesen Krieg sicher glühend bejaht; das Neue, Kühne, Überraschende daran wäre ganz nach seinem Herzen gewesen. Ja, wenn man aus der Perspektive von 1939/42 die Blätter seines Tagebuches »Aus dem Kriege« wieder liest, die hellen und die bitteren, die siegessicheren und die kritischen, dann meint man, eine Geistigkeit, wie sie sich hier ausdrückt, könne unmöglich ganz unbeteiligt an dem Wandel sein, der mit unserer Jugend geschehen ist. Der Soldat BINDING hätte sich nichts Besseres wünschen können als diesen von keiner Routine verdorbenen, jedem neuen revolutionären Wink der Führung mit Wachheit folgenden Typus des jungen Kriegers ...

Auch in der Zeitschrift DAS REICH von GOEBBELS verherrlichte SÜSKIND in vielen Beiträgen das großartige Niveau des nationalsozialistischen Theaters und sogar die Triumphe des »braunen« Sports.

Doch mit FRIEDMANN und SÜSKIND allein war die nazistische Unterwanderung der SÜDDEUTSCHEN ZEITUNG keineswegs beendet. Chef der Kulturredaktion wurde DR. HANS JOACHIM SPERR. Während die SZ bis in die jüngste Zeit eine Hexenjagd gegen Publizisten, Schriftsteller, Politiker und was auch immer für Amtsträger veranstaltet, die vor 1945 in der Presse oder gar in Amtsstellen tätig waren und einmal, meistens in gutem Glauben, in irgendeiner Weise sich für den Nationalsozialismus eingesetzt hatten, gab es diese Bedenken bei SPERR offenbar nicht. Er war ein Jahrzehnt lang im Presse- bzw. Kulturamt des prominenten nationalsozialistischen Bürgermeisters und NSDAP-Reichsleiters FIEHLER tätig und hat als stellvertretender Chefredakteur der Zeitschrift der »Hauptstadt der Bewegung« namens MOSAIK seine pro-nazistische Haltung Monat für Monat hinausposaunt. Er pries laufend jene Münchner Dichter und Erzähler an, die ihm als »Garanten« dafür erschienen, daß sie *sich gerade im Kriege ihrer Verpflichtung für das deutsche Volk bewußt seien.* Es waren alle jene, meistens harmlose Idealisten, aber gefeierte NS-Dichter wie HERBERT BÖHME, HEINRICH ANACKER, HANNS JOHST, die in der SÜDDEUTSCHEN ZEITUNG nach 1945 in dem nunmehr von SPERR geleiteten Kulturteil geradezu moralisch hingerichtet wurden.

SPERRS besondere Begeisterung hatte allen neuen Büchern aus dem Zentralverlag der NSDAP gegolten. So können wir im März-Heft 1940 von MOSAIK über die Bücher dieses Verlages lesen:

Diese Darstellungen werden einmal das Werk des Geschichtsschreibers unserer Zeit auf das idealste ergänzen ... In diesen Erlebnisberichten, die in alle Zukunft hinein Künder sein werden von der vorwärtsdrängenden, staatsbildenden und schöpferischen Kraft des jungen nationalsozialistischen Reiches, wird der heiße Atem unserer großen geschichtlichen Zeit spürbar.

Zu dem Buch »Auf den Straßen des Sieges« zum Polenfeldzug schrieb er im gleichen Heft:

Reichspressechef DR. OTTO DIETRICH, der den Führer auf seinen Frontfahrten im Sonderzug und im Kraftwagen begleitete, hat mit seinen im Führerhauptquartier tätigen Mitarbeitern H. SÜNDERMANN, W. BADE, GUNTER D'ALQUEN, H. LORENZ ein Gemeinschaftsbuch »Auf den Straßen des Sieges« herausgegeben. Auch dieses Werk gibt auf seine Art Zeugnis von der Größe und Gewalt des deutschen Sieges in Polen und hält darüber hinaus in für eine spätere Geschichtsschreibung wertvollsten Aufzeichnungen den Front-Aufenthalt des Führers bei seinen Truppen fest, der als erster Soldat des deutschen Volkes überall da stand, wo eine junge nationalsozialistische Wehrmacht ihre großen ruhmreichen Entscheidungsschlachten schlug.

»Blitzmarsch in Warschau«, ein weiteres Buch des politischen Soldaten EUGEN HADAMOVSKY, ist von SPERR mit gleicher Begeisterung gerühmt worden. Einen Gedichtband von HEINRICH ANACKER »Ein Volk, ein Reich, ein Führer« (»zugeeignet den Kämpfern der Ostmark«) kündigte SPERR im November-Heft 1938 wie folgt an:

Die vorliegenden Gedichte, die sämtlich aus dem heißen, mitreißenden Erlebnis jener erhebenden Tage, da Österreich heimkehrte ins Reich, erwuchsen, rufen die Erinnerungen wach an die stolzen Jubeltage des deutschen Volkes und begleiten mit der Kraft des dichterischen Wortes ein ewiges Stück deutscher Geschichte.

Und das Buch »Meilensteine des Dritten Reiches« aus der Feder des GOEBBELS-Pressechefs BERNDT rühmte er wie folgt:

Dem langjährigen Mitarbeiter DR. GOEBBELS', der heute an führender Stelle in der deutschen Presse steht, ist mit diesen Erlebnisberichten eine begeisternde Darstellung dieser Tage gelungen, so daß das Buch dereinst als ein dem lebendigen Pulsschlag großer Tage abgelauschter Erlebnisbericht eines der besten deutschen Journalisten neben das darstellende, deutende und würdigende Geschichtswerk unserer Zeit treten wird ...

Den Präsidenten der REICHSSCHRIFTTUMSKAMMER, HANNS JOHST, ein besonders gemein attackiertes Rufmordopfer der SÜDDEUTSCHEN ZEITUNG nach 1945, hatte SPERR im Dezember-Heft 1940 im Hinblick auf sein Buch »Ruf des Reichs – Echo des Volkes« so bejubelt:

HANNS JOHST erbringt beispielhaft den Beweis, daß schon heute der deutsche Dichter Aufgaben anpacken kann, die die stürmende Gewalt unserer herrlichen Zeit aufwirft. JOHST, der als Begleiter des Reichsführers SS den letzten Treck der Wolhyniendeutschen miterlebte, hat die ihm aus diesem gewaltigen deutschen Umsiedlungswerk zugewachsenen Eindrücke zu einem Bericht von höchster Lebendigkeit und unmittelbarster Zeitnähe verdichtet.

Man vergleiche das mit dem bereits zitierten Hetzartikel gegen eben diesen HANNS JOHST aus der Feder von SÜSKIND in der SÜDDEUTSCHEN ZEITUNG vom 13. August 1946.

Auch die Anpreisung antisemitischer Bücher gehörte zu der vordemokratischen Leistung von DR. SPERR, wie im November 1940 der Bücher »Judengestalten auf der deutschen Bühne« und »Dr. Martin Luther wider die Juden«.

Mit SPERR ist aber die nazistische Unterwanderung der SZ noch lange nicht beendet. Prominenter Filmkritiker war jahrelang GUNTER GROLL. Dieser hatte am 13. Juli 1939 im Reichssender München einen großen Vortrag über den »Künstlerischen deutschen Film« gehalten (abgedruckt in der Zeitschrift DAS INNERE REICH, November-Heft 1939). Dabei hatte er vor allem die von der SÜDDEUTSCHEN ZEITUNG heute mit Schmutz beworfene LENI RIEFENSTAHL und ihre großen Filme »Triumph des Willens« und »Olympia« sowie KARL RITTERS Film »Urlaub auf Ehrenwort« gefeiert, der *das Gesicht dieser Zeit und das deutsche Schicksal gestaltet.*

Als die gleiche Novelle von KILIAN KOLL durch WOLFGANG LIEBENEINER 1957 neu verfilmt wurde, erschien in der zum SÜDDEUTSCHEN VERLAG gehörenden ABENDZEITUNG eine groteske Hetze gegen den Film, mit der Feststellung:

Daß hier und heute nun dieser Stoff wiederaufgebügelt werden mußte, der zwangsläufig auf die Propaganda-Parole von der Frontkameradschaft hinausläuft, ist ein trauriges Zeichen.

Und die ABENDZEITUNG beschlich das »kalte Grausen«, weil in diesem Film ein junger Leutnant versichert, daß er »stolz auf seine anständigen Männer« sei. Wie infam diese ehrenwerten Gazetten dabei die Wahrheit verdrehen: Der junge Leutnant ist nämlich nur deshalb stolz auf die Anständigkeit seiner Männer, weil sie ihn, der ihnen auf eigenes Risiko Urlaub gab, nicht im Stich lassen, da er sonst vor ein Kriegsgericht käme; daß sie alles andere als wehrfreudige Helden sind, macht der Film besonders deutlich. Doch in dem Artikel heißt es geradezu verleumderisch:

Dieser Leutnant behauptet also, stolz zu sein, weil sich seine Mannschaft auch weiterhin an einem hoffnungslosen und als verbrecherisch bekannten Unternehmen (nämlich dem Hitler-Krieg!) beteiligten.

Da kann man nur mit GOETHE feststellen, daß nichts widerlicher ist als der Zeitungsschmock.

1937 verfaßte GROLL auch ein Buch – »Film, die unentdeckte Kunst«. Dort werden die Filme über die Reichsparteitage verherrlicht, wird unentwegt GOEBBELS zitiert und gegen die abstrakte Malerei agitiert, die ja im heutigen Kunstverständnis der SÜDDEUTSCHEN ZEITUNG sozusagen der Gipfel aller Kunst überhaupt ist.

Auch der langjährige Musikkritiker der SÜDDEUTSCHEN ZEITUNG, K. H. RUPPEL, war angesehener Publizist im Dritten Reich. Man findet seine linientreuen Beiträge nicht nur in der GOEBBELS-Zeitschrift DAS REICH, sondern auch ausgerechnet in der SÜSKIND-Zeitschrift DIE LITERATUR. Dort belehrt er zum Beispiel im August-Heft 1938 die nicht genug linientreu gewordenen Österreicher anläßlich der Reichs-Theaterwoche in Wien, daß *die aktivierenden Impulse des großdeutschen Theaters mehr aus dem Altreich in die Ostmark als in die umgekehrte Richtung gehen.*

Gegen das »Beharrungsvermögen der Überlieferung« fordert er die »Energie des von den deutschen Bühnen seit Jahren verwirklichten Erneuerungswillens« für das Burgtheater. Und er verurteilt den dort »bedeutungslos werdenden Formalismus«.

Dafür hat dann die SÜDDEUTSCHE ZEITUNG bei einem Münchner Gastspiel des Burgtheaters in den 50er Jahren festgestellt, daß es noch immer an der bösen formalistischen Tradition festhält, gegen die Nazi-Kritiker à la RUPPEL einmal Sturm gelaufen waren, während man jetzt zuwenig demokratisch-nihilistische Darstellungen bringt.

Auch FRITZ NEMITZ, der Kunstkritiker der SÜDDEUTSCHEN ZEITUNG, hatte sich während der NS-Zeit zum Beispiel in der Zeitschrift DIE TAT für die »deutsche Kunst Hitlers« mit besonders aggressiven antisemitischen Tönen und als Apostel gegen die »entartete Kunst« strapaziert.

Ein besonderes Prachtstück der nazistischen Unterwanderung war auch der nach dem Sittenskandal von WERNER FRIEDMANN zum Chefredakteur der SÜDDEUTSCHEN ZEITUNG avancierte HERMANN PROEBST. Während des Krieges hatte er im Auftrag Berlins in Agram (heute Zagreb) als »geistiger Ideologe« des kroatischen Faschistenführers PAWELITSCH gewirkt. Für seine kroatischen Faschisten gab er dort die Zeitschrift DIE NEUE ORDNUNG heraus, in der er laufend durch besonders nazistische und antisemitische Hetzartikel seine Gesinnung demonstrierte. Als der kroatische Diktator im spanischen Exil starb, hat er dann dafür – ähnlich wie FRIEDMANN gegen Gauleiter BOHLE und wie SÜSKIND gegen seinen Mentor HANS FRANK – in der SÜDDEUTSCHEN ZEITUNG einen dreispaltigen Hetzartikel gegen seinen ehemaligen Brötchengeber vom Stapel gelassen, der an Gemeinheit kaum noch zu überbieten war. Man fragt sich, was diese Herren eigentlich anstelle von Gewissen und Charakter haben.

Aus seiner bis zum Kriegsende betriebenen NS-Propaganda nur einige kleine Proben. Schon im April 1933 rief er in der Zeitschrift VOLK UND REICH die deutschen Katholiken auf, sich endlich dem NS-Staat treu zur Verfügung zu stellen. Im Laufe des Tausendjähri-

244

gen Reiches hat er dann beinahe ähnliche Spitzenstellungen in der Hierarchie der Meinungsmache erklommen, wie er sie in der Demokratie innehatte.

Als der von der SZ in Kumpanei mit dem SPIEGEL so heftig attakkierte Weihbischof MATTHIAS DEFREGGER zwangsweise zur Wehrmacht einrücken mußte, konnte sich HERMANN PROEBST auf ungefährlicherer Ebene, im publizistischen Großgeschäft, für HITLERS Imperialismus engagieren.

Kaum waren die deutschen Truppen in Jugoslawien einmarschiert, da erschien Herr PROEBST in Agram, um dort im Dienst der nazistischen Eroberer einen faschistischen Zeitungskonzern aufzubauen. Er nannte ihn EUROPA-VERLAG. Über ihn finden wir in der Juli-Nummer 1943 der Zeitschrift POKRET (Die Bewegung), eines der vielen Presseorgane des PROEBST-Konzerns zur »Gleichschaltung« der Kroaten, folgende Eigenwerbung:

Fünf Tage nach der Errichtung des »Unabhängigen Staates Kroatien« begann der EUROPA-Verlag unter der Führung seiner Gründer und Besitzer, des kroatischen Publizisten DR. THEODOR UZORINAC und des Publizisten HERMANN PROEBST, mit der Herausgabe von Zeitungen, Büchern und Publikationen in verschiedenen Sprachen. Der EUROPA-Verlag gibt vier Zeitschriften heraus: NEUE ORDNUNG, eine demokratische Wochenzeitung in deutscher Sprache; ein Nachrichtenblatt über Kroation ZA ADOM; die Zeitschrift ALARM in deutscher, französischer und italienischer Sprache und POKRET, das einzige Blatt seiner Art ... Der EUROPA-Verlag hat im Jahre 1942 in italienischer, deutscher, kroatischer und bulgarischer Sprache 14 Bücher und Broschüren in der Gesamtauflage von 226000 Exemplaren herausgegeben.

Der Mitbegründer und Mitbesitzer dieses faschistischen Zeitungskonzerns, HERMANN PROEBST, hat sich aber nicht nur mit finanziellen Erfolgen begnügt. Er ging auch als Publizist an die Front nationalsozialistischer Aufklärung des »befreiten« Kroatiens.

In zahlreichen Aufsätzen, vor allem in der Zeitschrift NEUE ORDNUNG, als deren Herausgeber er persönlich zeichnete, hat er sich mit der gleichen Leidenschaft, mit der er dann in der SZ in der Bekämpfung konservativer Gegner, in der Vergangenheitsbewältigung und als Vorreiter gängiger Parolen im Münchener Zeitungskonzern als Chefredakteur die Verantwortung trug, in antisemitischer Stimmungsmache und in Ergebenheitsartikeln für HITLER und für den faschistischen Führer Kroatiens, den POGLAVNIK, die Finger wund geschrieben.

Dazu nur einige wenige Proben:

In der NEUEN ORDNUNG vom 4. Oktober 1942:

Er (der POGLAVNIK) forderte sie (die Kroaten) auf, der inneren Stimme ihres Gewissens und dem Gesetz ihrer geschichtlichen Berufung zu gehorchen und treu ihrer soldatischen Tradition Schulter an Schulter mit der deutschen Wehrmacht und mit den verbündeten Truppen jenen Kampf zur völligen Vernichtung des Weltfeindes dort aufzunehmen, wo die Herrschaft der jüdisch-bolschewistischen Barbarei zur letzten Entscheidungsschlacht gestellt wurde ... Die Nachricht von der Reise des POGLAVNIK in das Hauptquartier des Führers war für das kroatische Volk eine freudige Überraschung und eine stolze Genugtuung: Zum zweiten Male seit der Gründung des unabhängigen Staates trat sein Führer dem Manne gegenüber, den die Vorsehung dazu bestimmt hatte, in der Wende des Weltenschicksals die höchste Verantwortung zu tragen, dem sie aber auch die Kraft geschenkt hatte, das Übermenschliche zu vollenden. Zum zweiten Male begegnete dem Führer des Reiches ein Mann, der den Umsturz aller Verhältnisse, die von den Friedensdiktatoren geschaffen worden waren, ebenso voraussah wie den Sieg der nationalsozialistischen Bewegung ... Diese Begegnung verdeutlicht den Unterschied zwischen dem Streit und Hader, dem Feilschen und Betrügen im Lager der Alliierten und der freien und großzügigen Art, in der die Fühlungnahme unter den Trägern der Neuordnung erfolgt ...

Immer wieder betätigte sich HERMANN PROEBST auch im Sinne der antijüdischen Propaganda.

In einem Artikel vom 9. August 1942 schrieb PROEBST über den jüdischen englischen Staatsmann DISRAELI:

In ihm lebte einfach die Besitzgier seiner Rasse ...

In einem Artikel vom 6. September 1942 heißt es:

Lord SALISBURY, RANDOLPH CHURCHILL, JOSEPH CHAMBERLAIN hatten sich vereint, um den pantherhaft lauernden und zupackenden Geist des Juden DISRAELI zu beleben.

Oder am 6. Dezember 1942:

Das Rezept zur Roßkur des New Deal, das er (ROOSEVELT) dem verstörten Volk verschrieb, war nur ein verdünnter Aufguß der

Staatsdiktatur marxistischer Herkunft und stammte aus der Giftkü-
che der FRANKFURTER *und* MORGENTHAU, *der kapitalistischen In-*
terpreten des ihrer Rasse entsprossenen Schriftgelehrten des histori-
schen Materialismus.

Das sind nur einige von vielen ähnlichen Äußerungen HERMANN
PROEBSTS, dessen Blatt sich so gerne mit der Vergangenheitsbewältigung anderer befaßt und so selbstgerecht in den »Fall DEFREG-
GER« einstieg oder den Bundeskanzler und mich beschimpfte, weil
der Kanzler mich in seiner Maschine zum Staatsbesuch nach Israel
mitnahm. Auch Herr HEIGERT wird unglaubwürdig, wenn er seine
moralische Entrüstung nur einseitig und nicht auch gegenüber seinem Kollegen artikuliert.

Eine an Gemeinheit ebenfalls kaum noch zu übertreffende Hetz-
kampagne startete die SÜDDEUTSCHE ZEITUNG nach Gründung der
DEUTSCHLAND-STIFTUNG E. V. sowie anläßlich der ersten Verleihung der KONRAD-ADENAUER-Preise, die vor mehr als Tausend
prominenten Gästen und in Gegenwart ADENAUERS in der Münchner Universität übergeben wurden. Die SÜDDEUTSCHE ZEITUNG
gab seinerzeit das Signal für die anderen Diktatoren des Meinungsmonopols. Die Verleumdungen erreichten einen Stil und einen Umfang, der an die schlimmsten Zeiten des Dritten Reiches erinnerte.
Wie im Falle der SÜDDEUTSCHEN ZEITUNG gaben dabei meist vor allem jene Presseorgane den Ton an, bei denen einstige NS-Schreib-
tischtäter tätig waren und ihre eigene braune Vergangenheit mit der
Vergangenheitsbewältigung anderer verdrängten, die sich nicht annähernd solcher brauner Sünden schuldig gemacht hatten.

In vier- und fünfspaltigen Artikeln hat sich SZ-Redakteur CHRI-
STIAN SCHÜTZE wiederholt mit Unterstellungen, Halbwahrheiten
sowie freien Erfindungen über Preisträger und Vorstandsmitglie-
der der DEUTSCHLAND-STIFTUNG E. V. in einer Weise erhitzt, als
stünde die Machtergreifung eines rechtsradikalen Medien-Mono-
pols kurz bevor. Der Kampf der DEUTSCHLAND-STIFTUNG E. V.
gegen Anarchie, Staatsverdrossenheit, Unmoral und Materialismus wurde als eine Art rechtsradikaler Putsch gegen die einzig
wahren Demokraten der Linken hingestellt. Die Tatsache, daß
erstmals nicht GRASS und BÖLL, nicht linke Professoren und linke Publizisten Preise erhielten, wurde zu einem Angriff auf die
Demokratie manipuliert. Liberalismus und Toleranz, von denen

diese Gazette ständig redet, gab es für sie plötzlich nicht mehr. Im Laufe der Jahre setzte die SÜDDEUTSCHE ZEITUNG diese Hetze in Hunderten von Beiträgen fort, die sich gegen die DEUTSCHLAND-STIFTUNG E. V., gegen mich und die mit ihr verbundenen Persönlichkeiten richteten. Sie verband sich dabei mit einer ähnlichen Hetze der HUMANISTISCHEN UNION, der SPD, der Jungsozialisten, der KPD, der GRUPPE 47 und ähnlicher Gruppierungen, die ständig über Zensur schreien, wenn man ihre amoralischen Produkte, ihre Angriffe gegen unseren freiheitlichen Rechtsstaat, gegen die Bundeswehr, gegen die NATO nicht stillschweigend hinnimmt. Aber sie selbst verlangen Zensur und Terror gegen Andersdenkende.

Früher gab es die REICHSSCHRIFTTUMSKAMMER, die bestimmte, wer literarisch wirken durfte, wer Preise empfangen durfte, wessen Bücher besprochen werden durften. Heute ist das literarische und publizistische Lebensrecht von der Diktatur der Meinungsmacher abhängig. Ich bringe dafür im Nachwort ein klassisches Beispiel. Da werden 40 und 50 Jahre alte Zitate ausgegraben, werden Gerichtsurteile gegen Verleumdungen verfälscht oder verschwiegen, wenn sie die Lügen des Monopols entlarven.

Ständige Desinformation und Halbwahrheiten gehören dabei zu den raffiniert gehandhabten Methoden. Da wurde zum Beispiel in schamloser Weise der angesehene Publizist EMIL FRANZEL denunziert, als er den KONRAD-ADENAUER-Preis bekam. Als Gegner einer Herrschaft des Linksmonopols von der angeblich so liberalen und toleranten SÜDDEUTSCHEN ZEITUNG schon immer gehaßt, wurde er mit einer wahren Flut von Lügen überschwemmt, und zwar ausgerechnet von jener nazistisch unterwanderten Redaktion, deren Prominenz sich zu einer Zeit für HITLER strapaziert hatte, als FRANZEL in den 30er Jahren sein Buch gegen »Die braunen Jacobiner« in Prag geschrieben hatte, nach dem Einmarsch der Nazis von der Gestapo verhaftet wurde und danach schwersten Bedrohungen bis zum Kriegsende ausgesetzt war.

Die SÜDDEUTSCHE ZEITUNG hetzte anläßlich der zweiten KONRAD-ADENAUER-Preis-Verleihung regelrecht den Mob von der Straße auf, gab gerichtlich verbotenen Verleumdungen der bayerischen SPD breiten Raum. Dabei wußte sie selbstverständlich, daß die DEUTSCHLAND-STIFTUNG E. V. sich von jedem extremen Nationalismus oder gar Faschismus distanzierte, sich aber eindeutig für konservative Prinzipien einsetzte, die ja der Ansicht der überwältigenden Mehrheit aller vernünftigen Bürger entsprechen. Aber die Verleumdungen durch die SZ gingen weiter. Da sich die DEUTSCHLAND-STIFTUNG E. V. davon nicht einschüchtern ließ, immer mehr Anhänger und Ansehen gewann und sich dazu mit dem DEUTSCHLAND-MAGAZIN ein Instrument schuf, um dem haßerfüllten Treiben des linken Meinungsmonopols entgegenzuwirken, beschränkte man sich nun in der SÜDDEUTSCHEN ZEITUNG und in vergleichbaren anderen Presseorganen – bis auf gelegentliche verleumderische Ausbrüche – auf das Totschweigen ihrer Aktivitäten.

Am Stil der SÜDDEUTSCHEN ZEITUNG hat sich kaum etwas geändert: Desinformation und Manipulation, wenn sie nur der Linken, den Grünen, den Kommunisten dienen, gehören offensichtlich zur Strategie. Ob es gegen den Bundeskanzler, gegen FRANZ JOSEF STRAUSS, gegen die Unionsparteien, aber auch in 20jähriger »Tradition« gegen das DEUTSCHLAND-MAGAZIN und mich als dessen Herausgeber geht, immer geschieht dies mit Häme, Haß und Methoden, die mit einem redlichen und objektiven Journalismus nichts mehr zu tun haben.

Da werden Bundeswehr und Soldatentum hinterhältig diffamiert, werden kriminelle Gewalttäter und vermummte Schläger in Wackersdorf der Aufmerksamkeit der Bürger entzogen. Wenn die Polizei zum Beispiel gegen besonders gewalttätige Krawalle in Wackersdorf einschreitet, lautet die Schlagzeile in der SÜDDEUTSCHEN ZEITUNG: *Gasangriff im Taxöldener Forst.* Immer ist es die böse Polizei, die provoziert. Die fast 1000 verletzten Polizisten in den letzten Jahren interessieren die SÜDDEUTSCHE ZEITUNG weniger als das »Recht« der gewalttätigen Demonstranten, alles kurz und klein zu schlagen.

Besonders bezeichnend erscheint mir zu diesem ständigen Verniedlichungsversuch gegenüber Gewalttätern auf unseren Straßen ein Leserbrief des Polizeidirektors von München, NORBERT BRUMMER, der der SÜDDEUTSCHEN ZEITUNG mit Recht unterstellt, sie desinformiere ihre Leser im Gleichklang mit der linksextremistischen TAZ in Berlin. BRUMMER schreibt:

Bin ich Leser der SZ oder der TAZ? Ich finde es bemerkenswert, daß angesichts der nicht enden wollenden Gewalttätigkeiten in Berlin in der größten überregionalen Tageszeitung der Bundesrepublik ein

die Gewalt derart verniedlichender Artikel wie der von MICHAEL
RUTSCHKY *über »Krieg in Kreuzberg – Versuche, einen Wutaus-*
bruch zu erklären« im Pfingst-Feuilleton der SZ erscheinen kann.
Solches steht normalerweise in der TAZ, dem Sprachrohr der Links-
extremisten. Wie schreibt HANS HEIGERT in der gleichen Pfingst-
ausgabe auf Seite 4?:
Überall in den vernünftig organisierten Demokratien treten Kon-
flikte zutage, wird heftig gestritten, kommt es gelegentlich zu Pole-
mik bis über die Grenzen zu Beleidigung und Denunziation hinaus.
Aber nirgendwo wird so wie hier mit dem Feuer der Gewalt gespielt
sowie der absichtsvollen Aushöhlung der demokratisch verfaßten
Ordnung an sich.
MICHAEL RUTSCHKY *hat seinen Teil dazu beigetragen.*
Trotzdem muß man dankbar sein für die offenen und aufschlußrei-
chen Aussagen des zum »fighter« hochstilisierten Gewalttäters: » ...
es ist vor allem lustig«, ... daß der Kampf vor allem ein Fest ist ... Die
Leute haben sich nicht, wie sonst, dumm und lahm gesoffen (ich
dachte, das wären Sozialhilfeempfänger!), sondern in die richtige
Kampfeslaune hinein, ... das war wirklich wie im Kino.« Bezeich-
nend sind die Rückschlüsse Ihres Autors: » ... weil, soziologisch gese-
hen, diese Kämpfe augenscheinlich längst eine soziale Form gewor-
den sind, soziale Abweichung zu leben und damit zu normalisieren –
wie die übrige Kriminalität; wie der Wahnsinn, wie die Kunst.«
Sind wir schon so weit, daß Gewalt als Kunst betrachtet wird? Ich
möchte dazu nur zwei Dinge feststellen:
1. *Wer jahrelang rechtsfreie Räume gewährt, der Polizei die not-*
   wendige politische Rückendeckung versagt und diese rechtsfreien
   Räume mit den gleichen »fightern« darin auch noch legalisiert
   hat, braucht sich nicht zu wundern, wenn dort ein Randgruppen-
   Eldorado entsteht, das diese Freiräume bis zum Letzten ausreizt.
   Daß diese Leute den schwachen Staat verhöhnen, verstehe ich so-
   gar. Man hätte die Rechtsbrecher von Anfang an konsequent
   rauswerfen müssen! Dies gilt auch für die Hamburger Hafenstra-
   ße und die Häuser an der Freiburger Dreisam.
2. *Diese Vorgänge werden für die Münchner Polizei weiterhin An-*
   sporn sein, Hausbesetzungen in unserer Stadt niemals zu dulden!
Soweit der Münchner Polizeidirektor.
Wenn der BAYERISCHE RUNDFUNK gegen unseren freiheitlichen

Rechtsstaat gerichtete und an Gehässigkeit kaum noch zu überbietende Hetz-Kabaretts wie DIETER HILDEBRANDTS »Scheibenwischer« wegen eines besonders widerlichen Vorfalls vom Programm absetzt, tobt die SÜDDEUTSCHE ZEITUNG über die »Kumpanei der Tugendwächter« und redet von Zensur. Gleichzeitig aber beschimpft sie den Bundeskanzler, weil er mich nach Israel mitnimmt. Das ist offenbar ein Vorrecht des linken Meinungsmonopols. Und die Bemühungen um eine nationale Identität, um eine ausgewogene Geschichtsschreibung durch angesehene Historiker, die sich noch nicht dem Linksmonopol gebeugt haben, führen in der SÜDDEUTSCHEN ZEITUNG sofort zu entsprechenden Beschimpfungen.

Selbst die Errichtung eines Hauses der deutschen Geschichte, die der Bundeskanzler plant, wird in hämischer Weise glossiert. Dem Bundeskanzler wird vorgeworfen, er »hofiert die Rechte«, nur weil er an Vaterlands- und Heimatliebe appelliert und die ganze deutsche Geschichte als deutsches Schicksal sieht. Wenn ein selbsternanntes »Rhein-Tribunal« von Linksextremisten und Öko-Sozialisten undifferenziert die gesamte chemische Industrie wahrheitswidrig diffamiert, ist das der SÜDDEUTSCHEN ZEITUNG eine dreispaltige Schlagzeile auf der ersten Seite wert.

Für eine schrankenlose Abtreibung ist man sowieso, weil dies zum linken Moralverständnis gehört, und wenn ein Gericht eine Klage dagegen ablehnt, und zwar nur, weil sie in diesem Einzelfall formal unzulässig sei, macht die SÜDDEUTSCHE ZEITUNG daraus auf der ersten Seite die Schlagzeile »Abtreibung auf Krankenschein nichts rechtswidrig«. Eine freie Erfindung, denn aus dem Bericht selbst geht hervor, daß davon in dem Urteil keine Rede ist. Aber diese ständig benutzte Methode, durch Überschriften eine gewünschte Assoziation zu bewirken, die im Widerspruch zu der anschließenden Meldung steht, gehört zu der besonders raffinierten Masche der SÜDDEUTSCHEN ZEITUNG. Viele Leute lesen solche Artikel gar nicht mehr, wenn ihnen die Überschrift schon »die Wahrheit« vermittelt. KARL KRAUS nannte das »Tonfallschwindel«.

Der Versuch Moskaus, den Überfall auf Afghanistan und den Mord an einer Million Afghanen durch ein heuchlerisches Friedensangebot der kommunistischen Diktatur zu kaschieren, findet in der SÜDDEUTSCHEN ZEITUNG zum Beispiel einen Niederschlag in einer Meldung, die man nur noch als schamlos bezeichnen kann. Der verzweifelte Widerstand der Freiheitskämpfer gegen die Völkermörder wird zu *Anschlägen und Morden, denen zahlreiche sowjetische Soldaten zum Opfer gefallen sind.* Und die Freiheitskämpfer werden zu *Guerillas, die in die Hauptstadt eingesickert sind, um Einrichtungen der Sowjets angreifen zu können.* Sowjetische Offiziere seien *mit durchschnittenen Kehlen aufgefunden worden und die Rebellen haben neun Flugzeuge abgeschossen.* Dem Leser wird dadurch suggeriert: Was für Verbrechen gegen die friedfertigen, einen Waffenstillstand anbietenden Aggressoren aus Moskau.

Als der grüne ehemalige Terroristen-Anwalt OTTO SCHILY den Bundeskanzler wegen angeblicher Falschaussage denunzierte, überschlug sich die SÜDDEUTSCHE ZEITUNG wochenlang in Vorverurteilungen schlimmster Art. Nicht nur mit verbalen Unterstellungen und der Frage, wann er denn zurücktreten würde, sondern auch mit einer ganzen Serie von Karikaturen. Und der besonders witzige Abschluß: Als das Verfahren endlich eingestellt wurde und sich das Ganze als üble Verleumdungskampagne erwies, beklagte plötzlich ausgerechnet die SÜDDEUTSCHE ZEITUNG, daß man in doch unzulässiger Weise in der Öffentlichkeit Vorverurteilungen vorgenommen habe.

Auch an der Hetze gegen den neugewählten österreichischen Bundespräsidenten KURT WALDHEIM beteiligte sich die SÜDDEUTSCHE ZEITUNG in der bei ihr gewohnten pharisäerhaften Weise. Ebenso hetzte man seinerzeit gegen Bundespräsident CARSTENS und Bundespräsident LÜBKE, gegen Bundesminister OBERLÄNDER und viele andere Unionspolitiker, die in irgendeiner Weise einmal vor Jahrzehnten als junge Menschen oder in tragischen Situationen in das Dritte Reich verstrickt waren.

Die »satanische Denunziation«, um mit HEIGERT zu sprechen, ist der Kernpunkt der publizistischen Tätigkeit der SÜDDEUTSCHEN ZEITUNG. Als erst kürzlich von schamlosen Strolchen ein eindeutig gefälschter angeblicher Brief des österreichischen Außenministers MOCK an Frau THATCHER einer israelischen Zeitung zugespielt wurde, überschrieb die SÜDDEUTSCHE ZEITUNG den Bericht darüber mit der Schlagzeile *Neue Affäre um WALDHEIM.* Es war aber keine Affäre um WALDHEIM, sondern ein übles Fälscher-Gangsterstück. In dem gefälschten Brief hatte MOCK angeblich der englischen Premierministerin mitgeteilt, er würde WALDHEIM noch 1987 den Rücktritt empfehlen. Während die FAZ am gleichen Tag ausführlich schilderte, welche Indizien für die Fälschung sprechen, unterschlug die Süddeutsche Zeitung diese Details und machte das Ganze zu einer Affäre um Waldheim, der mit diesem Skandal nicht das geringste zu tun hatte.

Historiker, die, wie gesagt, sich nicht den Methoden des linken Instituts für Zeitgeschichte anschließen und die Weltgeschichte nicht nur auf die deutsche Schuld und deutsche Verbrechen einengen, sondern die ganze Wahrheit fordern, werden von der Süddeutschen Zeitung eines »Horror-Gemäldes« bezichtigt und als Handlanger der vom Kanzler geforderten »geistig-moralischen Wende« denunziert. Daß dies für die Süddeutsche Zeitung ein Horror ist, versteht sich gewissermaßen von selbst, würde es doch das Ende ihres amoralischen Treibens bedeuten.

Gewiß, die Demokratie hat Freiheit für vieles. Aber die Freiheit, die Menschen ständig zu manipulieren, zu desinformieren und zu einer linken Ideologie zu bekehren, steht auch im Rahmen der vom Grundgesetz garantierten Meinungsfreiheit dem linken Meinungsmonopol nicht zu. Die Freiheit gilt auch für die Opfer einer solchen menschenverachtenden Hetze. Der Artikel 1 des Grundgesetzes, der Schutz der Menschenwürde, steht weit über der mißbrauchten Freiheit der Medien. Dieser ständige Mißbrauch bereitet den Weg für ein Schicksal vor, das ähnliche publizistische Exzesse der Weimarer Republik beschert haben. Die damalige Alternative einer kommunistischen oder nazistischen Machtergreifung, bei der Hitler siegte, gibt es heute nicht mehr. Die Weltrevolutionäre warten heute woanders. Die angebliche Gefährdung durch rechts ist ein Phantom und dient lediglich der Ablenkung von der eigentlichen Gefahr.

Das weiß natürlich auch die Süddeutsche Zeitung, und darum muß man die Frage stellen: Bereitet sie ihre Leser bewußt darauf vor, wieder Geburtshelfer der Zerstörung eines freiheitlichen Rechtsstaates zu werden, wie das ihre Gründungsprominenz unter Hitler tat?

Nachwort

Der Freiheitsdrang, der uns kam über Nacht,
wird, fürcht' ich, wenig leisten.
Wißt Ihr, was mir ihn verdächtig macht?
Die Lumpe ergreift er am meisten.

FRANZ GRILLPARZER *(1791−1872)*

Die Realität unserer Medien-Diktatur ist in ihren Folgen für die wirkliche Freiheit aller Menschen, die das Grundgesetz garantiert, genau das Gegenteil von Demokratie, ein Begriff, den die Meinungsmacher, wie sie behaupten, für ihr Treiben gepachtet haben. Wer die Fakten in diesem Buch nüchtern betrachtet, wer das Schicksal unzähliger Rufmordopfer der Medien kennt und die Wirkung ihres Treibens auf das Weltbild vor allem junger Menschen, muß sich die Frage stellen, wie weit in unserem freiheitlichen Rechtsstaat die Freiheit für alle tatsächlich existiert.

Wer nur einigen Überblick über die Wirklichkeit besitzt, dem fällt die Antwort nicht schwer. Die Freiheit für gewalttätige »Demonstrationen«, die Freiheit für Rechtsbrecher, für kommunistische Agitatoren, deren Ziele eindeutig gegen die Freiheit gerichtet sind, die Freiheit für eine wachsende Manipulation des Rechts durch Richter, die auf dem Marsch durch die Institutionen heute schwarze Roben tragen, für linksextremistische Lehrer, die unsere Kinder gegen unseren Staat, gegen Eltern und Familie, gegen Moral und sittliche Grundsätze aufhetzen, die Freiheit für übelste Pornographie, für Aussteiger, für jede Art von Scharlatanerie in Bereichen der Literatur und Kunst, die Freiheit, rot-faschistische Diktaturen zu preisen und ihre weltrevolutionären Ziele zu fördern oder zu verniedlichen, die Freiheit für hunderttausendfachen Mord an ungeborenen Kindern als würdiges Gegenstück zur Euthanasie an »lebensunwerten« Alten im NS-Regime, diese »Freiheiten« haben wir ohne Zweifel. Nur die, sie ohne schwerste Folgen zu bekämpfen, haben wir nicht.

Denn wer das wagt, wird zur Unperson, zum Reaktionär, zum Feind der Demokratie gestempelt. Die Toleranz für die hier nur beispielhaft genannten »Freiheiten« tritt man gegenüber dem Gegner mit Füßen. Es gibt keine Zensur, sagt das Grundgesetz. Für die maßgeblichen Medien und für linke und »liberale« Politiker gilt das für jede Art von Exzessen, die uns die geschilderten »Freiheiten« bescheren. Die Kunst ist frei, sagt das Grundgesetz; jeder kann folgenlos seine Meinung sagen und schreiben. Wer die Wirklichkeit kennt, kann darüber nur lachen: eine bestimmte Meinung kann man folgenlos vertreten, ja, sie bringt Ehren, Erfolg, Geld und hohes mediales Ansehen. GRASS kann zum Beispiel sagen:

Der Wahlsieg der CDU ist ein verlängertes Auschwitz-Verbrechen.
Oder *Der Antikommunismus ist ein politischer Aberglaube.*
Wer das kritisiert, ist ein Reaktionär oder Faschist.
BÖLL kann bekennen:
Vielleicht bin ich ein verhinderter Kommunist.
Oder er kann unseren Staat wie folgt charakterisieren:
Dort, wo der Staat gewesen sein könnte und sein sollte, erblicke ich nur einige verfaulende Reste von Macht, und diese offenbar kostbaren Rudimente von Fäulnis werden mit rattenhafter Wut verteidigt ... Einer, der mit der Kunst zu tun hat, braucht keinen Staat; er braucht eine gewisse provinzielle Administration, für die er ja auch Steuern zahlt: Laternenanzünder, die ihm, wenn er betrunken heimkommt, ein wenig Licht auf dem Heimweg bereiten, die Müllabfuhr, die ihn von seinen Abfällen befreit ...
Wer das kritisiert, ist ein Antidemokrat oder ein Neo-Nazi.
Vielleicht ist es überzeugend, wenn ich zum Ausklang dieses Buches ein persönliches Beispiel dafür dokumentiere, wie sehr ein Schriftsteller, der nicht dem Zeitgeist nachläuft, den noch moralische Prinzipien leiten, der um die ganze und nicht um die halbe Wahrheit ringt, tatsächlich die vielbeschworene Freiheit besitzt, die doch allen verheißen ist. Ich kann an diesem Beispiel, und ich könnte es um viele vermehren, nachweisen, daß unsere Medien heute die Funktion von GOEBBELS übernommen haben und daß durch sie die REICHSSCHRIFTTUMSKAMMER unseligen Angedenkens längst wieder auferstanden ist. ZEIT, SPIEGEL, Fernsehen, Sozialisten und Liberale sind an ihre Stelle getreten. Wer das nicht glauben will, lese die nachfolgende Geschichte, die ebenso traurig wie komisch ist:
Während des Krieges brachte der damalige BERTELSMANN-Verlag meine, im übrigen völlig unpolitischen Romane, in großen Auflagen als Feld-Ausgaben heraus. 1942 trat der damalige Prokurist

Fritz Wixforth an mich heran zum Abschluß eines Generalvertrages für die zukünftige Veröffentlichung aller meiner literarischen Werke. Trotz des bereits unterschriftsreifen Vertrages bekam ich von dem übrigens als Nazi-Gegner später noch verhafteten Prokuristen folgenden Brief:

Ich sehe mich leider gezwungen, die Realisierung unseres Vertrages zu verschieben. Sie sind, wie Sie ja selbst wissen, bei den maßgeblichen Stellen des Propagandaministeriums umstritten, und nach den mir zugegangenen Informationen und Hinweisen muß ich befürchten, daß eine enge Zusammenarbeit mit Ihnen für den Verlag wirtschaftliche Folgen, Entzug von Papierzuteilungen und andere Sanktionen nach sich ziehen könnte, die wir im augenblicklichen Zeitpunkt im Interesse des Gesamtunternehmens vermeiden müssen. Haben Sie bitte Verständnis für unsere Lage, vielleicht können wir nach Kriegsende den Plan leichter verwirklichen ...

Da ich damals als Soldat an der Front war und keine Lust hatte, gegen den damaligen Terror weiter zu kämpfen, resignierte ich.

Fünf Jahre nach Ende des Weltkrieges trat ich wieder mit dem Bertelsmann-Verlag und seinem Chefprokuristen Fritz Wixforth in Verbindung. Der Verlag war wieder aufgebaut worden, hatte eine riesige Buchgemeinschaft gegründet, und die Wiederaufnahme meiner Beziehungen führte zur Übernahme meines ersten Nachkriegsbuches über die Insel Rhodos in diese Buchgemeinschaft. 1954 sandte ich dem Verlag meinen Roman »Daniel in der Löwengrube«, der inzwischen ein weltweites Echo gefunden hatte, und ich schlug vor, ihn in die Buchgemeinschaft zu übernehmen. Ich erhielt eine begeisterte Antwort. Man müsse zwar die Aufnahme verschieben, weil man gerade ein thematisch ähnliches Buch übernommen habe, aber man versicherte mir, dies sei keine getarnte Ausrede, denn man legte mir das Gutachten des Lektorats bei, in dem es unter anderem hieß:

... ganz besonders wertvoll, so daß ich seine Annahme dringend empfehlen möchte, empfehlen allein schon wegen der Wahl seines Themas und der menschlich-versöhnlichen Haltung, die der Verfasser bei dessen Bearbeitung an den Tag legt, empfehlen aber auch wegen seiner dichterisch-schönen Ausformung, empfehlen nicht zuletzt wegen der Einfachheit seiner jedermann verständlichen Sprache, der mitreißenden Dramatik seiner Handlung und des Reichtums seiner

zum Teil wirklich tiefen Gedanken ... Der Verfasser hätte keinen besseren Rahmen finden können bzw. erfinden können, um einem der ungeheuerlichsten Probleme der Hitlerzeit (und in weiterem Sinne durchaus nicht nur dieser) von allen Seiten her wirksam zu Leibe zu rücken. Das tut er in wirklich vollkommener Weise. Er schont weder sich noch uns dabei, ohne auch nur eine Spur sensationell oder tendenziös zu werden. Vor allem aber: er macht nicht ein vorübergehendes Privatproblem daraus, sondern sucht nach einer allgemeinen Deutung, was ihm, soweit das überhaupt möglich ist, durchaus gelingt. Überflüssig zu sagen, daß es dem Verfasser genauso gelungen ist, Charaktere, Typen und Rassenmäßiges absolut echt zu gestalten. Ich bin noch jetzt, einige Tage nach dem Lesen des Buches, zutiefst von seinen Ausführungen beeindruckt und kann nur den Wunsch wiederholen, das ZIESELSCHE Werk in unserer Buchgemeinschaft erscheinen zu sehen.

Das Gutachten trug die Unterschrift von ROLF HOCHHUTH. Das dürfte ja für die Linke ein besonders eindrucksvoller Beweis der Qualität meines Buches sein.

Als ich dann zwei Jahre später die Übernahme anmahnte, erhielt ich folgenden Brief, und zwar von dem gleichen BERTELSMANN-Verlag und dem gleichen Mann unterzeichnet, der damals vor dem Propagandaministerium kapitulieren mußte. Der Brief lautete:

Sie haben noch mal die Frage angeschnitten, warum denn keiner Ihrer Romane in unserem Programm erscheint ... Der Grund liegt einfach darin, daß Sie – ob nun zu Recht oder zu Unrecht, dieses Urteil will ich mir hier gar nicht anmaßen – zu einer der politisch umstrittensten Personen der Gegenwart geworden sind. Ich habe kürzlich selbst gelesen, was HEINRICH BÖLL in der ZEIT geschrieben hat, und außerdem polemisiert ja auch der SPIEGEL sehr heftig gegen Sie ... deshalb müssen Sie bitte Verständnis dafür haben, wenn wir uns nicht dazu entschließen können, Ihre Bücher bei uns herauszubringen. Denn es ist einfach nicht möglich, Werk und Autor völlig getrennt zu betrachten, und so kommt es, daß auch die Veröffentlichung eines Ihrer Romane heute als Politikum empfunden würde, besonders wenn dies bei uns mit unseren Millionen Mitgliedern geschähe. Ich habe selbst noch mal Ihren »Daniel in der Löwengrube« durchgeblättert, und ich teile die Auffassung der Herren vom Lektorat, daß es dieses Buch gerade der darin angeschnittenen Fragen we-

gen verdienen würde, auch in unserem Programm herausgebracht zu werden, aber Sie selbst, lieber Herr Ziesel, nehmen uns die Möglichkeit dazu. Bitte, verstehen Sie mich recht: ich will gar nicht kritisieren, was Sie tun und was Sie schreiben – das ist Ihre persönliche Sache –, aber Sie müssen eben auch für unsere Situation Verständnis haben …

Klassischer kann man wohl gar nicht beweisen, was ich eingangs behauptet habe, daß die Meinungsmacher die Nachfolge von GOEBBELS angetreten haben. Ein absolut verleumderischer und gehässiger Angriff BÖLLS in der ZEIT gegen einen Schriftsteller-Kollegen und ein durch gerichtliches Verbot und Schmerzensgeld geahndeter Verleumdungsartikel des SPIEGEL, führen zur Zensur und zum Ende der Meinungs- und Kunstfreiheit. Wie heißt es so schön: *Es ist einfach nicht möglich, Werk und Autor völlig getrennt zu betrachten.* Das tut man nur bei Schriftstellern, die kommunistische und antidemokratische Agitation betreiben und sich neben ihrem literarischen Werk in extremistischer Weise politisch links betätigen.

Wie schon gesagt, das ist kein Einzelfall. Ich habe solche Erfahrungen mit der Zensur, der totalitären Intoleranz und den Folgen der Medienhetze hundertfach erlebt. Ich meine, solange die Diktatur der Meinungsmacher die Freiheit für alle gefährdet, haben wir keine Demokratie, sondern eine Karikatur von ihr. Der geistige Terror, der unser Land beherrscht, wird immer unerträglicher. Ich habe mich in diesem Buch auf die Print-Medien beschränkt. Hier läßt es sich leichter dokumentieren. Hier hat der Terror schwarz auf weiß seine unverwischbaren Spuren hinterlassen. Natürlich gehören Fernsehen und Rundfunk genauso zu dieser Diktatur, die alle verunglimpft, totschweigt oder ihres Freiheitsrechtes beraubt, die nicht so denken und wollen wie sie. Das aber ist über Jahre hinweg nur schwer zu dokumentieren. Bild und Ton verwehen von Tag zu Tag und sind nur schwer zu registrieren. Vielleicht sollte diese zweite mediale Macht einer ähnlichen Analyse unterzogen werden, die ihre verheerende Wirkung auf den Zeitgeist, auf die systematische Zerstörung sittlicher Wertvorstellungen entlarvt und nachweist, wie weit sie für die Indoktrination zu einer Grundstimmung gegen unseren freiheitlichen Rechtsstaat Verantwortung trägt.

Noch halten sich die Folgen der Medien-Diktatur in Grenzen. Doch sie dehnen sich immer weiter aus. Noch bewahren sich die

Menschen der freien Welt eine gewisse Immunität gegen diese geistige und moralische Gehirnwäsche. Die Unterscheidung von Recht und Unrecht, von Gut und Böse ist bei einer Mehrheit der Menschen noch immer lebendig. Aber die Dämme gegen die Flut eines verdorbenen Zeitgeistes beginnen zu bröckeln. Die Langzeitwirkung dieser Selbstzerstörung wird vor allem bei jungen Menschen immer mehr spürbar.

Ich kann nur hoffen, daß den jüngeren Generationen die Augen geöffnet werden und der Widerstand gegen diese Entwicklung wächst. Er ist heute ebenso notwendig und dringend, wie es der gegen HITLER war. Meine Generation hat ihr Lehrgeld bezahlt und aus der Geschichte gelernt. Sie würde sich schuldig machen, wenn sie sich heute in Resignation und Schweigen flüchtet.

Sachregister

Namensregister